国家出版基金2017年资助项目
东北老工业基地新一轮全面振兴系列丛书

东北老工业基地新一轮生态经济带建设

张华新　著

中国财经出版传媒集团
经济科学出版社
Economic Science Press

图书在版编目（CIP）数据

东北老工业基地新一轮生态经济带建设/张华新著.—北京：经济科学出版社，2018.6
（东北老工业基地新一轮全面振兴系列丛书）
ISBN 978-7-5141-9493-7

Ⅰ.①东… Ⅱ.①张… Ⅲ.①老工业基地-技术革新-研究-东北地区 Ⅳ.①F427.3

中国版本图书馆 CIP 数据核字（2018）第 138959 号

责任编辑：于海汛　何　宁
责任校对：蒋子明
责任印制：李　鹏　范　艳

东北老工业基地新一轮生态经济带建设
张华新　著
经济科学出版社出版、发行　新华书店经销
社址：北京市海淀区阜成路甲 28 号　邮编：100142
总编部电话：010-88191217　发行部电话：010-88191522
网址：www.esp.com.cn
电子邮件：esp@esp.com.cn
天猫网店：经济科学出版社旗舰店
网址：http://jjkxcbs.tmall.com
北京季蜂印刷有限公司印装
710×1000　16 开　19.5 印张　260000 字
2020 年 5 月第 1 版　2020 年 5 月第 1 次印刷
ISBN 978-7-5141-9493-7　定价：62.00 元
(图书出现印装问题，本社负责调换。电话：010-88191510)
(版权所有　侵权必究　打击盗版　举报热线：010-88191661
QQ：2242791300　营销中心电话：010-88191537
电子邮箱：dbts@esp.com.cn)

总　　序

国家出版基金项目《东北老工业基地新一轮全面振兴系列丛书》是我主编的第四套系列丛书。第一套丛书是《国民经济学系列丛书》，为国家重点学科"国民经济学"标志性成果，入选"十二五"国家重点图书出版物出版规划项目；第二套丛书是《东北老工业基地全面振兴系列丛书》，为国家"211工程"三期重点学科建设项目"东北老工业基地全面振兴"标志性著作，入选"十二五"国家重点图书出版物出版规划项目以及2011年"十二五"国家重点出版规划400种精品项目（社会科学与人文科学155种）；第三套丛书是《辽宁大学应用经济学系列丛书》，为国家"双一流"建设学科"应用经济学"标志性出版物，入选财政部"十三五"规划教材。

长期以来，我与我校的科研团队在东北老工业基地改造与振兴方面做了长期不懈地努力，主要集中体现在以下六个方面：

一是在学科建设方面，确定"十五""211工程"重点学科建设项目为"辽宁城市经济"，"211工程"三期重点学科建设项目为"东北老工业基地全面振兴"，国家"双一流"建设学科确定第一学科方向为"区域经济学、产业经济学与东北振兴"。

二是在平台建设方面，2004年成立的第一批辽宁省普通高等学校人文社科重点研究基地"辽宁大学东北振兴研究中心"；2014年在省教育厅评估总分数排名、学科分类排名、标志性成果排名和标志性成果学科排名等全部四项指标均列全省第一名；

2017年入选中国智库索引（CTTI）、成为国家级智库；成立于2009年的第一批辽宁省社会科学界联合会辽宁经济社会发展研究基地"辽宁区域经济发展研究基地"，2012年量化评估名列全省第一名；分别于2013年和2017年建立的辽宁省2011协同创新中心"东北地区面向东北亚区域开放协同创新中心"、辽宁省研究生创新与交流中心"辽宁省研究生东北振兴研究生创新与交流中心"近年来取得了较好的进展。

三是在服务社会方面，致力于建言立论和智库建设，部分研究成果曾获习近平、李克强和温家宝等党和国家领导人以及省部级主要领导的表扬和批示。先后参与《东北振兴规划》《东北振兴"十二五"规划》《全国老工业基地调整改造规划》专家论证，主持《东北振兴"十三五"规划》两项前期研究重大课题的研究，以及历次省市党代会建议、五年规划、历年《政府工作报告》的起草和决策咨询，其中的一些建议也被地方党委、政府和企业（集团）所采纳。

四是在科学研究方面，"八五"至"十三五"时期，围绕东北地区等老工业基地改造与振兴，连续主持国家社科基金重大或重点项目和教育部哲学社会科学研究重大课题攻关项目；多次主持国家发展和改革委员会东北振兴司招标课题，部分研究成果曾得到有关部门的肯定和表扬，2017年入选项目总数列全国19个承担单位第二、全国高校之首；相关研究成果在《经济研究》《中国工业经济》《数量经济技术经济研究》等期刊发表。

五是在成果获奖方面，《东北老工业基地制度创新》和《东北老工业基地振兴与区域经济创新》曾获高等学校科学研究优秀成果三等奖、辽宁省哲学社会成果一等奖；《东北老工业基地制度创新》入选"中文学术图书引文索引"。

六是在学术交流方面，连续七年举办"辽宁老工业基地全面振兴系列论坛"，业已成为东北振兴学术论坛品牌；与美国哈佛大学、斯坦福大学、英国剑桥大学等世界一流大学开展相关课题

总　序

国际合作，2017年与剑桥大学三一学院联合召开"宋则行经济思想研讨会"和剑桥-辽大"首届创新创业经济论坛"获得圆满成功；受邀参加2017年冬季达沃斯论坛并做分论坛发言。

根据国家出版基金的要求，《东北老工业基地新一轮全面振兴系列丛书》共三部，分别为《东北老工业基地新一轮体制机制创新》《东北老工业基地新一轮产业结构优化》和《东北老工业基地新一轮技术创新》，分别由我和唐晓华教授、王伟光教授担任第一主编。

在本丛书的编写过程中，得到了中国社会科学院副院长高培勇研究员、中央民族大学校长黄泰岩教授、北京大学张圣平教授，山东大学臧旭恒教授、杨蕙馨教授、徐向艺教授、钟耕深教授、中国社会科学院曲永义研究员，光明日报社理论部张雁编辑，北京工商大学盛秀金教授，中国人民大学张培丽副教授等的大力支持和帮助，在此谨致谢忱。对中国财经出版传媒集团副总经理、经济科学出版社党委书记、社长吕萍，经济科学出版社财经分社社长于海汛和编辑宋涛为本套丛书入选国家出版基金和顺利出版所做的努力，表示衷心的感谢！

林木西
2018年6月11日于辽宁大学

目 录

第一章　导论 …………………………………………… 1

　第一节　研究背景和研究意义　/　1

　第二节　本书的主要内容和研究方法　/　5

第二章　东北老工业基地生态经济带总体设想 ………… 8

　第一节　发展现状与主要问题　/　8

　第二节　新发展理念在生态经济带建设中的指导作用　/　11

　第三节　生态经济带建设的主要任务　/　13

　第四节　国际经验与借鉴　/　20

第三章　辽宁省西部生态经济带建设 …………………… 26

　第一节　经济发展和生态建设的总体评价　/　26

　第二节　城乡二元结构与共享发展　/　40

　第三节　创新与生态经济协调发展　/　46

第四章　吉林省西部生态经济带建设 …………………… 54

　第一节　经济发展和生态建设的总体评价　/　54

　第二节　农业发展优势与潜力　/　79

第三节　旅游经济与生态环境协调发展 / 90

第五章　黑龙江省西部生态经济带建设 …………… 93

第一节　经济发展和生态建设的总体评价 / 93
第二节　产业结构调整与生态经济发展 / 112
第三节　现代林业与能源产业的生态建设 / 123

第六章　内蒙古自治区东部生态经济带建设 ………… 138

第一节　兴安盟经济发展和生态建设 / 138
第二节　赤峰市经济发展和生态建设 / 160
第三节　呼伦贝尔市经济发展和生态建设 / 175
第四节　锡林郭勒盟经济发展和生态建设 / 189
第五节　通辽市经济发展和生态建设 / 196

第七章　东北老工业基地区域政策创新 ……………… 218

第一节　东北老工业基地产业和财政政策 / 218
第二节　东北贫困地区金融和教育扶贫政策 / 232
第三节　毗邻城市群的环境治理政策 / 274
第四节　多重治理结构下的区域创新政策 / 286

参考文献 / 299

第一章

导　　论

第一节　研究背景和研究意义

东北地区西部生态经济带由于经济基础比较薄弱、生态承载力较低以及受体制性机制性矛盾制约，成为东北老工业基地振兴的薄弱环节。同时该地区承载推进北方生态屏障建设、东北特困地区全面脱贫和促进东北老工业基地区域协调发展的重要功能。本书的主要研究目标是分析东北地区西部生态经济带建设与发展中存在的主要问题，重点解决四个重要问题：一是从整体上把握生态经济带的规律，以及前期的数量分析与预测，对规划实施过程中的评价指标进行分析，确定各阶段评估体系和界定标准。二是从新发展理念出发，坚持协调发展和开放发展的原则，充分利用该地区作为对外开放重要通道的区位优势，扩展区域发展空间和产业发展空间。三是坚持绿色发展原则，东北地区西部生态经济带包括东北地区重要粮食基地和重要生态功能区，多为限制开发地区，在发展中需要统筹解决经济发展和环境问题，区域公共品的有效供给是解决区域水资源利用、防治区域环境污染等公共问题的重要手段。四是坚持共享发展原则，东北地区西部生态经济带是经济发展相对薄弱的区域，承载脱贫攻坚任务，需要研究该区域低收入群体及贫困群体的生存状态，研究公共服务的有效供给以及提高转移支付等政策对低收入群体及贫困群体的扶持效果。研究的主要目标包括以下几个方面：

（1）对东北地区西部生态经济带发展规划目标的科学性进行分析，在前期准备中依据要素未来变化趋势做出预测，规划编制的合理性和科学性，都要以数据的准确性作为编制规划的依据。

（2）对东北地区西部生态经济带发展规划中涉及的重大问题进行专题研究，主要包括扩展区域发展空间，即该区域作为对外开放重要通道，参与"一带一路"倡议和参与东北亚开放合作；扩展产业发展空间，即推动农业现代化和发展特色产业；解决区域发展面临的公共问题，促进区域的协调发展；研究该区域低收入群体和贫困群体的基本情况，提高分类扶贫政策的实施效果。

（3）提出东北地区西部生态经济带发展规划的支撑政策，重点解决欠发达地区存在的"马太效应"，老工业基地存在的创新惰性、产业同构化、技术锁定和路径锁定等问题，提出针对性建议。

对东北地区西部生态经济带建议进行研究的主要意义体现在：

（1）随着我国政府职能的转变，经济规划也必然处于深化改革和完善阶段，在制定东北地区西部生态经济带发展规划时，需要进行规划前期的数量分析与预测。规划前期的数量分析与预测有利于加强对客观规律的认识和深化，有利于促进规划的科学化和程序的规范化，而且有利于为规划编制实施提供重要的参考和依据，对于提高规划的科学水平具有重要作用。

（2）随着东北振兴战略的深入实施，东北四省（区）经济融合不断加深，区域间相互依赖、相互合作的程度也不断加深。流域治理、跨区域的公路建设、污染物排放等公共问题大量出现，使传统的地区间的"内部"公共问题变得更加"外溢化"和无界化，需要协同制定相关政策和编制发展规划。

（3）制定东北地区西部生态经济带发展规划的前期工作包括对重大问题进行专项研究，同时为应对外部经济环境的变化，需要建立评估和监测指标体系，以此作为规划微调和修正的依据；需要考虑外部经济环境出现的重要的新情况新问题以及这些新的变化对规划会产生何种影响；需要根据指标体系对规划执行情况、目标实现程度、成本效果、是否产生重大偏差，做正确的分析和预测。

（4）在宏观经济增速放缓背景下，低收入群体及贫困群体更易受到外部冲击影响，因此需要完善对低收入群体特别是贫困群体的保障制度。根据低收入家庭及贫困家庭的生活水平，结合地区的实际情况，分类实施扶贫政策，特别是东北地区西部生态经济带生态特别重要和脆弱需的地区实行生态保护扶贫。

本书与同类研究相比，创新之处主要体现在：

（1）从区域经济发展的长期趋势以及造成区域经济差异的原因，解释经济进入发展新常态后，导致东北老工业基地经济增长乏力的深层次原因，并针对存在的主要问题，提出破解的有效手段。

（2）从区域空间结构和整体角度思考解决区域公共问题的有效手段，通过建立合理的利益补偿机制，可以满足帕累托效率条件，从而有助于建立符合区域协调和公平发展原则的，能够实现区域整体利益最大化的区域合作机制。在实践中，编制区域公共规划是解决区域公共品供给的有效手段。

（3）扩大东北地区西部生态经济带不同城镇选择主导产业的边界，增强产业协作关系。在选择主导产业时，将其是否对资源环境有害，损害如何补偿等作为重要问题体现在规划中。

（4）根据东北地区西部生态经济带实际情况合理确定划分低收入家庭和贫困家庭的标准并采取适合的分类扶贫政策，划分低收入家庭和贫困家庭的标准需要考虑区域的经济发展水平、主要消费品的价格水平、住房价格的地区差异、家庭的规模、家庭成员的年龄结构以及住房是否为自有住房等。

东北西部生态经济带各地区面临共同的问题，需要统筹推进破解发展困境。一是生态环境问题。蒙东地区和东北三省西部地区是我国北方生态安全屏障，资源环境承载能力比较脆弱。部分地区干旱少雨，存在严重的水土流失和沙漠化等问题，经济带内很多城市以能源矿产资源开采为主，对周边生态环境造成较大的破坏。因此，应推动生态建设和绿色发展，解决区域面临的共同生态保护问题。二是连片区贫困问题。区域内的大兴安岭南麓片区为国家14个集中连片特殊困难地区之一，其中，兴安盟是内蒙古自治区贫困面积最广、贫困人口最集中、贫困程度最深、脱贫难度最大的地区，白城市被整体纳入大兴安岭南麓片区，是吉林最贫困地区之一。齐齐哈尔市的龙江县、泰来县、甘南县、富裕县、克东县、拜泉县和大庆市的林甸县是国家14个集中连片特殊困难地区之一，是黑龙江省重点贫困地区。三是经济结构调整问题。该地区第一产业的产值构成较高，如兴安盟、铁岭、朝阳、阜新、齐齐哈尔、大兴安岭地区等多超过20%，高于全国8.9%的平均水平，第一产业的就业构成如兴安盟、通辽、锡林郭勒盟、呼伦贝尔、铁岭、朝阳、白城、松原、齐齐哈尔、大兴安岭地区等均超过40%，高于全国28.3%的平均水平。

东北西部生态经济带的多数城市处于相似的发展阶段，需要利用后发优势加速发展。东北西部生态经济带多数城市人均GDP低于全国平均水平，属于欠发达地区，既需要重点解决欠发达地区存在的循环累积因果效应和回流效应，老工业基地存在的创新惰性、产业同构化、技术锁定和路径锁定，也需要促进二元结构的转化，解决二元结构转化中传统部门的劳动力与现代部门的资本之间的分割，以及要素市场在资源配置上的双重过剩。

第二节 本书的主要内容和研究方法

一、主要内容

跨区域生态经济发展规划是对东北地区西部生态经济带区域开发布局的总体谋划，既是一项政府战略，又是一项技术工程。编制生态经济综合规划，可以统筹实现规划区域内经济发展与生态建设的整体合理性，掌握各地区的资源环境承载能力作为开发的依据，科学开展国土开发、工业化、城镇化、农村布局和生态地区保护。本书为规划开展的前期研究工作，主要内容包括：

（1）对东北地区西部生态经济带生态经济发展现状、主要问题、发展趋势及外部形势与环境进行综合分析与评价，为确定规划的主要目标和区域定位奠定基础。

（2）确定规划的主要目标和重大问题，为专项研究奠定基础，对规划内涉及的主要要素和目标进行前期数量分析和预测，为规划的制订提供依据和支持。对建立相关的评价指标体系进行前期研究。

（3）对扩展东北地区西部生态经济带的区域发展空间和产业发展空间进行专题研究，充分利用该地区作为对外开放重要通道的区位优势；确定不同城镇选择主导产业的边界，增强产业协作。

（4）对东北地区西部生态经济带的绿色发展空间进行专题研究，统筹解决经济发展和环境问题，研究建立解决流域治理、跨区域的公路建设、污染物排放等公共问题的跨区域合作的长效机制，建立评估和监测指标体系。

（5）东北地区西部生态经济带作为经济发展相对薄弱的区域，承载着脱贫攻坚任务，通过对该地区低收入群体特别是贫困群体的专题研究，为制定适宜的扶贫政策提供依据。通过提高政策的效果，促进共享发展目标的实现。

（6）提出东北地区西部生态经济带生态经济发展规划的支撑政策，针对研究专题发现的问题，提出符合区域发展实际、有针对性的政策建议，并从整体上提出落实新发展理念的政策建议。

二、主要方法

（1）指数化与多标准分析。规划发展目标的维度分析以及目标整合，评估指标体系和监测指标体系的建立与优化。利用系统聚集分析、集中化指数、多样化指数等实现指标的指数化处理。依据多个标准对规划方案进行评估，建立通用分级，对综合效应的估计值进行综合评估。在产业结构研究中，运用区位熵指标分析区域主导专业化部门的状况。

（2）面板数据向量自回归模型与面板数据回归分析。向量自回归模型（VAR）综合了时间序列和面板数据的优点，因此在时间序列数据的分析中应用广泛。在东北贫困地区金融和教育扶贫政策研究中，本书就采用面板数据向量自回归模型和面板数据回归分析，分析贫困的主要影响因素以及要素间的关系与变化规律。

（3）成本收益和功能对比分析。根据规划系统的功能和效益，对目标在一定时间尺度内做纵向比较研究并在空间尺度上做横向比较研究，判断规划方案的先进性、可靠性和可行性。分析规划对国民经济的贡献度以及为实现规划目标而付出的全部成本，分析构成和合理性等。

（4）经济收敛性检验。经济收敛假设在实证研究中可以解释为表示不同区域收入差距或劳动生产率差距的时间序列数据是否存在差距逐渐缩小并收敛于稳定状态的变化趋势，即是否收敛于均衡水平。研究中选择成对收敛检验来判断两个地区是否存在收敛。该方法要求被归入研究的给定地区的人均收入数据的所有可能的成对组合差异均要通过单位根检验，并通过检验两者的收入水平差距或劳动生产率差距是否是稳定的来判定两个经济体是否收敛，而不需考虑这两个经济体数据本身是否是稳定的或存在单位根。

第二章

东北老工业基地生态经济带总体设想

第一节 发展现状与主要问题

当前东北区域发展突出体现为哈尔滨—长春—沈阳—大连的中部主轴、东北东部经济带和东北地区西部生态经济带的格局。其中，东北地区西部生态经济带由于经济基础比较薄弱、生态承载力较低以及受体制性机制性矛盾制约，成为东北老工业基地振兴的薄弱环节。根据新发展理念，结合东北地区西部生态经济带各地区面临的主要问题统筹推进地区结构优化和创新发展，有利于破解发展困境，对于实现东北老工业基地的全面振兴和完成党的十九大报告中确定的21世纪中叶第一阶段目标具有重要意义。

在研究《东北地区西部生态经济带发展规划》时，需要对相关地区的生态经济发展现状、主要问题及发展趋势进行综合分析与评价，为研究和修订规划奠定基础。东北地区西部生态经济带包括蒙东地区、辽宁、吉林和黑龙江三省的西部地区，面积共92.7万平方公里，约占国土面积的1/10，人口为4062.6万人，约占东北地区总人口的1/3。具体来说，其规划范围包括蒙东地区的兴安盟、通辽市、呼伦贝尔市、赤峰市和锡林郭勒盟；辽宁西部的铁岭、朝阳、锦州和阜新4市；吉林西部的白城、松原和四平3市；黑龙江西部的大庆市、齐齐哈尔市以及大兴安岭地区①，共12个地级市、2个盟和1个地区（见表2-1）。蒙东地区和东北三省西部地区的多数城市处于相似的发展阶段，并且区域内既有重要的国家商品粮生产基地、畜牧业生产基地和林业生产基地，又是我国北方生态安全屏障，面临共同的发展问题。因此对该地区统筹规划，有利于各地区之间加强联系，协调解决共同面对的问题，也有利于国家通过区域政策推动这些地区的整体发展。

表2-1　　2015年东北西部地区主要地区面积、人口和人均GDP

地区	面积（万平方公里）	人口（万人）	人均国民生产总值（元）
通辽市	5.95	312.08	60138
兴安盟	5.98	159.91	31391
赤峰市	9.00	429.95	43269
呼伦贝尔市	25.30	252.65	63131
锡林郭勒盟	20.26	104.26	96025
锦州市	1.01	302.56	43207
阜新市	1.04	189.47	29491
铁岭市	1.30	300.38	27885
朝阳市	1.97	340.90	28852
四平市	1.43	324.49	36732
松原市	2.11	278.37	59413
白城市	2.58	193.46	35892
大庆市	2.22	277.52	110115
齐齐哈尔市	4.25	549.40	24430
大兴安岭地区	8.30	47.15	27816

注：各地指标中包括其所辖县和县级市。
资料来源：2016年内蒙古统计年鉴、辽宁统计年鉴、吉林统计年鉴、黑龙江统计年鉴。

---

① 大兴安岭地区的格达奇区和松岭区属于内蒙古自治区，其余地区归黑龙江省管辖。

东北地区西部生态经济带中的蒙东地区与东北三省联系密切，旅游等资源与东北三省形成互补，是国家重要的绿色农畜产品生产加工基地、北方重要的生态安全屏障，也是国家重要的能源基地、新型化工基地、有色金属生产加工基地。辽宁省西部四市毗邻京津冀，拥有丰富的土地、矿产、劳动力以及一定的产业基础和科技力量，具有装备制造、农产品深加工、汽车及汽车零部件等特色产业，也是光伏产业基地和国内最大的石墨新材料生产基地与钛白粉产业生产基地。吉林省西部三市是国家增产百亿斤粮和千亿斤粮战略的主要地区，所处的西部生态经济区具有典型的草原和湿地生态系统，生态脆弱，对东北地区生态环境有着重要的影响。白城市是国家商品粮基地，全国农业四大开发区之一和国家生态建设示范区；松原市是粮食产区，石油资源丰富；四平市是东北地区重要的交通枢纽城市。黑龙江省西部三地市中，大庆和齐齐哈尔市位于哈大齐工业走廊，是重要的工业城市。其中，大庆市是著名的石油城市，石油、石化产业基地，齐齐哈尔市是国家商品粮基地和畜牧业基地，也是国家历史文化名城。大兴安岭地区森林覆盖率超过80%，是我国重点国有林区和天然林分布区，北方重要生态功能保护区，重点发展林业、生态旅游、特色种植养殖、绿色食品加工等产业。

东北地区西部生态经济带15个市地盟中10个市地盟人均GDP低于全国平均水平，其中更有5个城市人均GDP仅为全国人均GDP的40%~60%，既需要重点解决欠发达地区存在的"马太效应"，老工业基地存在的创新惰性、产业同构化、技术锁定和路径锁定等共性问题，也需要解决该地区面临的问题：一是东北地区西部生态经济带资源环境承载能力比较脆弱。部分地区干旱少雨，存在严重的水土流失和沙漠化等问题，经济带内很多城市以能源矿产资源开采为主，对周边生态环境造成较大的破坏。二是二元经济结构突出。第一产业的产值构成较高，如兴安盟、铁岭市、朝阳市、阜新市、齐齐哈尔市、大兴安岭地区等多超过20%，高于全国8.9%的平均水平，第一产业的就业构成如兴安盟、通辽市、锡林郭勒盟、呼伦贝尔市、铁岭市、朝阳市、白城市、松原市、齐齐哈尔市、大兴安岭地区等均超过40%，高于全国28.3%的平均水平，且在二元结构转化中传统部门的劳动力与现代部门的资本之间存在分割，形成要素市场在资源配置上的双重过剩。三是城镇化率低。从城镇化率来看，兴安盟、通辽市、铁岭市、朝阳市、白城市、松原市、齐齐哈尔市等地的城镇化率分别为35.8%、46.4%、42.2%、28.9%、44.3%、44.8%、35.5%，低于全国56.1%的平均水平。四是城乡居民的思想观念、教育水平和技能水平尚需提高。如以辽宁省为例，每10万人口高等学校平均在校生数，铁岭市为613人，朝阳市为172人，阜新市为2260人，均低于辽宁省2976人的平均水平。东北地区西部生态经济带发展规划中涉及的重大问题还包括该区域作为对外开放重要通道，参与"一带一路"建设和参与东北亚开放合作；推动现代农牧业和优势特色产业发展；解决区域发展面临的公共问题，促进区域的协调发展；研究该区域低收入群体和贫困群体的基本情况，提高分类扶贫政策的实施效果等。

第二节 新发展理念在生态经济带建设中的指导作用

从东北西部生态经济带各地的经济社会发展基础和发展阶段来看，多数地区属于欠发达地区，部分经济发展较好的地区也面临草原沙化、水土流失和资源耗竭等挑战，因此其面临的经济发展、共享发展与环境保护的矛盾较为突出，需要处理好经济增长与环境保护、公平与效率之间的关系（见图2-1）。

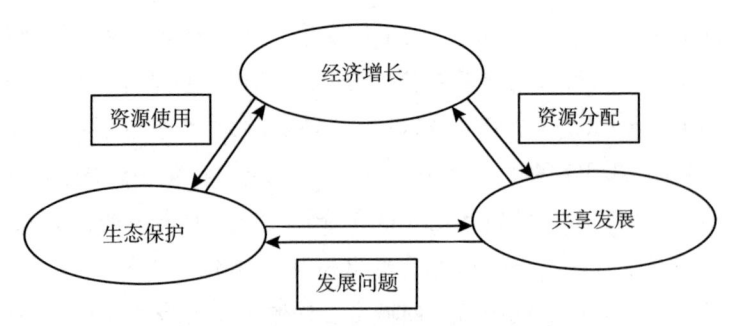

图 2-1 经济增长、生态保护和共享发展关系

在欠发达地区发展中，新发展理念的各要素具有内在联系。欠发达地区的发展过程既是经济结构优化协调的过程，也是发展模式的创新和人的观念的开放的过程。具体来说：

(1) 从新发展理念出发，坚持创新发展原则。欠发达地区后发优势需要通过创新发展来实现，同时创新发展也是解决欠发达地区主要问题的有效途径。这里的创新不仅是生产方式和科技的创新，而且是政策和体制机制的创新。

(2) 坚持绿色发展原则。东北西部生态经济带是我国重要的粮食生产基地和重要的生态功能区，部分地区为限制开发地区，在发展中需要统筹解决经济发展和环境问题，因此，区域公共品的有效供给是解决区域水资源利用、防治区域环境污染等公共问题的重要手段。从自身内部发展来看，应重视生态与经济互动发展模式，把生态建设与当地自然条件和经济发展结合起来，促使生态与经济互动发展，以较低的资源代价换取较高的经济效益。

(3) 坚持协调发展和开放发展的原则。充分利用该地区处于"一带一路"和东北亚开放合作通道的区位优势，扩展区域发展空间和产业发展空间，推动城市化和农业现代化，有效缩小城乡发展差距。

(4) 坚持共享发展原则。东北西部生态经济带多是经济发展相对薄弱的区域，承载脱贫攻坚任务，需要根据该区域低收入群体及贫困群体的生存状态，实施治理型干预政策增强对低收入群体及贫困群体的扶持。从长期来看，需要通过教育和公共服务的均等化来促进低收入群体和贫困群体后代的发展，建立解决贫困问题的长期机制。

第三节 生态经济带建设的主要任务

一、生态环境保护与建设

随着东北地区振兴战略的深入实施，东北四省（区）经济融合不断加深，区域间相互依赖、相互合作的程度也不断加深。流域治理、跨区域的公路建设、污染物排放等公共问题大量出现，使传统的地区间的"内部"公共问题变得更加"外溢化"和无界化，需要协同制定相关政策和编制发展规划，继续推动主体功能区战略实施，促进人口有序迁移，构筑我国北部地区的生态安全屏障。

专栏 2-1

蒙东地区和东北三省西部地区的典型生态环境问题

● 草原草畜矛盾日趋尖锐，土地荒漠化和物种减少。由于不科学的草场利用以及多种严重自然灾害的频繁发生，致使生态环境急剧恶化。例如，锡林郭勒盟作为内蒙古自治区最大的草原区，草地面积为1930.5万公顷，目前草地退化面积达1450.6万公顷，占全盟草原总面积的75.14%。通辽市沙土面积4086万亩，占通辽市总土地面积的45.5%，退化、沙化、盐渍化草原面积4217万亩，占草原总面积的52%，是全国土地沙化和水土流失最严重的地区之一。

● 黑土区水土流失问题较为严重。沟壑纵横、植被稀少、土地支离破碎，自然环境极其恶劣，农牧民为了满足人口增长对食物的需求，只能选择开垦更多的土地，导致本就贫瘠的土地沙化情况更加严重。

● 能源开采对周边生态环境造成了很大的破坏，如锡林郭勒盟的露天煤矿，阜新市的露天煤矿等；大庆市油田开采区植被破坏严重，裸地面积扩大，环境受到污染。

● 大庆和齐齐哈尔等城市部分地区处于"松嫩平原西部温带半干旱草原生态区"，是黑龙江省乃至我国重要的沙地治理区，属于生态脆弱地区。大庆市沙地面积占土地总面积的27%，是国家防沙治沙工程重点建设区。齐齐哈尔市的松嫩平原西部防风固沙生态功能保护区面积为225万公顷，占全市总面积的57.81%。

● 大兴安岭林区是国家四大重点国有林区之一，过去的过度采伐利用，导致森林资源急剧下降，20年里林区森林面积减少100多万公顷，森林蓄积减少3亿多立方米。大兴安岭林区现已成为全国生态补偿机制试点重点区，全面停止了木材商业性采伐。

● 吉林省西部地区是世界第三大苏打盐碱化地区，主要分布在白城市的洮南、洮北、镇赉、通榆、大安和松原市的长岭、乾安、扶余、前郭、宁江等县（市、区）。其中，白城市中低产田总面积877.7万亩，占耕地总面积的68.7%；盐碱地面积166.7万亩，占中低产田面积的21.4%。松原市有20余万公顷盐碱地。

> ● 辽宁省西部地区属于半干旱地区，水土流失严重，生态系统较为脆弱。朝阳市有近70%的土地面积水土流失严重，牧草地植被稀疏矮小，退化严重。阜新市水土流失面积占该市总土地面积的36%。
>
> ● 区域内黑龙江省扎龙自然保护区、吉林省向海自然保护区、内蒙古自治区达赉湖自然保护区等被列为国际重要湿地，但近年来湿地面积急剧缩减。以向海自然保护区为例，湿地面积仅相当于20世纪60年代的1/10，其水面仅为60年代的1/3，生态功能减退。
>
> 资料来源：2016年辽宁统计年鉴、吉林统计年鉴、黑龙江统计年鉴、内蒙古统计年鉴。

为此，应完善财政转移支付制度，增加对生态环境补偿的财政转移支付。扩大退牧还草工程实施范围，适时研究提高补助标准，实施新一轮草原生态保护补助奖励政策。加快推进荒漠化专项治理和矿区环境治理。健全国家和地方公益林补偿标准动态调整机制，合理安排停止天然林商业性采伐补助奖励资金。继续推进主体功能区建设，促进人口向重点开发地区和优化开发地区有序地转移，解决改善区域内水资源利用、防治区域沙漠化和水土流失等问题。根据环境承载能力不同，实施分类管理的环境保护政策。对于限制开发地区，政府投资重点支持公共服务设施建设、生态建设和环境保护。

二、加强区域联系与合作，成为"一带一路"和东北亚国际合作纽带

我国正在推进"丝绸之路经济带"和"21世纪海上丝绸之路"倡议，与世界各国的经济合作不断拓展和深化，跨区域生产要素流动和产业转移步伐加快，对外开放的发展营造了良好的内

外部环境。蒙东地区和东北三省西部地区借助中俄蒙经济合作进一步扩大开放，利用振兴东北、环渤海经济区建设、京津冀一体化等区域发展战略的辐射带动能力，增强对外贸易能力，进一步增大外贸进出口总量。

专栏 2-2

蒙东地区的主要陆路口岸的发展

● 阿尔山市是连接俄罗斯和蒙古国的国际口岸城市，兴安盟致力于服务东北地区，融入"哈大齐"工业一线、"长吉图"开发开放建设区，对蒙古国经济贸易、教育卫生、文化旅游等领域的交流合作更加深化。阿尔山市成为连接东北三省、蒙古国和俄罗斯的重要枢纽。

● 满洲里口岸是中国最大的铁路口岸，也是中国对俄罗斯的最大口岸。呼伦贝尔市积极利用满洲里综合保税区实现封关运营、扎赉诺尔区陆地边境县地缘优势、海拉尔·中俄蒙博览会国家级展会等，打造中俄蒙经济进出口贸易走廊。

● 二连浩特口岸位于锡林郭勒盟西部，是中国通往蒙古国的唯一铁路口岸。该口岸利用"一带一路"倡议、"向北开放"发展战略，打造沿边经济带；利用蒙古国零关税政策，促进融入"草原丝绸"之路经济带，拓展发展空间，推进"锡赤通朝锦"中俄蒙国际海陆经济合作示范区建设。

加强基础设施和物流中心建设。新建与改造连接内蒙古自治区东部地区煤炭基地与东北三省主要能源消费区的铁路、公路，形成保障能力强大的煤炭运输系统。加强中俄铁路原油运输系统建设并适时建设油气管线。

继续促进区域间的联系，如三纵五横格局中的齐齐哈尔至赤峰沿线、锦州至锡林浩特、满洲里至大庆、阿尔山至白城。与各地区的区域规划相衔接，如蒙东经济区规划、辽宁省"突破辽西北"战略、吉林西部生态经济区规划、黑龙江和内蒙古东北部地区沿边开放开发规划。推动各地区的合作，如齐齐哈尔、白城、兴安盟等地区的合作等。

三、积极推进城市化进程

在积极推进城市化的同时，促进农业现代化发展，缩小城乡居民收入差距。积极推进城镇化进程，加强以人为核心的新型城镇化建设，促进农业转移人口的市民化。发展现代农业，加快转变农业方式，发展适度规模经营，构建现代农业产业体系。加速城镇化进程和促进农业现代化发展，有利于促进二元结构转化，是解决城乡收入差距的根本途径。为此需要解决阻碍要素流动的长期性障碍，促进要素在产业间、地区间和所有制间的合理流动，提高经济的整体效益。

四、促进现代农业、旅游业等优势特色产业发展

立足绿色资源优势和现有绿色产业基础，大力发展有机食品、绿色食品、无公害农产品和地理标识产品。以乳、肉、绒毛、粮油、马铃薯、矿泉水、皮革等加工为重点，继续加大农牧业龙头企业引进和培育力度，大力扶持重点龙头企业扩大生产规模，努力推进技术改造和产品研发，做优做强农畜产品加工业；鼓励和支持中小企业通过联合重组、技术改造等方式盘活存量、做大规模。支持农牧业示范园区、食品加工园区建设，形成一批国家级绿色驰名、著名商标品牌，实现农畜产品生产加工输出的绿色化、标准化、生态化、安全化、高端化。

在生态文化旅游业方面，首先，挖掘森林、温泉、冰雪、湿地、草原、火山地质奇观、自然保护区等生态资源的历史渊源和文化内涵，推动文化与旅游业深度融合发展，建设生态文化、红色文化产业基地，打造世界级森林、草原、避暑、温泉、滑雪等主题旅游产品和旅游目的地；其次，打造旅游增长极，组建成立旅游开发公司，推进旅游资源优化整合、整体开发，力求突出特色、打造精品。

五、完善社会保障体系建设和实现共享发展

在宏观经济增速放缓背景下，低收入群体及贫困群体更易受到外部冲击影响，因此需要完善对低收入群体特别是贫困群体的保障制度。根据低收入家庭及贫困家庭的生活水平，结合地区的实际情况，分类实施扶贫政策，特别是东北四省（区）交界带生态特别重要和脆弱需实行生态保护扶贫。

实施治理型干预政策，促进相对贫困群体和低收入群体生活水平的提高。完善促进长期失业者就业的公共就业服务制度，研究和建立非正规就业群体的社会保障制度，完成脱贫攻坚任务。其中，经济因素是解决低收入群体和贫困群体问题的核心因素，治理型干预政策是以提升低收入群体和贫困群体获取收入能力为目标的政策组合。对低收入群体和贫困群体的教育政策、就业培训计划、社会参与援助政策是其重要的组成部分。通过实施治理型干预政策，有利于提高相对贫困群体和低收入群体的就业能力，从而提高生活水平。

建立家庭调查统计制度，使相关政策的制定更符合低收入家庭和相对贫困家庭的动态变化规律。通过构建以家庭为单位的统计数据库，掌握各地区低收入家庭和相对贫困家庭的信息，相关部门可以更准确地统计和分析这些家庭的生活状况，为政策制定和调整提供有力的数据支持。与此同时，家庭调查数据增加了可选择指标的范围，例如，与收入数据相比，消费数据能够更容易地测算物质形式的福利水平，而收入数据易受到季节性因素的影响，因此，消费数据相对于收入数据的结论更准确。以家庭调查数据为基础，可以更准确地进行关于贫困和发展问题的研究和相关的政策制定。

> **专栏 2-3**
>
> **蒙东和东北三省西部主要贫困地区**
>
> ● 2016年兴安盟贫困人口8.1万人，占内蒙古自治区贫困人口的15%，其中少数民族贫困人口占80%。作为国家14个集中连片特殊困难地区之一，是内蒙古自治区贫困面积最广、贫困人口最集中、贫困程度最深、脱贫难度最大的地区。
>
> ● 白城市于2012年被整体纳入国家14个集中连片特困地区之一的大兴安岭南麓片区，是吉林省最贫困地区之一。2016年白城市贫困发生率为8.9%，是吉林省平均水平的2.7倍，全国贫困发生率平均水平的1.6倍。
>
> ● 齐齐哈尔市的龙江县、泰来县、甘南县、富裕县、克东县、拜泉县和大庆市的林甸县属于国家14个集中连片特殊困难地区之一。齐齐哈尔市是黑龙江省重点贫困地区，2016年有贫困村310个，共有贫困人口25.6万人。
>
> 资料来源：2017年内蒙古统计年鉴、吉林统计年鉴、黑龙江统计年鉴。

相对贫困群体和低收入群体与其他群体相比，不仅缺少技能，而且大多数人所接受的教育程度比非贫困群体接受的教育程度低。除对达到劳动力年龄的低收入群体和贫困群体加强职业教育和培训外，从国内外成功经验来看，更重要的是解决相对贫困群体和低收入群体下一代的教育问题，为此，需要促进低收入群体和贫困群体更好地参与学校教育，获得更好的教育资源。促进公共服务均等化，提高相对贫困群体和低收入群体子女的营养水平和获得更好的医疗健康服务也是重要举措。

六、全面深化改革，推动创新发展

加快政府职能转变，推进简政放权，加强各种所有制经济的产权保护，完善东北地区的投资营商环境建设。深化东北地区国有企业改革，开展混合所有制改革试点，研究推动重大企业的重组。加快推进阜新（矿业）集团有限责任公司、吉林省煤业集团有限公司和黑龙江龙煤矿业控股集团有限责任公司等重点企业的改革。促进民营经济的发展，放宽民间投资的准入，建立有利于民营经济的政策环境和市场环境。支持资源枯竭和产业衰退地区的转型，在专项资金方面给予重点支持。推进国有林区、林场改革，分类化解债务风险，发展接续替代产业，安置富余职工和做好社会保险工作。构建区域创新体系，形成产学研创新网络，加大公共研究机构、高校与企业的联系，促进传统产业的升级和优势特色产业的发展。

第四节 国际经验与借鉴

蒙东地区与东北地区西部生态经济带由大兴南岭南麓山区、蒙东草原、西辽河平原和松嫩平原等组成，部分地区为自然条件较差的区域、经济结构以农业为主的区域和地理位置边远的区域。其综合开发可借鉴美国的阿巴拉契亚区域和田纳西河流域、意大利南部地区（阿布鲁佐、西西里和撒丁等）和加拿大的东部地区的经验。这些地区的共同点是可持续发展能力差，经济、社会与技术等发展程度低，人民生活水平和地方财政收入水平低，经济增长速度不高，产业结构低度，科学教育与文化事业不发达。部分地区不具有工业化的条件，或长期处于"低水平陷阱"，无力跨越工业化门槛而进入起飞阶段。国外综合开发的成功经验主要包括：

第二章 东北老工业基地生态经济带总体设想

（1）制定和实施经济发展规划。美国田纳西河流域开发是国际综合开发治理落后地区较为成功的。该地区的综合开发主要是通过田纳西河流域管理局（TVA）组织和实施的，TVA 的职能除作为航运、流域治理、电力生产和农业基础设施的组织者和管理者外，主要职能在于作为区域经济发展的管理机构，利用联邦专家的智力支持和电力等资源的供给加速实现田纳西河流域经济和社会的现代化。TVA 的一个重要的成功经验是构建了流域内 7 个州的有效合作机制，通过法律手段规定相关的州和各级地方政府在 TVA 的管理框架内所承担的责任和应该实施的具体政策。上述职能和任务主要涉及航运管理、食品生产和销售分配、电力生产与使用，是通过决策行为的优化来实现的。跨地区管理的关键并不是建立宏观层次的合作机制或是持续互动，而是通过企业层面在基础项目推动下进行合作来实现跨流域的生产和资源有效配置，从福利角度不断实现共同利益。

（2）政府的转移支付产生集聚等正的外部效应持续发挥作用。即使在政府取消转移支付支出时，由于集聚等产生的正的外部效应仍在农业和制造业发挥积极作用，促进农业就业的增加和制造业就业和工资收益的增加。劳动者在制造业可以获得更多的报酬，而制造业收入的提高也带动了从事农业的劳动者收入的提高。政府的转移收入产生的外部效应不仅间接体现在集聚经济中，还体现在基础设施改进带来的直接效应中。政府的转移支付提供经济增长中必需的基础设施和援助，例如，向地方公共机构提供援助，建设公共服务设施，或向在指定地区建立工厂的企业提供援助；政府的转移支付和直接投资显著提高了区域制造业的生产能力，其带来的直接收益和间接收益超过了政府提供转移支付和直接投资所产生的成本。政府转移支付的间接效益主要受地区集聚收益的影响，同时需要考虑在集聚过程中没有实现区域市场化或获得溢出效应的制造行业产生的损失。

（3）在治理中开发。由于开发地区涵盖的不同区域和城市往往存在较大的收入差异，因此，政府开发政策的主要目标是改变区域发展的不均衡，公共资源更倾向于通过经济政策向欠发达地区转移，而不是向贫困群体转移。欠发达地区在治理中实现开发主要体现在通过政策吸引制造企业到其管辖区域，这些项目构成了政府事实上的产业政策。以区域为目标的产业政策的主要效果是将生产力由一个地区转移到另一个地区，而并没有促进生产力水平的整体提高。在欠发达区域发展中，政府通过大规模的基础设施投资实现区域的经济现代化，这些投资主要包括用于发电的水利基础设施建设，新的路网建设，运河和流域的治理以及防洪设施的建设。国外实现欠发达区域在治理中开发主要通过两个重点措施：一是重点促进农业现代化和农业基础设施建设；二是重点促进区域特色产业和产业集群的发展。大规模基础设施投资能够产生门限效应，对欠发达地区的生产力和福利水平会产生巨大的促进，推动这些区域跨越"低水平陷阱"。

（4）鼓励中小企业和内生企业家的成长。国外经验表明，欠发达地区的开发的重要实现渠道是集聚效应，特别是区域内劳动者和企业的生产力溢出效应。鼓励以国内市场为主的中小企业和内生企业家的成长有利于实现上述集聚效应。以 TVA 的经验为例，其管理区域曾是美国经济最不发达地区，如果政府对区域的基础设施投资不能产生对区域生产力的持续推动作用，政策是难以成功的。同时，政府在基础设施上的投资具有周期性和时效性，在政府投资结束后，区域仍需要推动其持续发展的动力，而鼓励中小企业和内生企业家的成长为区域发展提供了持续的内在动力。从 TVA 的经验来看，在初期政府提供大规模的基础设施投资和转移支付，有利于中小企业和内生企业家的成长，从而促进区域经济持续发展。

（5）以综合指标构成评价标准来确定援助资格，其标准需要保持动态变化。政府的投资和转移支付保持长期效果需要不断提高项目的绩效，其评价标准需要根据地区经济发展不同阶段的

第二章 东北老工业基地生态经济带总体设想

特点进行调整，使标准保持动态变化。在区域开发初期，综合评价指标的权重更倾向于实现经济效益，选择能够产生较高预期收益的项目。在区域开发中后期，综合评价指标的权重更倾向于实现经济社会效益整体最大化，选择产生较高的直接和间接经济社会效益的项目。

可见，从国外经验来看，政府在推动后发地区发展中发挥重要的作用，主要通过两种渠道来影响地区经济发展：一是通过改善公共基础设施来提高劳动生产率，是政府对地区经济发展的直接影响。二是投资项目通过集聚经济推动区域增长，是政府对地区经济发展的间接影响。第二种渠道可以将短期的公共投资转化为持续的发展动力，其根源在于形成集聚经济。这种集聚经济不仅体现在区域收入增长导致对商品和服务的需求增加，从而促进企业发展和新企业进入，而且体现在社会资本融合和企业相互学习产生的技术外部效应和密集市场效应。从国外经验来看，区域经济政策能够取得预期效果主要取决于后发地区的集聚弹性，后发地区经济密度的显著提高推动区域总体生产能力的提高。具体来看，政府在生产性基础设施的投资，如电力等能源的基础设施投资，对区域制造业生产能力产生积极的促进作用，与此相比，政府投资和转移支付对区域制造业生产能力的间接影响有限。主要与集聚弹性有关，如果集聚弹性在空间分布上一致，则区域经济政策难以产生集聚效应。

结合我国经济发展阶段、蒙东地区和东北地区西部生态经济带面临的新问题和新挑战，在推动东北老工业基地生态经济带建设中应重视以下问题。

（1）在缪尔达尔的累积扩展效应中，累积效应更为明显的情况下推动后发地区的开发，缪尔达尔的累积扩展效应表现为东北西部生态经济带建设地区与核心区域的经济增长差距扩大。因此，从国外经验来看，西部地区维持或缩小与东部和中部地区扩大的差距需要增加政府投资和转移支付的力度，从而形成持续推动区域发展的动力。初期政府投资和转移支付的规模和持续时间对区域能够形成内在动力非常关键，当区域形成内生动力时，尽管政府投资和转移支付下降或取消，但区域农业和制造业的发展和就业的增加仍将持续。特别是在传统以农业为主的地区，由于制造业工资水平高于农业，制造业的发展也会推动农业收入水平的提高。

（2）城镇化与农村富余劳动力的转移。政府应积极研究促进农村富余劳动力转移的措施和促进限制开发地区人口转移的措施。人口流动是欠发达地区开发中需要考虑的重要问题，一方面人口流动是生产力优化布局的客观需要；另一方面人口流动会使"马太效应"更为明显，使得落后地区在缺少资金的同时，面临缺少劳动力的困境。城镇化有利于实现区域的集聚效应，即使在政府转移支付规模缩小的情况下，由于中小企业的发展和内生企业家的成长，也能够在农业和制造业的就业方面产生积极的促进作用。

（3）需要考虑后发地区开发面临的约束。很多地区的资源承载力较弱，在发展中需要注重生态环境保护，因此与传统经济增长破坏环境不同，这些地区在发展中面临越来越严格的环境标准。需要优先使用资源节约型、环境友好型技术来破解资源环境约束，但需要与此相关的技术、资金和人才支持，并有与之相联系的有利于技术研发和创新的制度环境。

（4）对公共基础设施的扩展，如交通、能源、水利以及网络等基础设施。网络等基础设施建设是实施信息化发展战略的基础，这一战略对欠发达地区同样适用，并且成为后发地区发挥后发优势的重要条件。从国外经验来看，一是推动"互联网＋"发展模式。信息产业的发展能够促进规模经济向聚合经济的转化，而城市可以通过实现互联网与各个传统产业的深度融合，形成新业态，推动经济发展。为此，城市需要充分利用信息通信技术和互联网平台，发挥互联网在资源配置中的优化和聚合作用，发展以互联网为基础的新形态，注重电子信息制造业等信息化产业的发展，重构传统产业和商业模式，提升生产力。二是积极发展工业互联网和物联网等信息化基础设施。加强5G、人工智能、工业互联网和物联网等新型基础设施建设，支持数据驱动的新科技产业化和信息产业化发展。构建支撑信息科技产业化的大数据基础设施，通过智能终端的连接，实现智能制造和大数据分析，在设备、生产线、企业、供应商和客户间建立更紧密的联系，实现跨设备、跨系统和跨地区的互联互通，促进工业经济各要素的高效共享。三是加快大数据和区块链等信息技术在产业和政府管理中的应用。大数据和区块链技术有利于实现生产流程优化和商业模式重构，降低企业生产和经营成本，延长产业链条。为此，应探索云计算、工业互联网和物联网在产业和商业中的应用以及大数据和区块链技术在政务和民生管理中的运用。推动大数据综合试验区建设，并形成产业集聚、资本集聚和人才集聚。积极推动大数据产业建设，推动智能互联网和智能金融、智能医疗和智能能源产业的发展。利用信息技术提高政府社会管理和公共服务的职能，利用大数据和区块链智能合约技术的搜证和监管成本低的特点，强化政府对市场的监管，提高行政管理效率。

第三章

辽宁省西部生态经济带建设

辽宁省西部生态经济带主要包括铁岭、朝阳和阜新三市，这些城市具有共同的特点，如二元经济结构特征明显，贫困发生率相对较高，人均收入水平较低，是相对落后的地区。这些城市也面临相似的问题和挑战，如以工矿业为代表的传统产业发展乏力，缺少创新和发展的动力等，同时这些地区水土流失严重，资源开采对周边环境造成较大破坏。锦州市作为辽宁省西部地区重要城市，与上述三市毗邻，也被纳入辽宁省西部生态经济带的研究中。

第一节 经济发展和生态建设的总体评价

一、铁岭、朝阳两市发展阶段和发展特点的总体评价

（一）经济增长和产业结构

从国内外发展经验来看，人均生产总值是判断城市发展阶段的主要标准。以人均生产总值衡量，铁岭市和朝阳市2015年的人均生产总值分别为27885元和28852元，相当于全省人均生产

总值的40%左右，全国人均生产总值的50%左右，属于发展相对落后的地区（见表3-1）。从三次产业产值构成来看，两市的第一产业产值构成均超过20%、第二产业的产值构成在30%左右、第三产业的产值构成略高于40%（见表3-2）。从三次产业就业构成来看，第一产业的就业构成均超过40%，第二产业的就业构成略高于20%，属于农业经济向工业经济过渡的发展阶段（见表3-3）。由于铁岭和朝阳两市从发展阶段和发展模式来看，处于农业经济向工业经济过渡阶段，因而经济发展、共享发展和生态保护的矛盾较为突出（见图3-1）。

表3-1　　　2015年铁岭市和朝阳市人均生产总值及与全省和全国平均水平的比较

地区	人均生产总值（元）	占全省平均比重（%）	占全国平均比重（%）
铁岭市	27885	42.67	55.78
朝阳市	28852	44.14	57.71
全省平均	65354	—	—
全国平均	49992	—	—

资料来源：2016年中国统计年鉴、辽宁统计年鉴。

表3-2　　　2015年铁岭市和朝阳市三次产业产值构成　　　单位：%

地区	第一产业	第二产业	第三产业
铁岭市	27.7	31.8	40.5
朝阳市	25.8	30.4	43.8
全省平均	8.3	45.5	46.2
全国平均	8.9	40.9	50.2

资料来源：2016年中国统计年鉴、辽宁统计年鉴。

表3-3　　2015年铁岭市和朝阳市三次产业就业构成　　单位：%

地区	第一产业	第二产业	第三产业
铁岭市	41.4	20.9	37.6
朝阳市	41.0	24.6	34.5
全省平均	28.6	26.4	45.0
全国平均	28.3	29.3	42.4

资料来源：2016年中国统计年鉴、辽宁统计年鉴。

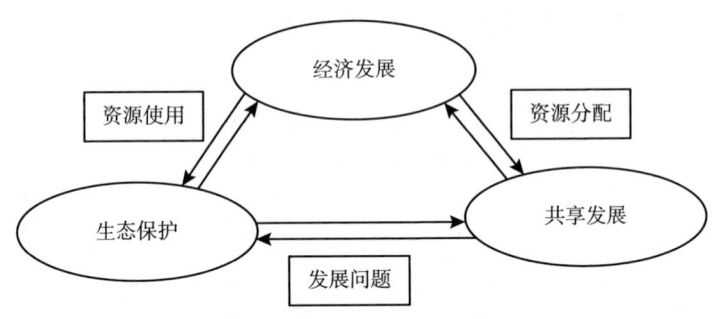

图3-1　主要发展目标及存在的冲突

　　铁岭和朝阳两市的发展阶段和发展模式相近不仅体现在经济存量上而且体现在经济增量上（见图3-2）。上述两市在2009年均保持在16%以上的经济增长速度，2011年均略有回落，保持接近14%的经济增长速度，2013年两市的经济增长率均回落到7%~9%的区间内，而2015年两市均出现6%的经济负增长（见表3-4）。从三次产业增长速度来看，两市均为第二产业降低的幅度最大，且有恶化的趋势，而两市的第一产业和第三产业受到总需求减少的影响相对较小，虽然均出现下降的趋势，但降幅均小于第二产业降幅，也小于总体经济的降幅（见表3-5~表3-7）。

(亿元)

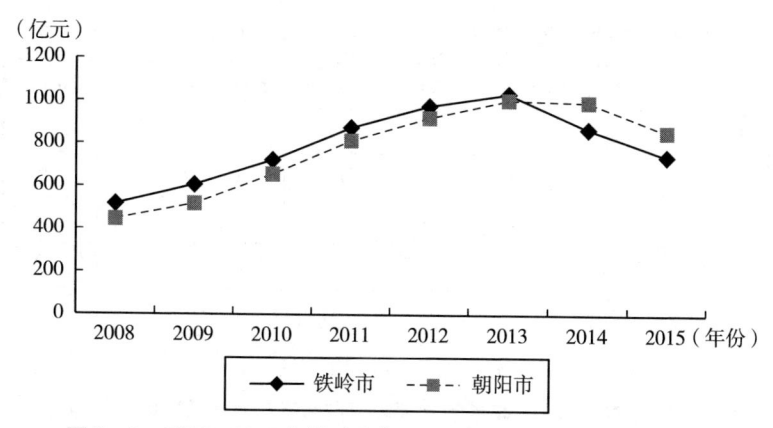

图 3-2　2008~2015 年铁岭和朝阳两市国民生产总值变化趋势

资料来源：2009~2016 年辽宁统计年鉴。

表 3-4　2009~2015 年铁岭和朝阳两市经济增长速度　　单位：%

地区	2009 年	2010 年	2011 年	2012 年	2013 年	2014 年	2015 年
铁岭市	18	16	14	9	7	2	-6
朝阳市	18	17	14	11	9	4	-6
全省平均	13	14	12	10	9	6	3
全国平均	9	11	10	8	8	7	7

资料来源：2010~2016 年中国统计年鉴、辽宁统计年鉴。

表 3-5　2009~2015 年铁岭和朝阳两市第一产业增长速度　　单位：%

地区	2009 年	2010 年	2011 年	2012 年	2013 年	2014 年	2015 年
铁岭市	7	6	7	5	5	3	-3
朝阳市	0	18	7	5	5	3	3
全省平均	3	6	7	5	5	2	4
全国平均	4	4	4	5	4	4	4

资料来源：2010~2016 年中国统计年鉴、辽宁统计年鉴。

表3-6　2009~2015年铁岭和朝阳两市第二产业增长速度　　单位:%

地区	2009年	2010年	2011年	2012年	2013年	2014年	2015年
铁岭市	24	20	15	9	6	1	-13
朝阳市	27	16	16	12	11	3	-19
全省平均	16	17	14	10	9	5	-1
全国平均	10	13	11	8	8	7	6

资料来源：2010~2016年中国统计年鉴、辽宁统计年鉴。

表3-7　2009~2015年铁岭和朝阳两市第三产业增长速度　　单位:%

地区	2009年	2010年	2011年	2012年	2013年	2014年	2015年
铁岭市	15	14	18	11	9	1	0
朝阳市	15	16	15	12	7	7	5
全省平均	12	13	11	10	9	7	7
全国平均	10	10	10	8	8	8	8

资料来源：2010~2016年中国统计年鉴、辽宁统计年鉴。

(二) 城市化发展水平

城市化发展水平是衡量相对落后地区由传统农业经济向工业经济过渡的一个重要标志。这是因为城市化发展促使农业为代表的传统部门向以工业为代表的现代部门的转化。由于传统部门的劳动力与现代部门的资本之间存在分割，从而形成要素市场在资源配置上的双重过剩。分工组织的演进在产业上体现为工业化和服务业的发展，在空间上体现为城市化水平的提高。2015年铁岭和朝阳两市城镇化发展水平分别为42.2%和28.9%，低于全省67.4%的平均水平和全国56.1%的平均水平（见表3-8）。两市城市化发展水平也体现了铁岭和朝阳两市由传统农业经济向工业经济过渡上的差异。城市化发展水平滞后，也导致工业和服务业发展滞后，农业部门难以输入分工而不能被现代化。

表3-8　2015年铁岭和朝阳两市城镇及农村人口构成情况

地区	农村人口构成（%）	城镇人口构成（%）	城乡人口比
铁岭市	57.8	42.2	0.7
朝阳市	71.1	28.9	0.4
全省平均	32.6	67.4	2.1
全国平均	43.9	56.1	1.3

资料来源：2016年中国统计年鉴、辽宁统计年鉴。

二、锦州市发展阶段和发展特点的总体评价

（一）经济增长和产业结构

国内生产总值是衡量一国（地区）经济发展总体水平的重要经济指标。锦州市2016年实现地区生产总值1035亿元，比上年下降了6.7%（见表3-9）。而从产业结构上来看，2016年锦州市第一产业增加值215.6亿元，比2015年增长了1.6%；第二产业增加值348.4亿元，同比下降20.9%；第三产业增加值471.1亿元，同比增长3.4%。[①] 由此可以看出，相对于第一、第三产业的缓慢增长，第二产业出现了断崖式的下降。

表3-9　2008~2016年锦州市地区生产总值以及经济增长率

指标	2008年	2009年	2010年	2011年	2012年	2013年	2014年	2015年	2016年
GDP（亿元）	690	790	903	1116	1249	1345	1378	1358	1035
增长率（%）	15.0	16.0	16.2	13.2	10.4	8.8	6.2	3.0	-6.7

资料来源：2009~2017年锦州统计年鉴。

锦州市2008~2016年地区生产总值呈现出先增大后减小的

---

① 资料来源：2016~2017年锦州统计年鉴。

趋势，同时我们也发现其经济增长率从2010年开始就不断降低，特别是在2016年经济增长率降为-6.7%，相对于全国6.7%的经济增长率来说，其增速的下降可以说是巨大的。然而对于各个产业在地区生产总值中所占的比例，我们可以发现，2008~2015年基本保持不变，在2016年其第二产业所占的比例显著下降，而第一、第二产业所占比例较上一年有所上升（见表3-10）。这表明锦州地区生产总值的下降主要是由于第二产业下降造成的，也就是说其工业发展形势不容乐观。

表3-10　　　　2008~2016年锦州市三次产业
占地区生产总值比重　　　　单位：%

产业	2008年	2009年	2010年	2011年	2012年	2013年	2014年	2015年	2016年
第一产业	18.0	16.8	16.8	15.5	15.2	15.0	14.6	15.6	20.8
第二产业	43.9	44.5	48.1	49.4	49.2	48.8	46.7	43.4	33.7
第三产业	38.1	38.7	35.1	35.1	35.6	36.2	38.7	41.0	45.5

资料来源：2009~2017年锦州统计年鉴。

消费、投资与进出口是拉动经济增长的三驾马车。我们发现，锦州市2016年消费品零售总额为610.7亿元，2008~2016年不断增加；固定资产投资额为379.8亿元，在2015年就大幅下降的基础上其仅为2015年的1/2左右；进出口总额为20.1亿美元，比上一年下降17.3%，其中，出口10.4亿美元，下降23.5%，进口9.7亿美元，下降9.3%，而从2008~2016年来看，其进出口总额从2015年起就大幅下降，而2016年的进出口总额仅为2014年的1/2左右。因此我们可以发现，锦州市地区生产总值的下降主要是由于固定资产投资与进出口的下降造成的。

表 3-11　　2008~2016 年锦州市年消费品零售
总额、固定投资额和进出口额　　单位：亿元

指标	2008 年	2009 年	2010 年	2011 年	2012 年	2013 年	2014 年	2015 年	2016 年
消费品零售总额	228.1	269.9	318.3	374.6	434.5	494.0	555.0	597.7	610.7
固定资产投资	248.7	350.1	730.5	649.4	803.7	952.1	971.0	782.1	379.8
进出口	12.1	17.5	23.2	26.1	30.3	35.5	42.3	24.3	20.1
出口	7.4	8.1	11.8	15.0	17.5	21.2	24.1	13.6	10.4
进口	4.7	9.4	11.4	11.1	12.8	14.3	18.2	10.7	9.7

资料来源：2009~2017 年锦州统计年鉴。

（二）城镇化发展和生态环境

一个城市的发展最为重要的是造福城市的人民，使其能享受更便利的交通、拥有更好的生活环境、有更好的满足感与幸福感。在城市建设方面，锦州市 2016 年生活垃圾无害化处理率 100%；污水处理率 89.8%；城市管道燃气普及率 100%；用水普及率 100%；园林绿地面积 3672.7 公顷，公园绿地面积 1278.2 公顷等[1]，通过对 2008~2016 年的数据分析我们可以看到锦州市的城市建设在不断推进。

由表 3-12 可以看出，2016 年锦州市全年环境优良率达 69.0%，从 2014 年环境优良率处于不断上升的水平，主要污染物 PM2.5 和 PM10 平均浓度同比下降 5.4% 和 11.2%；近海岸各功能区全年水质达标率 100%，较 2015 年上升 17.7%[2]。

表 3-12　　2014~2016 年锦州市环境优良率　　单位：%

指标	2014 年	2015 年	2016 年
环境优良率	65.2	66.6	69.0

资料来源：2015~2017 年锦州统计年鉴。

[1] 资料来源：2017 年锦州统计年鉴。
[2] 资料来源：2015~2017 年锦州统计年鉴。

城镇化的发展水平是一个国家（地区）属于农业国（地区）与工业国（地区）的重要指标，而城镇人口相对于总人口所占的比率也可以被认为是衡量城镇化发展水平的指标。根据锦州市近9年的数据我们可以发现，尽管其总人口数处于不断下降中，但是其城镇人口数却在缓慢上升（见表3-13）。这表明尽管其经济发展水平下降了，但是其城镇化率整体上却在不断提高。与此相对应的是人均居民可支配收入，我们发现，不论是城镇居民人均可支配收入还是农村居民人均可支配收入都在稳步上升（见表3-14），这与我国居民人均可支配收入的稳步上升是一致的。

表3-13　　　　2008~2016年锦州市人口数　　　　单位：万人

指标	2008年	2009年	2010年	2011年	2012年	2013年	2014年	2015年	2016年
总人口	310.2	310.2	308.3	308.3	307.9	305.9	305.3	302.6	302.2
农业人口	186.8	186.1	183.7	183.8	183.8	182.3	182.0	176.5	176.4
城镇人口	123.4	124.1	124.6	125.0	124.1	123.6	123.3	126.1	126.7

资料来源：2009~2017年锦州统计年鉴。

表3-14　　　2008~2016年锦州市人均可支配收入　　　单位：元

指标	2008年	2009年	2010年	2011年	2012年	2013年	2014年	2015年	2016年
城镇居民	13963	15386	17375	20171	22995	25340	25214	27040	28484
农村居民	6089	6627	7756	9447	10788	12137	11723	12599	13539

资料来源：2009~2017年锦州统计年鉴。

锦州市作为一个重工业城市，其经济发展水平对第二产业的依赖较大，然而在当前的国内国际环境下，锦州市的第二产业发展并不具备较大的竞争优势。因此，应该在既有的工业基础上加快第二产业转型，充分利用当前良好的政策环境，大力发展、支持一批具有较大竞争力的工业产业。锦州市应该根据其有利的发展条件与比较优势，促进光伏新能源产业、新材料产业、高端智能装备制造业与生物制药产业的发展，要把锦州市建设成为中国光伏产业之都。同时，要重点发展石墨新材料与钛白粉产业，将锦州市建设成为国内最大的石墨新材料生产基地与钛白粉产业生产基地。

锦州市经济水平的下降重点在于固定资产投资的下降与进出口的下降。"投资不过山海关"表明了东北地区营商环境的恶劣，因此，锦州市应该参考江苏、浙江、上海等省市经验进一步推进简政放权。同时，应改变对民营经济的歧视，为民营经济提供宽松的营商环境，并鼓励民营经济进入基础设施、环境治理等多个领域。在大力发展民营经济的基础上也应大力改革国有企业，引进大型中央企业入住锦州市，使锦州市成为公有制经济与非公有制经济协同发展的城市。另外，要不断大力引进外资，加快与蒙古国、俄罗斯等国的经贸来往，加大双边或者多边贸易发展，使锦州市成为蒙古国矿产资源的出海口与集散地。

由新古典增长模型与内生增长模型可以知道，经济增长与人口增长率、技术创新等有重要关系。因此，锦州市应该尽快实施政策留住高素质人才、引进高素质人才，依托渤海大学、辽宁工业大学等不断推进产学研相结合，同时积极鼓励企业与辽宁省以及国内相关高校合作，使高校科研成果在锦州市可以转化为生产力。在进行技术创新的同时也要不断引进先进的管理经验、制度经验，使管理创新、制度创新、技术创新三位一体为锦州市经济增长服务。

习近平总书记曾经提出"我们既要绿水青山，也要金山银山。宁要绿水青山，不要金山银山，而且绿水青山就是金山银山"。因此，在城市发展与经济建设中，不能只要 GDP 而忽视环境的可承受力，忽视人们对于美好生活环境的向往，一定要避免走上先污染后治理的老路。锦州市应该加快对工业废弃地以及露天矿场的整治工作，消除重大地质灾害与环境安全隐患，按照"政府支持，市场化运作"的方式对其进行相关整治。要构建多元化的清洁能源，减少对煤炭等的利用，不断推进天然气、地热等能源的使用，支持大型集中热源代替小型分散热源的供给；同时，大力促进余热余压利用工程与地热开发利用工程。继续实施天然林保护工程，加大水土流失综合整治力度，在有条件的地区推行退耕还湿以及湿地生态移民试点，建立东北地区生态文明示范区等。

当前东北地区经济发展水平的落后是东北四省（区）的共同点而不是单一的某个地区的特点，因此任何一个地区想要促进其经济发展与社会进步，都应该在一个区域整体内部考虑其竞争优势而不是仅考虑自己。在东北四省（区）交界带的15个市地盟，锦州市是蒙东地区承接的重要节点，也是东北地区重要的经济中心，但是其相对于其他东北城市并不具有资源、粮食等优势，因此其应该转向向海发展，承担起韩国、日本等国与东北内陆地区的联系节点。

在东北地区内部，锦州市应该在辽宁省沿海城市经济联合体、辽西蒙东经济区联合体、"九市一盟"区域合作峰会等方面发挥积极作用；同时应积极加入环渤海经济带，承担起京津冀与东北两大地区的连接带作用，在区域合作中承担来自京津冀等地的产业转移。

三、阜新市发展阶段和发展特点的总体评价

（一）经济增长和产业结构

阜新市历来有"煤电之城"的称号，过去几十年里，阜新市凭借着得天独厚的地理优势，享受着自然资源带来的福利，以较快的步伐迅速发展。但是近些年来，随着煤等自然资源的大肆开采，阜新市逐渐演变为资源枯竭型城市，经济增长速度大幅下降。以人均生产总值衡量，经初步核算，2015年阜新市全年地区生产总值（GDP）542.1亿元，按可比价格计算，比上年下降4.8%。其中，第一产业产值118.3亿元，比上年下降3.5%；第

二产业产值212.3亿元，比上年下降9.3%；第三产业产值11.5亿元，比上年增长0.4%。三次产业增加值比重由2014年的19.7∶44.7∶35.6调整为21.8∶39.2∶39.0。人均生产总值30420元，按可比价格计算，比上年下降4.4%，按年均汇率折算为4883美元，只相当于全省人均生产总值的46.5%，全国人均生产总值的60.8%，仍然属于发展相对落后的地区（见表3－15）；从三次产业产值构成来看，阜新市的第一产业产值构成刚超过20%，第二产业的产值构成在40%左右，第三产业的产值构成约为40%左右（见表3－16）。从三次产业就业构成来看，第一产业的就业构成将近40%，第二产业的就业构成高于20%，仍然属于农业经济向工业经济过渡的发展阶段（见表3－17）。由于阜新市属于资源枯竭型城市，即便从发展阶段和发展模式来看，处于农业经济向工业经济过渡阶段，但由于过度依赖不可再生资源这种发展模式，使得经济再发展与生态环境保护的矛盾日益显现。

表3－15　2015年阜新市人均生产总值及与全省和全国平均水平的比较

地区	人均生产总值（元）	占全省平均比重（%）	占全国平均比重（%）
阜新市	30420	46.5	60.8
全省平均	65354	—	—
全国平均	49992	—	—

资料来源：2016年中国统计年鉴、辽宁统计年鉴。

表3－16　　　　2015年阜新市三次产业产值构成　　　单位：%

地区	第一产业产值构成	第二产业产值构成	第三产业产值构成
阜新市	21.8	39.2	39
全省平均	8.3	45.5	46.2
全国平均	8.9	40.9	50.2

资料来源：2016年中国统计年鉴、辽宁统计年鉴。

表3-17　　　　2015年阜新市三次产业就业构成　　　　单位：%

地区	第一产业就业构成	第二产业就业构成	第三产业就业构成
阜新市	38.9	26.7	34.4
全省平均	28.6	26.4	45.0
全国平均	28.3	29.3	42.4

资料来源：2016年中国统计年鉴、辽宁统计年鉴。

截至2010年，阜新市均保持15%以上的经济增长速度，2011年开始有所回落，但仍然保持着10%以上的经济增长速度，然而此后经济增长率连年回落，甚至在2015年出现5%左右的经济负增长，大幅偏离全省和全国的平均水平（见表3-18）。从三次产业增长速度来看，第二产业降低的幅度相对最大，且有恶化的趋势，而近三四年来第一产业受到总需求减少的影响相对较小，但受到自然气候的影响较大，均出现下降的趋势，但降幅小于第二产业降幅（见表3-19～表3-21）。

表3-18　　　　2009～2015年阜新市经济增长速度　　　　单位：%

地区	2009年	2010年	2011年	2012年	2013年	2014年	2015年
阜新市	17	16	12	9	7	5	-5
全省平均	13	14	12	10	9	6	3
全国平均	9	11	10	8	8	7	7

资料来源：2010～2016年中国统计年鉴、辽宁统计年鉴。

表3-19　　　　2009～2015年阜新市第一产业增长速度　　　　单位：%

地区	2009年	2010年	2011年	2012年	2013年	2014年	2015年
阜新市	5	4	3	2	2	1	1
全省平均	3	6	7	5	5	4	4
全国平均	4	4	4	5	4	4	4

资料来源：2010～2016年中国统计年鉴、辽宁统计年鉴。

表 3-20　　2009~2015 年阜新市第二产业增长速度　　单位：%

地区	2009 年	2010 年	2011 年	2012 年	2013 年	2014 年	2015 年
阜新市	7	7	5	4	3	2	-2
全省平均	16	17	14	10	9	5	-1
全国平均	10	13	11	8	8	7	6

资料来源：2010~2016 年中国统计年鉴、辽宁统计年鉴。

表 3-21　　2009~2015 年阜新市第三产业增长速度　　单位：%

地区	2009 年	2010 年	2011 年	2012 年	2013 年	2014 年	2015 年
阜新市	6	5	4	3	2	2	2
全省平均	12	13	11	10	9	7	7
全国平均	10	10	10	8	8	8	8

资料来源：2010~2016 年中国统计年鉴、辽宁统计年鉴。

（二）城镇化发展水平

城镇化发展水平是衡量相对落后地区由传统农业经济向工业经济过渡的一个重要指标。2015 年阜新市城镇化发展水平为 58.4%，低于全省 67.4% 的平均水平，高于全国 56.1% 的平均水平（见表 3-22）。这一指标体现了阜新市在资源较为丰富的时期城市化发展水平达到了相对较高的水平。

表 3-22　　2015 年阜新市城镇及农村人口构成情况

地区	农村人口构成（%）	城镇人口构成（%）	城乡人口比
阜新市	41.6	58.4	0.7
全省平均	32.6	67.4	2.1
全国平均	43.9	56.1	1.3

资料来源：2016 年中国统计年鉴、辽宁统计年鉴。

第二节 城乡二元结构与共享发展

一、铁岭、朝阳两市城乡二元结构特征与共享发展问题

作为农业产值比重和就业比重相对较高的地区，铁岭和朝阳两市的二元结构还表现在其实现工业化过程中存在结构存量问题和结构增量问题。结构存量问题主要表现为需要解决阻碍要素流动的长期性障碍，促进要素在产业间、地区间和所有制间的合理流动，提高经济的整体效益。这是解决存量如何优化的问题。结构增量问题主要表现为通过投资政策引导新增的投入结构符合工业化的发展趋势，并最终促进结构存量的改变。这是解决增量如何扩张的问题。从结构来看，铁岭和朝阳两市第一产业占总产值的比重分别为27.7%和25.8%，远高于全省第一产业占总产值的比重8.3%的平均水平和全国8.9%的平均水平（见表3-2）。从增量来看，尽管第一产业在2014和2015年的相对增速出现下降，但两市第二产业和第三产业在2014和2015年的相对增速下降速度更快，并没有体现出明显的传统产业部门的相对收缩和现代产业部门相对扩张的趋势。

两市城乡二元结构的存在导致工业和服务业中的现代部门不能通过涓滴效应促进传统农业部门收入水平的提高，表现为城乡居民收入差距不仅没有缩小，反而出现了一定程度的相对扩张趋势，造成生产要素难以获得最优配置。以全员劳动生产率来体现要素配置优化程度，国际上在计算劳动生产率时主要有两种计算方法：一种是直接算法，即以单位时间内劳动者生产的产品和服务的数量或销售额来进行计算；另一种是逆算法，即以工人生产单位商品或劳务所花费的工时为单位进行计算。目前我国计算劳动生产率主要采用全员劳动生产率指标，计算方法为增加值除以

同一时期的全部从业人员的平均人数。由表 3 – 23 计算可得，2010 ~ 2015 年铁岭、朝阳两市全员劳动生产率的平均值分别为 5.92 万元/人和 4.57 万元/人，低于全省平均的 10.25 万元/人和全国平均的 7.30 万元/人。

表 3 – 23　　　2010 ~ 2015 年两市全员劳动生产率　　单位：万元/人

地区	2010 年	2011 年	2012 年	2013 年	2014 年	2015 年
铁岭市	5.06	5.99	6.66	6.86	5.96	4.96
朝阳市	3.60	4.37	4.72	5.12	5.22	4.39
全省平均	7.96	9.40	10.25	10.80	11.17	11.89
全国平均	5.43	6.40	7.04	7.73	8.34	8.85

资料来源：2011 ~ 2016 年中国统计年鉴、辽宁统计年鉴。

由于短期内，铁岭、朝阳两市传统部门的土地、劳动力和生产技术等可以被认为不发生明显的变化，农业部门的边际生产率接近于零，导致劳动者获取的收入与工业部门提供的工资之间形成明显的差额，会诱导农业部门的剩余劳动者转移到现代部门。由表 3 – 24 计算可得，2010 ~ 2015 年铁岭市城镇常住居民人均可支配收入的平均增长速度为 9.8%，略低于全国平均水平；朝阳市城镇常住居民人均可支配收入的平均增长速度为 10.5%，高于全国 10.3% 的平均水平。由表 3 – 25 计算可得，2010 ~ 2015 年朝阳市农村常住居民人均可支配收入的平均增长速度为 13%，高于全省 12.3% 的平均水平和全国 12.3% 的平均水平。铁岭市因 2014 年出现负增长，农村常住居民人均可支配收入的平均增长速度为 10.5%。由表 3 – 26 计算可得，2010 ~ 2015 年铁岭、朝阳城乡常住居民人均可支配收入差额的平均变化速度分别为 9%、8.8%，均低于全省的 12% 的平均水平和全国 9.7% 的平均水平。

表3-24 2010~2015年两市城镇常住居民人均可支配收入及增长速度

地区	指标	2010年	2011年	2012年	2013年	2014年	2015年
铁岭	收入（元）	13730	16203	18587	20576	19276	20689
	增长率（%）	14	18	15	11	-6	7
朝阳	收入（元）	12961	14958	17112	18891	19634	21211
	增长率（%）	12	15	14	10	4	8
全省平均	收入（元）	17713	20467	23223	25578	29082	31126
	增长率（%）	12	16	13	10	14	7
全国平均	收入（元）	19109	21810	24565	26467	28844	31195
	增长率（%）	11	14	13	7	9	8

资料来源：2010~2016年中国统计年鉴、辽宁统计年鉴。

表3-25 2010~2015年两市农村常住居民人均可支配收入及增长速度

地区	指标	2010年	2011年	2012年	2013年	2014年	2015年
铁岭	收入（元）	7739	9271	10569	11869	10888	11683
	增长率（%）	18	20	14	12	-8	7
朝阳	收入（元）	6142	7536	8689	9949	9754	10514
	增长率（%）	19	23	15	15	-2	8
全省平均	收入（元）	6908	8297	9384	10523	11191	12057
	增长率（%）	16	20	13	12	6	7
全国平均	收入（元）	6453	7511	8451	9430	10489	11422
	增长率（%）	13	16	13	12	11	9

资料来源：2010~2016年中国统计年鉴、辽宁统计年鉴。

表3-26 2009~2015年两市城乡常住居民人均可支配收入差额及变化速度

地区	指标	2010年	2011年	2012年	2013年	2014年	2015年
铁岭	收入（元）	5991	6932	8018	8707	8388	9006
	增长率（%）	10	16	16	9	-4	7

续表

地区	指标	2010年	2011年	2012年	2013年	2014年	2015年
朝阳	收入（元）	6819	7422	8423	8942	9880	10697
	增长率（%）	7	9	13	6	10	8
全省平均	收入（元）	10805	12170	13839	15055	17891	19069
	增长率（%）	10	13	14	9	19	7
全国平均	收入（元）	12656	14299	16114	17037	18355	19773
	增长率（%）	10	13	13	6	8	8

资料来源：2011~2016年中国统计年鉴、辽宁统计年鉴。

从全面建成小康社会的目标来看，两市在保障基本民生、消除贫困方面的任务较为艰巨。这是因为农村贫困人口的脱贫是全面建成小康社会最艰巨的任务，按照党的十八大以来关于建设小康社会的基本标准，城镇居民人均可支配收入需要达到1.8万元（2000年不变价），农村居民人均可支配收入需要达到8000元（2000年不变价），城市化率需要达到50%。铁岭市2015年城镇居民人均可支配收入按照2000年的不变价格计算为14881元，距离实现全面建成小康社会的目标需要增长21%。朝阳市2015年城镇居民人均可支配收入按照2000年的不变价格计算为15257元，距离实现全面建成小康社会目标需要增长18%。铁岭市2015年农村居民人均纯收入按照2000年的不变价格计算为7902元，距离实现全面建成小康社会目标虽仅需要增长1.2%，但2015年第一产业出现负增长，增加了实现全面建成小康社会目标的难度。朝阳市2015年农村居民人均纯收入按照2000年的不变价格计算为7115元，距离实现全面建成小康社会目标需要增长12.4%。可见，坚持共享发展、缩小城乡居民的收入差距，努力提高社会成员的生活水平，特别是保障低收入群体和贫困人口的基本民生，仍是两市在发展中需要解决的重要问题。

二、阜新市城乡二元结构特征与共享发展问题

从结构来看，2015年阜新市第一产业占总产值的比重为21.8%，远高于全省第一产业占总产值的比重8.3%的平均水平和全国8.9%的平均水平（见表3-16）。从增量来看，尽管第一产业在2014年和2015年的相对增速出现下降，但阜新市第二产业在2014年和2015年的相对增速下降速度更快，并没有体现出明显的传统产业部门的相对收缩和现代产业部门相对扩张的趋势。

由表3-27计算可得，2010~2015年阜新市全员劳动生产率的平均值为4.59万元/人，低于全省平均的10.25万元/人和全国平均的7.30万元/人。

表3-27　　2010~2015年阜新市全员劳动生产率　　单位：万元/人

地区	2010年	2011年	2012年	2013年	2014年	2015年
阜新市	3.58	4.32	4.74	5.09	5.18	4.62
全省平均	7.96	9.40	10.25	10.80	11.17	11.89
全国平均	5.43	6.40	7.04	7.73	8.34	8.85

资料来源：2011~2016年中国统计年鉴、辽宁统计年鉴。

由表3-28计算可得，2010~2015年阜新市城镇常住居民人均可支配收入的平均增长速度为12.7%，略高于全国10.3%的平均水平。由表3-29计算可得，2010~2015年阜新市农村常住居民人均可支配收入的平均增长速度为14.8%，高于全省12.3%的平均水平和全国12.3%的平均水平。由表3-30计算可得，2010~2015年阜新市城乡常住居民人均可支配收入差额的平均变化速度分别为10.8%，均低于全省的12%的平均水平，高于全国9.7%的平均水平。

表3-28 2010~2015年阜新市城镇常住居民人均可支配收入及增长速度

地区	指标	2010年	2011年	2012年	2013年	2014年	2015年
阜新市	收入（元）	12689	14965	16917	19312	20987	22546
	增长率（%）	15	18	13	14	9	7
全省平均	收入（元）	17713	20467	23223	25578	29082	31126
	增长率（%）	12	16	13	10	14	7
全国平均	收入（元）	19109	21810	24565	26467	28844	31195
	增长率（%）	11	14	13	7	9	8

资料来源：2011~2016年中国统计年鉴、辽宁统计年鉴。

表3-29 2010~2015年阜新市农村常住居民人均可支配收入及增长速度

地区	指标	2010年	2011年	2012年	2013年	2014年	2015年
阜新市	收入（元）	6016	7986	8713	9236	10767	11246
	增长率（%）	20	33	9	6	17	4
全省平均	收入（元）	6908	8297	9384	10523	11191	12057
	增长率（%）	16	20	13	12	6	7
全国平均	收入（元）	6453	7511	8451	9430	10489	11422
	增长率（%）	13	16	13	12	11	9

资料来源：2011~2016年中国统计年鉴、辽宁统计年鉴。

表3-30 2010~2015年阜新市城乡常住居民人均可支配收入差额及变化速度

地区	指标	2010年	2011年	2012年	2013年	2014年	2015年
阜新市	收入（元）	6673	6979	8204	10076	10220	11300
	增长率（%）	7	5	18	23	1	11
全省平均	收入（元）	10805	12170	13839	15055	17891	19069
	增长率（%）	10	13	14	9	19	7

续表

地区	指标	2010 年	2011 年	2012 年	2013 年	2014 年	2015 年
全国平均	收入（元）	12656	14299	16114	17037	18355	19773
	增长率（%）	10	13	13	6	8	8

资料来源：2011~2016年中国统计年鉴、辽宁统计年鉴。

阜新市2015年城镇居民人均可支配收入按照2000年的不变价格计算为15643元，距离实现全面建成小康社会目标需要增长15.1%。阜新市2015年农村居民人均纯收入按照2000年的不变价格计算为5846元，距离实现全面建成小康社会目标需要增长36.8%。可见，坚持共享发展、缩小城乡居民的收入差距，努力提高社会成员的生活水平，特别是保障低收入群体和贫困人口的基本民生，是阜新市在发展中需要解决的重要问题。

第三节　创新与生态经济协调发展

一、创新潜力与面临的挑战

铁岭和朝阳两市作为经济欠发达地区，实现经济的快速发展需要具备持续的经济发展动力和满足一定的内外部发展支持条件，具体来看包括自身发展基础、内外部经济环境和经济发展阶段、经济政策的支持等。欠发达地区具有一定程度的后发效应，即落后地区可以根据其他地区的发展经验来选择适合自身特点的发展模式，从而实现持续发展，并累积到跨越发展阶段。

后发优势在朝阳市和铁岭市的发展中突出体现在朝阳市新能源产业基地的建设以及铁岭市现代农业示范带的建设。朝阳市利用资源和土地优势，推动了风能发电、光伏发电和天然气加气站建设，具体包括新能源材料产业集群、新能源汽车产业和新材料包装产业、风能发电项目和光伏发电项目以及天然气和热点联产项目等。其中新能源电器产业基地是辽宁省重点培育的五大特色产业基地之一。同时朝阳市在发展中将新兴产业发展与扶贫结合起来，将贫困地区的资源潜力转化为发展优势。朝阳市在经济落后地区建设光伏示范基地，按照"户用＋村级"的模式进行建设，以太阳能供电和供暖等方式取代容易造成环境污染的传统以秸秆燃烧为主的供热模式，推动符合地区特色的"屋顶分布式＋光伏车棚"模式以及分布式光伏发电站的建设。铁岭市一方面利用资源和特色产业的优势，以现代技术改造传统农业，以工业理念谋划农业发展；另一方面利用毗邻沈阳等城市的区位优势，为沈阳经济区的发展、连接沈铁基础设施的完善以及沈阳等城市消费规模和消费结构的提升提供了重要条件。由农业大市向农产品精深加工大市和食品工业大市转变是铁岭市后发优势的一个体现，通过现代农业示范带的建设，引进国内大型农产品加工企业，实现农产品产业链的延伸和高附加值绿色农畜产品品牌的建设和推广。

专栏 3-1

朝阳市新能源产业基地建设项目

- 新能源电器（超级电容器）产业集群；
- 与北京理工大学合作的新能源汽车项目；
- 新能源电动车项目；
- 风能发电项目和光伏发电项目；
- 天然气和热电联产项目。

资料来源：朝阳市政府网，www.zgcy.gov.cn。

落后地区发展面临的挑战主要是发展条件的积累过程，并不

仅仅是经济发展水平的提升过程和产业结构的升级过程，而是包括社会发展、教育水平提高、科技研发、软环境建设和管理水平提升的全方位积累过程，由此各方面因素将形成"合力"，加速推动地区的全面发展。如果某一因素相对滞后，则会形成"木桶效应"，从而阻碍地区经济实现快速发展。由于没有权威统计的招商引资指标，所以选择外商投资和港澳台商投资指标来反映引资情况。如表3-31所示，2015年，除铁岭市港澳台商投资方面占比高于全省平均水平和全国平均水平外，其他指标均远低于全省平均水平和全国平均水平。

表3-31　　　　2015年三市外商投资和港澳台商投资情况

地区	外商投资（亿元）	占总投资比例（%）	港澳台商投资（亿元）	占总投资比例（%）
铁岭市	0.91	0.23	20.16	5.07
朝阳市	0.99	0.20	1.20	0.24
阜新市	0.17	0.08	0.73	0.35
全省平均	472.00	2.63	644.8	3.60
全国平均	10746.30	1.91	11930.40	2.12

资料来源：2016年中国统计年鉴、辽宁统计年鉴。

蒙东地区和东北西部生态经济带发展战略为落后地区的后发优势得以实现提供了契机，是东北振兴战略的进一步深化。由于经济发展具有非均衡发展的规律，落后地区从理论上可以实现跨越式发展，更有利于结合自身的比较优势，利用借鉴模仿获得的创新优势，实现快速发展。该发展战略正是通过对落后地区发展阶段的合理评估、发展条件的累积以及选择合理的时机来推动这些后发地区的发展，以实现东北全面振兴的目标。发展战略力图确定符合生态经济带各地比较优势和发展阶段的跨越式发展模式，并提出推动这些地区整体持续发展的经济政策和制度设计。

> 专栏 3-2
>
> **阜新市新能源产业基地建设项目**
>
> - 实行高效一体化供热工程；
> - 实施气化阜新工程；
> - 清洁能源推广工程（太阳能等）；
> - 绿色交通工程（鼓励推进新能源汽车的使用）。
>
> 资料来源：阜新市政府网，http://www.fuxin.gov.cn。

阜新市等辽西地区的发展事关新一轮的东北振兴。由于经济发展具有非均衡发展的规律，落后地区从理论上可以实现跨越式发展，落后地区更有利于结合自身的比较优势，利用借鉴模仿获得的创新优势，实现快速发展。发展战略正是通过对落后地区发展阶段的合理评估、发展条件的累积以及选择合理的时机来推动这些后发地区的发展。在推动重点地区和主体框架后，促进后发地区的发展，以实现东北地区全面振兴的目标。发展战略力图确定符合生态经济带各地比较优势和发展阶段的跨越式发展模式，并提出推动这些地区整体持续发展的经济政策和制度设计。

二、生态经济协调发展和科技创新

（一）铁岭和朝阳两市生态经济协调发展和科技创新

铁岭和朝阳两市与其他落后地区相似，由于起步较晚，要实现赶超的目标，需要解决经济发展和生态环境之间的矛盾，避免"先污染，后治理"的传统发展思路。作为后发地区，可以利用后发优势实现波特假说。波特假说主要认为落后地区在技术上具有更多的选择，可以进行与发达地区同阶段相比更合理的生产，从而有效降低生产成本和节约创新成本。这种优势也突出体现在创新方面，后发地区可以总结先发地区发展的成功经验和教训，选择适合本地区发展条件和基础的技术和创新制度，以实现技术创新、制度创新和管理创新，从而有利于实现赶超的目标。同时在创新选择上可以规避赶超战略带来的主要问题，即在经济高速发展的同时对环境和自然资源的破坏，通过创新和制度的改进实现经济发展和资源环境保护的协调发展，从而避免先污染后治理的发展模式及其带来的不可逆的环境损失。由表3-32和专栏3-3可见，铁岭市和朝阳市在实现经济增长的同时，环境质量也得到改善。

表3-32　　　2015年铁岭市"十三五"规划主要污染防治指标

空气环境质量达标率（%）	PM2.5年均浓度下降（%）	PM10年均浓度下降（%）	氮氧化物排放削减比例（%）
70.9	8.2	4.0	11.1
化学需氧量排放削减比例（%）	氨氮排放量削减比例（%）	二氧化硫排放削减比例（%）	—
10.9	13.6	8.8	—

资料来源：2016年铁岭统计年鉴。

> **专栏3-3**
>
> **"十三五"时期朝阳市污染防治的主要措施**
>
> ● 对隐患多、污染重以及违规开采的小矿山进行依法治理，铁选企业、采石场分别压缩到47家和37家；
> ● 治理燃煤小锅炉、淘汰黄标车和老旧汽车；
> ● 实施秸秆禁烧，清理整顿环保违规项目，全市空气质量达标天数比例达89%，全省排名第一。
>
> 资料来源：《2017年朝阳市政府工作报告》，www.zgcy.gov.cn。

从表3-33可见，两市科技支出占财政支出的比重低于全省平均水平，也远低于全国平均水平。而创新作为落后地区实现赶超的必要条件，科技进步与特定的产业发展密切联系，科技进步的扩展与产业的扩展有关，体现在产业结构、需求结构、分配结构和地区经济结构等。后发地区需要建立适合本地区优势的创新模式和竞争优势，从而在经济分工体系中占据关键环节。从技术创新来看，可以使经济主体获得与新技术相关的新的生产函数，从而实现生产率增长效应和技术进步效应。从宏观层面来看，技术创新和产业升级不仅可以带动新工艺、新材料等新兴产业的发展，产生静态结构变迁效应，而且可以为其他产业构建新的发展平台，获得高于国民经济平均增速的持续发展，从而产生动态结构变迁效应和显著的关联带动效应。落后地区形成的创新模式是一种全方位变革的创新模式，不仅需要在技术上实现创新，还需要从管理和制度上实现创新。管理创新的核心是通过建立新的、更有效的激励经济主体和企业行为的政策来实现经济发展，通过创新改变支配企业之间关系的规则及组织与其外部环境相互关系的变更，从而最大化企业的创造性和积极性。制度创新的核心是通过制度和政策解决技术的应用、转化以及应用创新过程中出现的问题，推动科技发展来实现经济社会的快速发展。

表3-33　　　2015年两市科学技术财政支出及比例

地区	公共财政预算支出（亿元）	科学技术支出（亿元）	科技支出占财政支出比重（%）
铁岭市	208.31	1.05	0.50
朝阳市	194.06	0.51	0.26
全省平均	4481.61	68.92	1.54
全国平均	175877.77	5862.57	3.33

资料来源：2016年中国统计年鉴、辽宁统计年鉴。

(二) 阜新市生态经济协调发展和科技创新

由表3-34和专栏3-4可见,阜新市在实现经济增长的同时,环境质量也得到改善。

表3-34　2015年阜新市"十三五"规划主要污染防治指标

空气环境质量达标率(%)	PM2.5年均浓度下降(%)	PM10年均浓度下降(%)	氮氧化物排放削减比例(%)
74.5	8.4	4.2	9.77
化学需氧量排放削减比例(%)	氨氮排放量削减比例(%)	二氧化硫排放削减比例(%)	—
14.4	17.4	6.9	—

资料来源:2016年阜新统计年鉴。

专栏3-4

"十三五"时期阜新市污染防治的主要措施

● 实施燃煤和污染物排放总量控制工程;

● 实施城市全覆盖工程,渣土等散料运输车辆全部采取密闭措施,实现"尘土不飞扬";

● 实施绿色交通工程。实施黄标车淘汰鼓励政策,城市建成区域禁行黄标车;

● 实施秸秆综合利用工程,解决农村秸秆在集中时间段露天焚烧和烧荒带来的大气污染问题;

● 实施工业提标改造工程,石化企业、燃煤锅炉按期完成治理设施提标改造,达到新排放标准要求。

资料来源:阜新市政府网,http://www.fuxin.gov.cn。

从表 3-35 可见，阜新市科技支出占财政支出的比重低于全省平均水平，也远低于全国平均水平。而创新作为落后地区实现赶超的必要条件，科技进步与特定的产业发展密切联系，科技进步的扩展与产业的扩展有关，体现在产业结构、需求结构、分配结构和地区经济结构等。后发地区需要建立适合本地区优势的创新模式和竞争优势，从而在经济分工体系中占据关键环节。从技术创新来看，可以使经济主体获得与新技术相关的新的生产函数，从而实现生产率增长效应和技术进步效应。从宏观层面来看，技术创新和产业升级不仅可以带动新工艺、新材料等新兴产业的发展，产生静态结构变迁效应，而且可以为其他产业构建新的发展平台，获得高于国民经济平均增速的持续发展，从而产生动态结构变迁效应和显著的关联带动效应。落后地区形成的创新模式是一种全方位变革的创新模式，不仅需要在技术上实现创新，还需要从管理和制度上实现创新。管理创新的核心是通过建立新的、更有效的激励经济主体和企业行为的政策来实现经济发展，通过创新改变支配企业之间关系的规则及组织与其外部环境相互关系的变更，从而最大化企业的创造性和积极性。制度创新的核心是通过制度和政策解决技术的应用、转化以及应用创新过程中出现的问题，推动科技发展来实现经济社会的快速发展。

表 3-35　　　　2015 年阜新市科学技术财政支出及比例

地区	公共财政预算支出（亿元）	科学技术支出（亿元）	科技支出占财政支出比重（%）
阜新市	123.7	0.40	0.32
全省平均	4481.61	68.92	1.54
全国平均	175877.77	5862.57	3.33

资料来源：2016 年中国统计年鉴、辽宁统计年鉴、阜新统计年鉴。

第四章

吉林省西部生态经济带建设

吉林省西部生态经济带主要包括白城市、松原市和四平市，这种划分既是从区域边界和地理位置方面考量，又是根据区域的同质性和内聚性的原则所确立。吉林省西部生态经济带存在共同的特点，如具有典型的草原和湿地生态系统，生态脆弱等，需要坚持开发与保护并重的原则，积极发展旅游业等产业，促进经济与生态的协调发展。同时，吉林省西部三市作为国家增产百亿斤商品粮和千亿斤商品粮战略的主要地区，需要充分发挥农业生产优势，发掘潜力，推动现代农业发展。

第一节 经济发展和生态建设的总体评价

一、白城市经济发展和生态建设的总体评价

（一）经济增长和产业结构

从图 4-1 可见，白城市 2007~2016 年国民生产总值呈稳定增长状态，2016 年地区生产总值 731.2 亿元，居吉林省第八位，说明其经济发展较落后。人均生产总值是判断该地区发展阶段的

主要标准,白城市2016年人均生产总值为37308元,占全省人均生产总值的68.8%,占全国人均生产总值的69.1%,属于发展水平较落后地区(见表4-1)。从三次产业产值构成来看,白城市2016年第一产业构成占比超过10%,第二产业构成占比超过40%,第三产业构成占比超过30%,产业结构正处于由第二产业向第三产业转型过程中,调优第一产业,做强第二产业,加快发展服务业,是白城市产业结构调整的主要目标(见表4-2)。全市三次产业占地区总产值比重由2007年的22.4:40.6:37,至2016年调整为15:46.9:38.1。第一产业比重下降7.4个百分点,第二、第三产业比重分别上升6.3个百分点和1.1个百分点。第一产业比重下降,第二、第三产业比重大幅上升,标志着白城市已进入工业化的快速发展时期,形成以能源、农副产品加工、新兴服务业为主导的新的发展格局。

图4-1　2007~2016年白城市国民生产总值变化趋势

资料来源:2008~2017年白城统计年鉴。

表4-1　2016年白城市人均生产总值及与全省和全国水平比较

地区	人均生产总值(元)	占全省平均比重(%)	占全国平均比重(%)
白城市	37308	68.8	69.1
全省平均	54266	—	—
全国平均	53980	—	—

资料来源:2017年中国统计年鉴、吉林统计年鉴。

表4-2　　　　2016年白城市三次产业产值构成　　　　单位：%

地区	第一产业构成	第二产业构成	第三产业构成
白城市	15.0	46.9	38.1
全省平均	10.1	48.0	41.9
全国平均	8.6	39.8	51.6

资料来源：2017年中国统计年鉴、吉林统计年鉴。

从2007~2016年白城市经济增长速度来看，2007~2011年经济增速达15%以上，高于全省与全国平均水平，而近几年增速有所下降，在7%左右，但仍基本高于全省与全国平均水平（见表4-3）。从三次产业增长速度来看，第一产业增速下降的幅度比第二、第三产业增速下降的幅度小，说明第一产业受总需求减少的影响较小，第二、第三产业受总需求减少的影响较大，需要加快产业发展与经济结构调整速度（见表4-4、表4-5、表4-6）。

表4-3　　　　2007~2016年白城市经济增长速度　　　　单位：%

地区	2007年	2008年	2009年	2010年	2011年	2012年	2013年	2014年	2015年	2016年
白城市	17.6	21.0	18.4	19.3	16.7	12.2	12.1	7.2	7.3	7.0
全省平均	16.1	16.0	13.3	13.7	13.5	12.0	8.3	6.5	6.5	6.9
全国平均	11.4	9.0	8.7	10.3	9.2	7.8	7.7	7.4	6.9	6.7

资料来源：2008~2017年中国统计年鉴、吉林统计年鉴。

表4-4　　　　2007~2016年白城市第一产业增长速度　　　　单位：%

地区	2007年	2008年	2009年	2010年	2011年	2012年	2013年	2014年	2015年	2016年
白城市	-5.9	33.1	6.2	7.6	6.2	4.6	4.6	4.7	4.5	3.9
全省平均	4.1	9.5	2.8	3.5	4.5	5.3	4.0	4.6	4.7	3.8
全国平均	3.7	5.5	4.2	4.3	4.5	4.5	4.0	4.1	3.9	3.3

资料来源：2008~2017年中国统计年鉴、吉林统计年鉴。

表4-5　　　2007~2016年白城市第二产业增长速度　　　单位：%

地区	2007年	2008年	2009年	2010年	2011年	2012年	2013年	2014年	2015年	2016年
白城市	30.6	16.0	21.8	29.4	27.0	16.1	14.1	8.9	7.4	7.7
全省平均	21.1	17.2	16.7	18.9	10.6	14.0	8.8	6.6	5.6	6.1
全国平均	13.4	9.3	9.5	12.2	10.6	8.1	7.8	7.3	6.0	6.1

资料来源：2008~2017年中国统计年鉴、吉林统计年鉴。

表4-6　　　2007~2016年白城市第三产业增长速度　　　单位：%

地区	2007年	2008年	2009年	2010年	2011年	2012年	2013年	2014年	2015年	2016年
白城市	22.6	19.4	20.7	14.6	9.3	10.3	12.8	5.6	8.3	7.2
全省平均	15.1	16.7	12.7	10.4	8.9	11.0	8.7	6.9	8.3	8.9
全国平均	11.4	9.5	8.9	9.5	8.9	8.1	8.3	8.1	8.3	7.8

资料来源：2008~2017年中国统计年鉴、吉林统计年鉴。

从拉动经济增长的三驾马车（消费、投资与净出口）来分析白城市的经济增长制约因素。从表4-7~表4-9中可以看出，白城市2007~2016年固定资产投资的平均增速为27.6%，高于全省平均增速26.4%与全国平均增速20.9%；2007~2016年消费品零售总额平均增速为15.9%，接近于全省平均增速16.0%，高于全国平均增速15.0%。然而，白城市2007~2016年净出口总额平均增速为10.4%，大大低于全国平均增速15.1%，而且从2013年开始，增速出现负增长，制约着白城市的经济增长。所以，有效刺激出口，特别是增加农产品的出口，对于拉动经济增长具有重要意义。

表4-7　2007~2016年白城市全社会固定资产投资增长速度　单位：%

地区	2007年	2008年	2009年	2010年	2011年	2012年	2013年	2014年	2015年	2016年
白城市	39.9	42.5	33.0	40.6	31.6	30.5	20.1	15.0	11.9	10.5

续表

地区	2007年	2008年	2009年	2010年	2011年	2012年	2013年	2014年	2015年	2016年
全省平均	42.8	40.1	29.5	32.5	30.3	30.9	20.0	15.4	12.6	10.1
全国平均	24.8	25.5	30.1	30.5	23.8	20.6	19.6	15.7	10.0	8.1

资料来源：2008~2017年中国统计年鉴、吉林统计年鉴。

表4-8　2007~2016年白城市社会消费品零售总额增长速度　　单位：%

地区	2007年	2008年	2009年	2010年	2011年	2012年	2013年	2014年	2015年	2016年
白城市	21.7	19.6	19.8	18.9	17.2	16.4	13.5	12.9	9.4	9.6
全省平均	19.3	24.3	19.0	18.5	17.5	16.0	13.7	12.1	9.3	9.9
全国平均	16.8	21.6	15.5	18.3	17.1	14.3	13.1	12.0	10.7	10.4

资料来源：2008~2017年中国统计年鉴、吉林统计年鉴。

表4-9　2007~2016年白城市净出口总额增长速度　　单位：%

地区	2007年	2008年	2009年	2010年	2011年	2012年	2013年	2014年	2015年	2016年
白城市	19.5	80.7	-36.4	-15.1	73.9	66.2	-39.2	-23.4	-0.3	-22.3
全省平均	-34.5	-47.0	-42.6	-43.9	-52.7	-4.6	2.1	-20.1	35.1	-10.4
全国平均	47.7	12.7	-33.6	-6.4	-18.2	44.4	10.6	46.2	56.6	-9.0

资料来源：2008~2017年中国统计年鉴、吉林统计年鉴。

（二）人民生活水平和城镇化发展水平

白城市于2012年被整体纳入国家14个集中连片特困地区之一的大兴安岭南麓片区，是全省最贫困的地区之一。从表4-10~表4-12中可以看出，2015~2016年，白城市城镇常住居民人均可支配收入低于全省与全国平均水平，从2014年开始城镇常住居民人均可支配收入增长速度有所下降。2007~2016年，白城市农村常住居民人均可支配收入低于全省与全国平均水平，2015年开始农村常住居民人均可支配收入增长速度有所下降。2007~

第四章　吉林省西部生态经济带建设

表4-10　2007~2016年白城市城镇常住居民人均可支配收入及增长速度

地区	指标	2007年	2008年	2009年	2010年	2011年	2012年	2013年	2014年	2015年	2016年
白城市	收入（元）	11200	13520	15006	15904	17814	20154	24291	24328	19820	21090
	增长率（%）	15	17	11	6	12	13	21	9	-19	6
全省平均	收入（元）	11286	12829	14006	15411	17797	20208	22275	23218	24901	26530
	增长率（%）	16	14	9	10	16	14	10	9	7	7
全国平均	收入（元）	13786	15781	17175	19109	21810	24565	26467	28844	31195	33616
	增长率（%）	12	8	10	11	14	13	7	9	8	8

资料来源：2008~2017年中国统计年鉴、吉林统计年鉴。

表4-11　2007~2016年白城市农村常住居民人均可支配收入及增长速度

地区	指标	2007年	2008年	2009年	2010年	2011年	2012年	2013年	2014年	2015年	2016年
白城市	收入（元）	2906	3519	3537	4504	5500	6200	6588	7312	7751	8387
	增长率（%）	4	23	1	27	22	13	6	11	6	8
全省平均	收入（元）	4190	4933	5266	6237	7510	8598	9621	10780	11326	12123
	增长率（%）	15	18	7	18	20	15	12	10	5	7

续表

地区	指标	2007年	2008年	2009年	2010年	2011年	2012年	2013年	2014年	2015年	2016年
全国平均	收入（元）	4140	4761	5153	6453	7511	8451	9430	10489	11422	12363
	增长率（%）	10	8	9	13	16	13	12	11	9	8

资料来源：2008～2017年中国统计年鉴、吉林统计年鉴。

表4-12　2007～2016年白城市城乡常住居民人均可支配收入差额及变化速度

地区	指标	2007年	2008年	2009年	2010年	2011年	2012年	2013年	2014年	2015年	2016年
白城市	收入（元）	8294	10001	11469	11400	12314	13954	17703	17016	12069	12703
	增长率（%）	23	21	15	-1	8	13	27	-4	-29	5
全省平均	收入（元）	7096	7897	8740	9174	10287	11610	12653	12438	13575	14407
	增长率（%）	16	11	11	5	12	13	9	-2	9	6
全国平均	收入（元）	9646	11020	12022	12656	14299	16114	17037	18355	19773	21253
	增长率（%）	18	14	9	10	13	13	6	8	8	7

资料来源：2008～2017年中国统计年鉴、吉林统计年鉴。

2014年城乡人均可支配收入差额逐渐增长，城乡居民可支配收入差额加大，但近两年出现下降，城乡人均可支配收入差额变化速率平均为7.8%，低于全省平均变化速率（9.0%），也低于全国平均变化速率（10.6%）。

2016年白城市的贫困发生率高于全省与全国平均水平，必须通过制定县、乡、村三级产业扶贫规划，采取自建经营、合作经营、托管经营、"合作社+贫困户""龙头企业+贫困户"5种方式，在危房改造方面，加大财政补贴力度，狠抓金融支撑。白城市光资源丰富，年均日照2919小时，属全国光资源二类地区，年光伏发电有效时数达1500小时左右，适合发展光伏产业。因此，白城市的光伏扶贫是全市扶贫攻坚的重中之重，是精准扶贫的重要手段，在很大程度上决定着全市总体脱贫的进程，如表4-13所示。

表4-13　　　　　2016年白城市贫困发生率

地区	贫困发生率（%）
白城市	8.90
全省水平	3.34
全国水平	5.70

资料来源：2017年中国统计年鉴、吉林统计年鉴、白城统计年鉴。

从城镇及农村人口构成情况来看，白城市2016年农村人口占55.7%，城镇人口占44.3%（城市化率），低于全省与全国城市化率水平（见表4-14）。城镇化水平是衡量一个地区社会经济发展水平的重要标志，白城市城镇化率较低，说明新型城镇化格局还需进一步构建，应有序推进农业转移人口市民化和农业现代化，优化城镇化布局和形态，提高城市可持续发展能力。

表4－14　　2016年白城市城镇及农村人口构成情况

地区	农村人口构成（%）	城镇人口构成（%）	城乡人口比
白城市	55.7	44.3	0.8
全省平均	44.0	56.0	1.3
全国平均	42.6	57.4	1.3

资料来源：2017年中国统计年鉴、吉林统计年鉴、白城统计年鉴。

（三）生态环境与保护

白城市生态问题的敏感性依然极高，生态安全问题依然严峻，主要包括土壤碱化、沙化、湿地退化。该区的三化问题存在已久，受到广泛的关注，是制约地区经济可持续发展的主要环境问题。

1. 土壤碱化问题

白城市实有耕地面积1533万亩，农民人均耕地10亩以上；白城市中低产田比例较大，全市中低产田总面积877.7万亩，占耕地总面积的68.7%。其中，风沙地（土壤黏粒和有机质少，有机质含量一般在1%以下，土质瘠薄、质地松散、非毛管孔隙多、毛管孔隙少、保水保肥能力差）面积233.5万亩，占中低产田面积的26.6%，主要分布在通榆县西部和洮南市、大安市西部乡（镇）。盐碱地（土壤盐碱含量高，pH值在8以上，盐分含量在3‰左右，制约作物出苗和正常生长）面积946.8万亩，占土地总面积的1/4，五个县（市、区）均有零星分布，但主要分布在大安市和通榆县。按照盐碱地程度大小划分面积，具体情况如表4－15所示。

表4－15　　2016年白城市盐碱地面积分布情况　　单位：亩

轻度碱地面积	中度碱地面积	重度碱地面积	盐碱地总面积	土地面积	盐碱地占土地比例
44.55×10^4	17.10×10^5	33.00×10^5	94.65×10^5	39.00×10^6	1/4

资料来源：白城市政府工作报告，http://www.jlbc.gov.cn/。

2. 土壤沙化问题

白城市的沙地主要分布在该市西南部的通榆县等区域。虽然从整体看，15年间吉林省西部地区的沙地均呈减少趋势，但从1996年起，沙地向吉林省中部地区推进的前沿地带都出现了沙地面积正增长的趋势。总体看来，该区"三化"问题依然处于恶化趋势，沙化土地面积虽然大幅减少但局部地区形势依然不容乐观。虽然吉林省西部地区的生态环境有逐渐好转的趋势，但由于"三化"土地的基数很大，治理工程必须长久地实施下去，才能从根本上改变吉林省西部地区的生态环境问题。

3. 湿地萎缩

白城市水资源分布不平衡，境内的有些河流已成为季节河或干枯河，区内水库和湿地没有足够的水源补给，泡沼锐减，湿地面积逐渐萎缩，大量湿地变成干地。以向海国家级自然保护区为例，目前湿地面积仅相当于20世纪60年代的1/10，其水面仅为60年代的1/3，生态功能减退。

针对上述问题，白城市近几年一直在不断努力改进，例如，持续开展大造林活动，综合治理草原，加快月亮泡蓄滞洪区建设、嫩江干流治理、推动河湖连通工程建设（见表4-16）。灌区续建配套改造，推进节水灌溉工程建设，完善小型农田水利设施，以全面提升"湿地鹤乡、生态白城"形象，打造全国生态文明先行示范区。

专栏4-1

土壤碱化、沙化、湿地退化治理工程

- 河湖连通工程；
- 湿地修复工程；
- 草原建设工程；

● 植树造林工程。

资料来源：《白城市政府工作报告》，http：//www.jl.gov.cn/szfzt/2018lh/szzfgzbg_2018lh/201801/t20180125_4476002.html/。

表4-16　　　　2013~2016年每年新增加连通水库泡塘情况

指标	2013年	2014年	2015年	2016年
个数	32	29	14	60

资料来源：2014~2017年白城统计年鉴。

二、松原市经济发展和生态建设的总体评价

（一）经济增长与产业结构

2016年，松原市地区生产总值完成1713亿元，同比增长6.5%，总量比上一年同期约增加33亿元，增速比上一年同期提高0.2个百分点（见表4-17）。其综合指标居全省第三。人均生产总值是判断城市发展的主要指标。以人均生产总值衡量，松原市2016年的人均生产总值为59413元，为全省人均生产总值的109.8%，全国人均生产总值的110.1%，超过了全省、全国的平均水平，属于发展比较好的地区（见表4-18）。观察松原市近5年的经济增长速度可以看出，松原市经济也同全国一样进入新常态，即经济由高速增长转变为中速增长（见表4-19）。

从产业结构来看2016年三次产业结构为15.7∶44∶40.3（见表4-20），第三产业比重与上年相比提高1.6个百分点，比重超过了40%，并且呈逐年上升状态，说明松原经济由工业主导逐步向服务业主导转变。

表4-17　　　　　2007~2016年松原市地区生产总值

指标	2007年	2008年	2009年	2010年	2011年	2012年	2013年	2014年	2015年	2016年
地区生产总值（亿元）	607	815	901	1103	1361	1605	1651	1740	1680	1713
增长率（%）	20.3	22.0	10.8	12.1	13.8	12.1	8.2	6.2	6.3	6.5

资料来源：2008~2017年松原统计年鉴。

表4-18　　　2016年松原市人均生产总值及与全省和全国水平比较

地区	人均生产总值（元）	占全省平均比重（%）	占全国平均比重（%）
松原	59413	109.8	110.1
全省平均	53868	—	—
全国平均	53980	—	—

资料来源：2017年中国统计年鉴、吉林统计年鉴、松原统计年鉴。

表4-19　　2007~2016年松原市经济增长速度和全国比较　　单位：%

地区	2007年	2008年	2009年	2010年	2011年	2012年	2013年	2014年	2015年	2016年
松原	20.3	22	10.8	12.1	13.8	12.1	8.2	6.2	6.3	6.5
全国	11.4	9.6	9.2	10.4	9.3	7.8	7.8	7.3	6.9	6.7

资料来源：2008~2017年中国统计年鉴、松原统计年鉴。

表4-20　　　　　2007~2016年三次产业结构比例　　　　单位：%

产业	2007年	2008年	2009年	2010年	2011年	2012年	2013年	2014年	2015年	2016年
第一产业	18	18.5	18.4	17.3	16.9	15.9	16.1	15.6	17	15.7
第二产业	58	55.9	51.1	51.5	49.3	48.6	47.5	47.1	44.3	44.0
第三产业	24	25.6	30.5	31.2	33.8	35.5	36.4	37.3	38.7	40.3

资料来源：2008~2017年松原统计年鉴。

松原市第一、第二、第三产业增速与全省、全国的比较分别如表4-21~表4-23所示。

表4-21　　　　2007~2016年松原市第一产业
增速与全省、全国相比　　　　单位：%

地区	2007年	2008年	2009年	2010年	2011年	2012年	2013年	2014年	2015年	2016年
松原市	-1.7	24.7	19.5	5.8	5.3	5.4	4.1	4.6	5.1	6.5
全省	4.1	9.5	2.8	3.5	4.5	5.3	4.0	4.6	4.7	3.8
全国	3.7	5.5	4.2	4.3	4.5	4.5	4.0	4.1	3.9	3.3

资料来源：2008~2017年中国统计年鉴、吉林统计年鉴、松原统计年鉴。

表4-22　　　　2007~2016年松原市第二产业
增速与全省、全国相比　　　　单位：%

地区	2007年	2008年	2009年	2010年	2011年	2012年	2013年	2014年	2015年	2016年
松原市	25.3	18.2	10.8	13.3	16.8	14.1	6.6	5.4	5.6	6.0
全省	21.1	17.2	16.7	18.9	10.6	14.0	8.8	6.6	5.6	6.1
全国	13.4	9.3	9.5	12.2	10.6	8.1	7.8	7.3	6.0	6.1

资料来源：2008~2017年中国统计年鉴、吉林统计年鉴、松原统计年鉴。

表4-23　　　　2007~2016年松原市第三产业
增速与全省、全国相比　　　　单位：%

地区	2007年	2008年	2009年	2010年	2011年	2012年	2013年	2014年	2015年	2016年
松原市	28	28.3	43.6	14.8	15.5	12.3	12.9	8.1	8.0	8.3
全省	15.1	16.7	12.7	10.4	8.9	11.0	8.7	6.9	8.3	8.9
全国	11.4	9.5	8.9	9.5	8.9	8.1	8.3	8.1	8.3	7.8

资料来源：2008~2017年中国统计年鉴、吉林统计年鉴、松原统计年鉴。

下面我们从拉动经济增长的三驾马车（消费、投资与净出口）来分析松原市的经济增长制约因素。2016年全社会固定资产投资完成1480亿元，增长13%（见表4-24）；社会消费品零售总额完成665亿元，增长10%（见表4-25）；外贸进出口总额实现 1.7 亿美元，增长 19%（见表 4-26）。

表 4-24 2007~2016 年松原市全社会固定资产投资（非农）增速

单位：%

地区	2007 年	2008 年	2009 年	2010 年	2011 年	2012 年	2013 年	2014 年	2015 年	2016 年
松原市	48.4	44.2	35.5	33.0	33.0	30.5	20.2	15.0	12.2	13.0
全省平均	42.8	40.1	29.5	32.5	30.3	30.9	20.0	15.4	12.6	10.1
全国平均	24.8	25.9	30.0	23.8	23.6	20.3	19.3	15.3	9.8	8.1

资料来源：2008~2017 年中国统计年鉴、吉林统计年鉴、松原统计年鉴。

表 4-25 2007~2016 年松原市社会消费品零售总额增速 单位：%

地区	2007 年	2008 年	2009 年	2010 年	2011 年	2012 年	2013 年	2014 年	2015 年	2016 年
松原市	26.9	34.0	24.2	19.4	17.9	16.6	13.6	8.1	9.6	10.0
全省平均	19.3	24.3	19.0	18.5	17.5	16.0	13.7	12.1	9.3	9.9
全国平均	16.8	21.6	15.5	18.3	17.1	14.3	13.1	12.0	10.7	10.4

资料来源：2008~2017 年中国统计年鉴、吉林统计年鉴、松原统计年鉴。

表 4-26 2007~2016 年松原市对外贸易进出口总额增速 单位：%

地区	2007 年	2008 年	2009 年	2010 年	2011 年	2012 年	2013 年	2014 年	2015 年	2016 年
松原市	-58.6	41.9	14.56	14.6	20.2	25.2	-32.0	32.3	19.8	19.0
全省平均	30.1	29.5	-11.9	-43.9	-52.7	-4.6	2.1	-20.1	35.1	-10.4
全国平均	23.5	17.8	13.9	-6.4	-18.2	44.4	10.6	46.2	56.6	-9.0

资料来源：2008~2017 年中国统计年鉴、吉林统计年鉴、松原统计年鉴。

围绕转型升级和规模扩张，坚持"加减乘除"一起做，松原市突出抓好结构调整和项目攻坚，加快积蓄工业经济坚实增长新动能。努力壮大油气经济。积极支持中国石油吉林油田公司、中国石化东北油气分公司遏制原油减产，加快发展非油工业，着力发展农产品精深加工业。着力发展化肥产业，推动北京谷田科技有限公司30万吨掺混肥和20万吨微生物菌肥项目建成投产、中盐红四方肥业股份有限公司80万吨复合肥项目二期投入试生产。着力发展装备制造业，推动吉林中科惠锋光电材料产业园和吉林新研牧神机械制造有限公司二期项目投产运营，开工建设吉林市阳光汽车配件有限公司二期、殴彼龙汽车轮胎及防冻液和山东润峰光伏绿色能源产业基地项目，推动江西德义半导体科技有限公司项目落地。着力发展生物技术产业，开工建设安徽省味之源大豆生物科技产业基地和生物质材料产业园项目，加快推进阳光凯迪新能源集团生物质合成油战略示范基地、长白山开发集团80万吨秸秆综合利用、本然农业生物科技股份有限公司土壤调理剂母料、京福龙集团醇之谷等项目。

（二）人民生活水平与扶贫问题

2016年末松原市全市总人口为278.37万人，全年出生人口2.03万人，死亡人口0.64万人。由表4-27~表4-32可知，松原市2016年全年全市城镇居民人均可支配收入达23947元，比上一年降低17.3%，农村常住居民人均可支配收入达10258元，比上一年增长7.3%。由此可知，城乡居民收入仍有较大差距。城镇化水平离全省、全国平均水平还有一定差距，应继续做好这一方面的工作，以促进当地经济的发展。

表4-27　　　　2013~2016年松原市常住居民
人均可支配收入（新口径下）　　　　单位：元

地区及指标		2013年	2014年	2015年	2016年
松原市	城镇	25933	20810	28950	23947
	农村	7924	8708	9561	10258
全国	城镇	26467	28844	31195	33616
	农村	9430	10489	11422	12363

资料来源：2014~2017年中国统计年鉴、松原统计年鉴。

第四章　吉林省西部生态经济带建设

表4-28　2007~2016年松原市城镇常住居民人均可支配收入及增长速度

地区	指标	2007年	2008年	2009年	2010年	2011年	2012年	2013年	2014年	2015年	2016年
松原市	收入（元）	12461	13954	15277	16800	19227	21704	25933	27290	28950	23947
	增长率（%）	23.7	12.0	9.5	10.0	14.4	12.9	19.5	3.3	6.1	6.9
全省平均	收入（元）	11286	12829	14006	15411	17797	20208	22275	23218	24901	26530
	增长率（%）	16	14	9	10	16	14	10	9	7	7
全国平均	收入（元）	13786	15781	17175	19109	21810	24565	26467	28844	31195	33616
	增长率（%）	12	8.4	10	11	14	13	7	9	8	8

资料来源：2008~2017年中国统计年鉴、吉林统计年鉴、松原统计年鉴。

表4-29　2007~2016年松原市农村常住居民人均可支配收入及增长速度（2007~2013年为农村常住居民纯收入）

地区	指标	2007年	2008年	2009年	2010年	2011年	2012年	2013年	2014年	2015年	2016年
松原市	收入（元）	3736	4839	5127	6167	7234	8456	9800	8708	9561	10258
	增长率（%）	-30	30	6	20	17	17	16	10	9	7
全省平均	收入（元）	4190	4933	5266	6237	7510	8598	9621	10780	11326	12123
	增长率（%）	15	18	7	18	20	15	12	10	5	7
全国平均	收入（元）	4140	4761	5153	6453	7511	8451	9430	10489	11422	12363
	增长率（%）	10	8	9	13	16	13	12	11	9	8

资料来源：2008~2017年中国统计年鉴、吉林统计年鉴、松原统计年鉴。

表4–30　　2016年松原市城镇常住居民人均可支配
　　　　　收入及与全省和全国水平比较

地区	人均可支配收入（元）	占全省平均比重（%）	占全国平均比重（%）
松原市	23947	90.2	71.2
全省平均	26530	—	—
全国平均	33616	—	—

资料来源：2017年中国统计年鉴、吉林统计年鉴、松原统计年鉴。

表4–31　　2016年松原市农村常住居民人均可支配
　　　　　收入及与全省和全国水平比较

地区	人均可支配收入（元）	占全省平均比重（%）	占全国平均比重（%）
松原市	10258	84.6	83.0
全省平均	12123	—	—
全国平均	12363	—	—

资料来源：2017年中国统计年鉴、吉林统计年鉴、松原统计年鉴。

表4–32　　　　2016年松原市城镇化率　　　　单位：%

地区	城镇化率	占全省比重	占全国比重
松原市	44.8	80.0	78.1
全省平均	55.97	—	—
全国平均	57.35	—	—

资料来源：2017年中国统计年鉴、吉林统计年鉴、松原统计年鉴。

松原市2016年全年共发放城乡低保资金4.07亿元，其中，城市低保资金2.16亿元，农村低保资金1.91亿元。市城区城市低保月标准和月人均补助水平分别达483元和404元，比上年增长 6.2% 和 9.2%；农村低保年标准和年人均补助水平分别达 3400 元和 2393 元，比上年增长 16.9% 和 25.9%，有效保障了市区 35817 个城乡低保对象的基本生活。虽然松原市的人均收入还是低于全国的平均水平，城镇化率也有待进一步的提高，当地政府应该重点聚焦精准抓脱贫。致力于"一道迈入全面小康社会"，科学制订精准扶贫计划，切实加强组织领导，全面落实包保责任，确保 55 个贫困村 21800 户 3.3 万名贫困群众年内脱贫[①]。抓紧抓实脱贫产业。组建扶贫开发公司，发挥其贷款担保等作用，大力发展生猪养殖业和特色种植业，引导农户扩大油莎豆和中药材种植规模，积极推进农村秸秆集中收储和综合开发利用，推动光伏发电、光伏+种植、光伏+养殖等项目落地建设，完成扶贫大数据平台建设等一批脱贫项目，增强贫困村和贫困人口自我"造血功能"。全力补齐设施短板。

（三）生态环境与保护

松原市属于典型的生态脆弱区，加上多年来的人为过度开发，造成本区原始生态环境发生了根本性的改变，出现了许多环境问题。松原市处东经 123°6′至 126°11′，北纬 43°59′至 45°32′之间，位于吉林省中西部、松花江上游的松江和嫩江之间的松嫩平原，南与长春、四平市为邻，西与白城市、内蒙古自治区通辽市接壤，北隔松花江与黑龙江省大庆市相望，地理上恰巧位于松嫩两江的河流处和哈尔滨市的中间。松原市地理位置特殊，石油开采、石油化工、粮食深加工都是重污染行业。同时，土地退化、沙化、碱化等生态问题也不同程度存在。

1. 土地资源遭到严重破坏

草原受到破坏，三化（沙化、盐碱化、退化）现象严重。

[①] 资料来源：《松原市 2017 年政府工作报告》，吉林省人民政府门户网，http://www.jl.gov.cn/zw/xxgk/gzbg/szzfgzbg/sys/201901/t20190121_5495173.html。

耕地盐碱化程度比较严重，导致土壤板结和肥力下降，影响土地资源质量，对农业产生影响。

2. 水资源分布不均匀，水资源压力过大

松原市是全国严重缺水的城市之一，人均水资源约为570立方米，仅为全国人均水资源的26%，河川径流量时空分布不均，限制了水资源的开发利用，开发潜力较小。同时，日益加重的废水负荷，影响着水资源的质量。

3. 森林覆盖率过低

松原市森林覆盖率较低，在整个吉林省属于落后水平，森林覆盖率仅为10%左右，严重制约着生态环境的质量。

4. 水土流失严重

由于植被破坏，雨水冲刷以及不合理的开发利用，致使水土流失现象较为严重。水土流失破坏地面完整，土壤有机质含量减少，降低土壤肥力，造成土地硬石化、沙化，严重影响农业生产，不仅使耕地绝对数量减少，还导致土壤肥力大大降低，削弱农业生产。以2000年为例，松原市当年的水土流失面积达6428平方千米，仅次于白城市，占整个吉林省当年水土流失面积的20%。

5. 环境保护体系不完善

石油等矿产资源的开发，对环境造成损伤，植被遭受破坏，而恢复工作滞后，只有极少部分得到复垦。工业的发展加大了工业废物的排放量，农业生产中过度使用化肥、农药等，造成了大气、水质和土壤污染。而环境投入不足以解决所带来的环境污染。

针对松原市所面临的问题，当地政府积极采取了相关的生态保护工程并且已经取得了一定的成效。2017年城市空气质量优良天数逐年增加，森林覆盖率达11%以上，城镇供水水源地水质达标率实现100%。经过退耕还林还草项目的实施，荒漠化严重的松原市草业经济得到恢复性增长，一类草原比2000年增加

12万亩，二类草原增加18万亩，三类草原减少30万亩，增加种植饲草20万吨，营造以红松、落叶松和杨树为主，以水曲柳、黄婆罗等珍贵树种为辅的乔木林地。完成草原荒漠化治理面积约45万亩，完成义务植树约460万株。

专栏4-2

松原市生态保护工程

- 松原灌区阎家围子连洁渠应急工程；
- 查干湖自然保护区生态工程；
- 大布苏自然保护区；
- 马营泡面源污染拦截治理工程；
- 湖滨带生态苇塘固化工程。

资料来源：《松原市2017年政府工作报告》，吉林省人民政府门户网，http://www.jl.gov.cn/zw/xxgk/gzbg/szzfgzbg/sys/201901/t20190121_5495173.html。

2016年，松花江流域实施规划项目9个，完成投资5.1亿元。松花江监测断面有3个，好于Ⅲ类水质断面的占100%。松花江流域出省界断面稳定保持国家规定的水质要求。全市空气质量状况总体稳定，市区达到国家二级标准天数为302天。贯彻落实国家大气、水、土壤污染防治行动计划，加快实施蓝天、碧水、绿地三大工程，实行大气污染治理"五控"并举，统筹推进松花江、嫩江干流综合治理工程，启动建设查干湖人工湿地和引水渠，推动龙凤湖和腰井子羊草草原自然保护区晋升为国家级自然保护区，高标准绿化松原大地，让生态更好地造福全市人民。利用这一优势吸引人才流入，促进当地的发展。

三、四平市经济发展和生态建设的总体评价

（一）经济增长与产业结构

由国内外经验可知，人均生产总值是判断经济发展阶段的主要标准。以人均生产总值衡量，四平市 2015 年的人均生产总值为 38688 元。占全省人均生产总值的 75%，占全国人均生产总值的 77%（见表 4-33），均低于全省和全国的平均水平，属于发展相对落后的地区。从三次产业产值构成来看，四平市的第一产业产值构成超过 20%，第二产业的产值构成在 45% 左右，第三产业的产值构成略高于 30%，第一产业的产值比例远高于省和国家的平均水平，仍属于农业经济向工业经济过渡的发展阶段（见表 4-34）。从发展阶段和发展模式来看，四平市处于农业经济向工业经济过渡阶段，因而经济发展、产业发展和生态保护的矛盾较为突出。

表 4-33　2015 年四平市人均生产总值及与全省和全国平均水平的比较

地区	人均生产总值（元）	占全省平均比重（%）	占全国平均比重（%）
四平	38688	75	77
全省平均	51852	—	—
全国平均	50252	—	—

资料来源：2016 年中国统计年鉴、吉林统计年鉴、四平统计年鉴。

表 4-34　　2015 年四平市三次产业产值构成　　单位：%

地区	第一产业构成	第二产业构成	第三产业构成
四平	25.1	44.8	30.1
全省平均	11.2	51.4	37.4
全国平均	8.9	40.9	50.2

资料来源：2016 年中国统计年鉴、吉林统计年鉴、四平统计年鉴。

四平市的发展阶段不仅体现在经济存量上而且体现在经济增量上,四平市在2009年保持在19%的经济增长速度,2010年略有下降,保持14%的经济增长速度,2011年回升至18%,此后持续下降,在2015年经济增长速度基本稳定在6%左右(见表4-35)。从三次产业增长速度来看,四平市第二产业降低的幅度最大,且有恶化的趋势,而第一产业和第三产业受到总需求减少的影响变化相对较小,虽然均出现下降的趋势,但降幅均小于第二产业降幅,但也均大于总体经济的降幅,如表4-36~表4-38、图4-2所示。

表4-35　　2009~2015年四平市经济增长速度　　单位:%

地区	2009年	2010年	2011年	2012年	2013年	2014年	2015年
四平市	19	14	18	12	9	6	6
全省平均	14	14	14	12	8	6	6
全国平均	9	11	10	8	8	7	7

资料来源:2010~2016年中国统计年鉴、吉林统计年鉴、四平统计年鉴。

表4-36　　2009~2015年四平市第一产业增长速度　　单位:%

地区	2009年	2010年	2011年	2012年	2013年	2014年	2015年
四平市	8	7	9	5	4	5	5
全省平均	3	4	5	5	4	5	5
全国平均	4	4	4	5	4	4	4

资料来源:2010~2016年中国统计年鉴、吉林统计年鉴、四平统计年鉴。

表4-37　　2009~2015年四平市第二产业增长速度　　单位:%

地区	2009年	2010年	2011年	2012年	2013年	2014年	2015年
四平市	30	21	27	16	11	7	6
全省平均	17	19	18	14	9	7	5
全国平均	10	13	11	8	8	7	6

资料来源:2010~2016年中国统计年鉴、吉林统计年鉴、四平统计年鉴。

表4-38　　　2009~2015年四平市第三产业增长速度　　　单位：%

地区	2009年	2010年	2011年	2012年	2013年	2014年	2015年
四平市	18	11	13	13	10	8	8
全省平均	13	11	11	11	9	7	8
全国平均	10	10	10	8	8	8	8

资料来源：2010~2016年中国统计年鉴、吉林统计年鉴、四平统计年鉴。

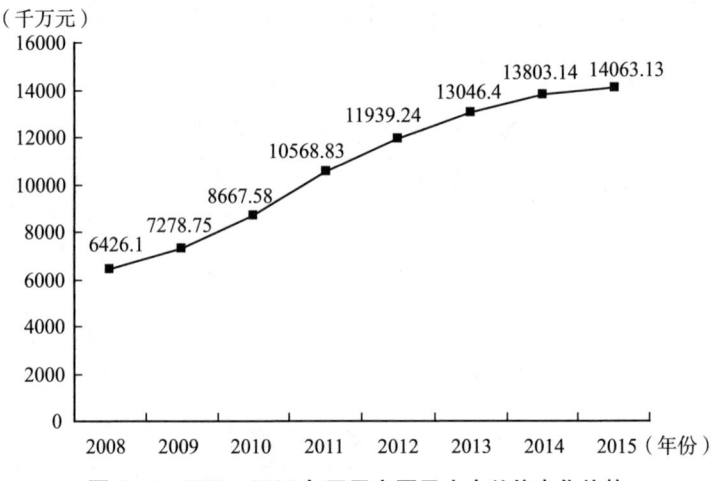

图4-2　2008~2015年四平市国民生产总值变化趋势

资料来源：2009~2016年四平统计年鉴。

（二）城镇化发展水平与人民生活水平

城镇化发展水平是衡量相对落后地区由传统农业经济向工业经济过渡的一个重要标志。这是因为城市化发展促使农业为代表的传统部门向以工业为代表的现代部门的转化。由于传统部门的劳动力与现代部门的资本之间存在分割，从而形成要素市场在资源配置上的双重过剩。分工组织的演进在产业上体现为工业化和服务业的发展，在空间上体现为城市化水平的提高。2015年四平市城镇化发展水平为36.63%，低于全省55.31%的平均水平和全国56.1%的平均水平。由此可知,四平城市化发展水平滞后,也导致工业和服务业发展滞后,农业部门难以输入分工而不能被现代化,如表4-39所示。

表4-39　　　　2015年四平市城镇及农村人口构成情况

地区	农村人口构成（%）	城镇人口构成（%）	城乡人口比
四平市	63.37	36.63	0.58
全省平均	44.69	55.31	1.2
全国平均	43.9	56.10	1.3

资料来源:2016年中国统计年鉴、吉林统计年鉴、四平统计年鉴。

作为农业产值比重相对较高的地区,二元结构还表现在实现工业化过程中存在结构存量问题和结构增量问题。结构存量问题主要表现为需要解决阻碍要素流动的长期性障碍,促进要素在产业间、地区间和所有制间的合理流动,提高经济的整体效益,是解决存量如何优化的问题;结构增量问题主要表现为通过投资政策引导新增的投入结构符合工业化的发展趋势,并最终促进结构存量的改变,是解决增量如何扩张的问题。从结构来看,四平市第一产业占总产值的比重为25.1%,远高于全省第一产业占总产值的比重11.2%的平均水平,和全国8.9%的平均水平。从增速来看,尽管第一产业在2014年和2015年的相对增速基本稳定,但第二产业和第三产业在2014年和2015年的相对增速下降速度更快,并没有体现出明显的传统产业部门的相对收缩和现代产业部门相对扩张的趋势(见表4-36、表4-37、表4-38)。由表4-40计算可得,四平市城镇常住居民人均可支配收入的平均增长速度为13.3%,略高于全国平均水平,2014年出现负增长。由表4-41计算可得,四平市农村常住居民人均可支配收入的平均增长速度为13.3%,略低于全省13.5%的平均水平,高于全国 12.3% 的平均水平。由表 4-42 计算可得, 四平市城乡常住居民人均可支配收入差额的变化速度为 14%, 均高于全省 7.7% 的平均水平和全国 9.7% 的平均水平。

表 4-40　2010~2015 年四平市城镇常住居民人均可支配收入及增长速度

地区	指标	2010 年	2011 年	2012 年	2013 年	2014 年	2015 年
四平市	收入（元）	16458	18482	21387	25529	20894	28371
	增长率（%）	9	12	23	19	-18	35
全省平均	收入（元）	15411	17797	20208	22275	23218	24901
	增长率（%）	10	15	14	10	4	7
全国平均	收入（元）	19109	21810	24565	26467	28844	31195
	增长率（%）	11	14	13	7	9	8

资料来源: 2011~2016 年中国统计年鉴、吉林统计年鉴、四平统计年鉴。

表 4-41　2010~2015 年四平市农村常住居民人均可支配收入及增长速度

地区	指标	2010 年	2011 年	2012 年	2013 年	2014 年	2015 年
四平市	收入（元）	6586	7718	8760	9960	10723	11326
	增长率（%）	21	17	14	14	8	6
全省平均	收入（元）	6237	7510	8598	9621	10780	11326
	增长率（%）	18	20	14	12	12	5
全国平均	收入（元）	6453	7511	8451	9430	10489	11422
	增长率（%）	13	16	13	12	11	9

资料来源: 2011~2016 年中国统计年鉴、吉林统计年鉴、四平统计年鉴。

表 4-42　2010~2015 年四平市城乡常住居民人均可支配收入差额及变化速度

地区	指标	2010 年	2011 年	2012 年	2013 年	2014 年	2015 年
四平市	收入（元）	9872	10764	12627	15569	10171	17045
	增长率（%）	2	9	17	23	-35	68

续表

地区	指标	2010年	2011年	2012年	2013年	2014年	2015年
全省平均	收入（元）	9174	10287	11610	12636	12438	13575
	增长率（%）	5	12	13	9	-2	9
全国平均	收入（元）	12656	14299	16114	17037	18355	19773
	增长率（%）	10	13	13	6	8	8

资料来源：2011~2016年中国统计年鉴、吉林统计年鉴、四平统计年鉴。

从全面建成小康社会的目标来看，四平市在保障基本民生消除贫困方面的任务较为艰巨。这是因为农村贫困人口的脱贫是全面建成小康社会最艰巨的任务，按照党的十八大以来关于建设小康社会的基本标准，城镇居民人均可支配收入需要达到1.8万元（2000年不变价），农村居民人均可支配收入需要达到8000元（2000年不变价），城市化率需要达到50%。四平市2015年城镇居民人均可支配收入按照2000年的不变价格计算为20484元，2015年农村居民人均纯收入按照2000年的不变价格计算为11567元，城乡基本实现了小康社会目标，但城市化率为36.63%，距离实现目标仍需增长37%。可见，缩小城乡居民的收入差距，促进城市化发展是四平市在发展中需要解决的重要问题。

第二节 农业发展优势与潜力

一、白城市农业发展优势与潜力

白城市位于吉林省西北部边陲，嫩江平原西部，科尔沁草原东部，是国家级大型商品粮基地市，是全国节水型井灌区建设示范市，被列为全国农业四大开发区之一和国家生态建设示范区。

白城市人均耕地、草原、宜林地、水面、芦苇面积都居吉林省首位。由表4-43计算可得，2007~2016年，白城市每年粮食总产量平均增速9.76%，高于全省（5.54%）与全国平均水平（2.17%），从2014年开始，总产量增速开始迅速下降，到2016年，总产量出现负增长。主要原因是，白城市仍然没有摆脱传统的经济模式，农业以种植业为主，规模化生产程度低，农产品加工业发展缓慢，工业对农业的反哺作用不强，对农业产业化的支持能力小。尽管增速下降，但白城粮食产量依然占据市场很大的份额，具有一定的优势。

  白城市利用农业优势，以农业产业化为抓手，大力发展现代农牧渔业，促进三产深度融合。近年来，市委、市政府把建设"有机米、健康豆、精品肉、生态鱼"工程作为发展现代农业中心环节来抓，依托资源优势，以市场为导向，创新政府推动、项目拉动、龙头企业带动、农民专业合作社和家庭农场及农户联动的运行机制，水稻、绿豆等十大特色产业蓬勃发展，取得了明显成效。一是突出种养结合。扩大"粮改饲"试点，规模种植燕麦、苜蓿等饲草，发展舍饲畜牧业；推广稻、苇、鱼、蟹立体养殖技术，探索种养结合型循环农业发展模式。二是突出特色发展。抓好燕麦、绿豆、辣椒、高粱等特色种植基地建设，力争扩大至500万亩。水田面积达260万亩，争创全省水田第一大市。大力扶持棚膜经济，新建大棚2000亩，启动中药材规范化种植基地项目。三是突出规模经营。借助种植结构调整和农村金融综合改革，发挥益海嘉里、金塔集团等龙头企业带动作用，新发展农民专业合作社220家、家庭农场140家，推进土地流转190万亩。力争农业综合机械化率达76%，规模养殖比重达48%。四是新兴业态不断涌现。随着"互联网+"经济发展，白城市各地涌现出"村淘""洮宝""云农场"等多种业态。建设了电子商务产业园，全市电商企业发展到323户。与光明集团合作在上海打造了"鹤乡农都"网络店铺。与阿里巴巴集团合作建设农村

第四章 吉林省西部生态经济带建设

表4-43 2007~2016年白城市粮食总产量及增速与全省、全国比较

地区	指标	2007	2008	2010年	2010年	2011年	2012年	2013年	2014年	2015年	2016年
白城市	产量（万吨）	184	312	251	339	329	347	410	410	418	414
	增长率（%）	-24.7	70	-19.6	35	12.4	5.5	18.2	0.02	1.8	-1
全省平均	产量（万吨）	2454	2840	2460	2843	3171	3343	3551	3533	3647	3717
	增长率（%）	9.8	15.7	-13.4	15.5	11.6	5.4	6.2	-0.5	3.2	1.9
全国平均	产量（万吨）	50150	52850	53082	54641	57121	58957	60194	60710	62144	61624
	增长率（%）	0.7	5.4	0.4	2.9	4.5	3.2	2.1	0.9	2.4	-0.8

资料来源：2008~2017年中国统计年鉴、吉林统计年鉴、白城统计年鉴。

淘宝服务站77处，通榆县、大安市成为国家电子商务进农村综合示范县。白城市被确定为杂豆国家外贸出口转型升级专业型示范基地。

专栏4-3

发展现代农业，突出品牌建设

● 实施增品种、提品质、创品牌"三品"战略，培育"弱碱大米""绿色渔业"品牌。

● 推介"白城燕麦""白城绿豆"等地标品牌，依托杂粮杂豆国检中心，全力打造"东方燕麦之都""中国特色杂粮杂豆之城"。

● 以人参、林蛙、梅花鹿、中药材等特色农产品为重点，推进"一特一联社"创建。引导农民以土地经营权入股合作社和龙头企业，并扶持有条件的骨干农产品专业市场发展网上交易，实施"互联网+现代农业"战略行动。

● "龙头企业+合作社+农户"经营模式。

资料来源：《2016年白城市人民政府工作报告》，白城市人民政府门户网，http://www.jlbc.gov.cn/xxgk_3148/gzbg/201705/t20170525_64766.html。

专栏4-4

农业集聚发展态势凸显

● 引进建设益海嘉里集团20万吨大米、澎派集团20万吨食用植物油、雏鹰农牧集团400万头生猪、吉西300万只肉羊产业园、绿能生态牧业有限公司50万只奶山羊、咱家集团 2 亿只肉鸡等农业产业化项目,实施吉林省洮儿河酒业有限公司、黑龙江龙丹乳业科技股份有限公司、吉林四季盛宝纺织有限公司等"退城进区"扩能改造,全市80%的农产品加工龙头企业集中在工业园区(集中区)。

● 2016 年,白城工业园区晋升为国家级农产品加工示范区。

● 2016 年,启动《全市农产品加工业三年提升计划》、召开"全市农产品加工业暨休闲农业现场会""中国昆明:白城燕麦、绿豆专题推介会",依托 8 个农畜产品产业园区,打造农业一二三产融合发展平台。

● 各县区重点产业项目:镇赉县现代农业与循环经济示范园项目、镇赉县水稻多稀酸系列产品项目、洮南市猪骨素、猪血蛋白肽建设项目、通榆县葵花深加工项目通榆县葵花深加工项目、通榆县绿豆深加工项目、大安市农作物秸秆综合利用项目、大安市淡水鱼深加工项目。

资料来源:《2016 年白城市人民政府工作报告》,白城市人民政府门户网,http://www.jlbc.gov.cn/xxgk_3148/gzbg/201705/t20170525_64766.html。

二、松原市农业及发展方向

松原市地处松嫩平原,土地肥沃,风能资源丰富,是吉林省著名的粮食产区 2016 年粮食产量为 743.9 万吨(见表 4-44)。据《松原市 2016 年国民经济和社会发展统计公报》显示松原市 2016 年全年实现农林牧渔业增加值 276.14 亿元,比上年增长 4.1%。其中,实现农业增加值 165.60 亿元;林业增加值 3.23 亿元;牧业增加值 94.79 亿元;渔业增加值 5.34 亿元;农林牧渔服务业增加值 7.17 亿元。

表4-44   2007~2016年松原市粮食产量（万吨）及增速

指标	2007年	2008年	2009年	2010年	2011年	2012年	2013年	2014年	2015年	2016年
产量（万吨）	429.6	725.3	554.8	640.9	700.2	715	750.2	713.5	737.9	743.9
增长率（%）	-33.0	68.8	-23.5	15.5	9.3	2.1	4.9	-4.9	3.4	0.8

资料来源：2008~2017年中国统计年鉴、吉林统计年鉴、松原统计年鉴。

着力发展现代农业。大力推进"互联网+农业"和智慧农业发展。积极推进海峡两岸（吉林）生态农业合作先行实验区、农业循环经济和玉米膜下滴灌农业标准化示范区建设。开工建设全省首个马铃薯种薯组培实验室。土地规模化经营面积达450万亩。着力打响农产品品牌。依托"我在松原有一亩田"项目，大力提高"查干湖大米""善德良米""乾安黄金小米"等品牌的知名度和美誉度，以品牌抢占中高端市场。着力调整优化种植结构。持续建好绿色农业示范基地。新增"三品"作物种植面积20万亩。大力发展瓜果、棚菜、食用菌、黑玉米、中药材等特色作物种植，酿酒红高粱种植面积达到3万亩，油用牡丹种植面积达到4000亩。积极推广稻鱼、稻蟹、稻鳅等种养模式，新增种养面积1.5万亩。着力做强优质畜牧业。推动华西希望集团200万头生猪养殖、正大集团300万只蛋鸡全产业链等项目建成投产，加快推进特沃斯牧业有限责任公司万头精品肉牛等重大项目，新建标准化规模养殖场（小区）80个。

由于近年各地棚菜种植业的快速发展，民乐村开始探索绿色无公害蔬菜生产，引进蔬菜新品种，配套棚菜农业机械，制定无公害蔬菜生产流程，经过不懈努力，民乐村产出的蔬菜上市就得到了市场的认可。在生产无公害蔬菜的同时，民乐村也积极推动品牌农产品开发，该村的蔬菜注册了"民望"牌商标，共有11个蔬菜品种通过了国家认证。同时，该村的注册品牌"双屯"

牌大米更是远销省内外。这仅是松原市发展现代农业，打造绿色有机农业品牌战略的一个缩影。近年来，一批在全国有影响力的农产品品牌逐渐壮大。"六颗星""查干湖""长山""北显""二马泡"成为中国驰名商标，"前郭尔罗斯大米""扶余老醋""扶余四粒红花生""乾安黄小米""长岭三青山粉条""长岭葵花籽""腰坨子白根萝卜""新安镇辣椒"成为国家地理标志商标。2017年松原市绿色农业基地达到50个以上，绿色有机无公害种植面积达到300万亩，目前，松原市正在积极建设国家绿色食品原料标准化生产基地，创建全国绿色有机农业建设示范市。

专栏 4-5

松原市创业全国绿色有机农业建设项目

大力推进知名品牌的建设抢占高端市场	"查干湖大米""善德良米"（成为G20峰会指定用米）、"乾安黄金小米"
大力发展特色种植	食用菌、黑玉米、中药材
大力发展无公害食品	"六颗星""查干湖""长山""北显""二马泡"成为中国驰名商标，"前郭尔罗斯大米""扶余老醋""扶余四粒红花生""乾安黄小米""长岭三青山粉条""长岭葵花籽""腰坨子白根萝卜""新安镇辣椒"成为国家地理标志商标

资料来源：《2016年松原市政府工作报告》，http://www.jlsy.gov.cn/。

松原市通过多举措并举积极发展农业，努力争做全省农业现代化的"领头羊"，加快构建现代农业生产和经营体系，深入推进农业供给侧结构性改革，精选品种、做优品质、打响品牌，正常年景粮食总产量达到750万吨。松原市突出试验示范，致力于打造全国绿色有机农业示范市和全国知名的绿色农产品基地，2018年绿色农业示范基地发展到124个，松原市加快海峡两岸

（吉林）生态农业合作先行实验区和三江口现代农业示范区建设，加快引进品种改良、精准施肥、节水灌溉、生物防治等先进技术。大力发展瓜果、食用菌等特色种植，依托中医药龙头企业，组建生态中药材开发投资公司，大力建设规范化中药材和种苗种植基地，突出设施建设。松原市积极推进松原灌区、河湖连通、引松入扶二期等重点工程建设，做好三江口灌区建设前期工作，突出集约经营。该市大力推广长岭兴源合作社成功经验，突出精品养殖。大力推广使用无抗养殖技术。加快推进华西希望生猪养殖、正大集团300万只蛋鸡全产业链、特沃斯牧业有限责任公司万头精品肉牛等重大优质项目。

三、四平市城乡二元经济特征和农业发展

作为农业产值比重相对较高的地区，二元结构还表现在实现工业化过程中存在结构存量问题和结构增量问题。结构存量问题主要表现为需要解决阻碍要素流动的长期性障碍，促进要素在产业间、地区间和所有制间的合理流动，提高经济的整体效益，是解决存量如何优化的问题。结构增量问题主要表现为通过投资政策引导新增的投入结构符合工业化的发展趋势，并最终促进结构存量的改变，是解决增量如何扩张的问题。从结构来看，四平市2015年第一产业占总产值的比重为25.1%，远高于全省第一产业占总产值的比重11.2%的平均水平，和全国8.9%的平均水平（见表4-34）。从增量来看，尽管第一产业在2014年和2015年的相对增速基本稳定，但第二产业和第三产业在2014年和2015年的相对增速下降速度更快，并没有体现出明显的传统产业部门的相对收缩和现代产业部门相对扩张的趋势。两市城乡二元结构的存在导致工业和服务业中的现代部门不能通过涓滴效应促进传统农业部门收入水平的提高，表现为城乡居民收入差距不仅没有缩小，反而出现了相对扩张的趋势，造成生产要素难以获得最优配置。

由于短期内，四平市传统部门的土地、劳动力和生产技术等

可以被认为不发生明显的变化，农业部门的边际生产率接近于零，导致劳动者获取的收入与工业部门提供的工资之间形成明显的差额，会诱导农业部门的剩余劳动者转移到现代部门。如表4－45所示，四平市城镇常住居民人均可支配收入的2010~2015年平均增长速度为13.3%，略高于全国平均水平，2014年出现负增长。如表4－46所示，四平市农村常住居民人均可支配收入2010~2015年的平均增长速度为13.3%，略低于全省13.5%的平均水平，高于全国12.3%的平均水平。如表4－47所示，四平市城乡常住居民人均可支配收入差额2010~2015年的变化速度为14%，均高于全省8%的平均水平和全国9.7%的平均水平。

表4－45　　　　2010~2015年四平市城镇常住居民
人均可支配收入及增长速度

地区	指标	2010年	2011年	2012年	2013年	2014年	2015年
四平市	收入（元）	16458	18482	21387	25529	20894	28371
	增长率（%）	9	12	23	19	－18	35
全省平均	收入（元）	15411	17797	20208	22275	23218	24901
	增长率（%）	10	15	14	10	4	7
全国平均	收入（元）	19109	21810	24565	26467	28844	31195
	增长率（%）	11	14	13	7	9	8

资料来源：2011~2016年中国统计年鉴、吉林统计年鉴、四平统计年鉴。

表4－46　　　　2010~2015年四平市农村常住居民
人均可支配收入及增长速度

地区	指标	2010年	2011年	2012年	2013年	2014年	2015年
四平市	收入（元）	6586	7718	8760	9960	10723	11326
	增长率（%）	21	17	14	14	8	6

续表

地区	指标	2010年	2011年	2012年	2013年	2014年	2015年
全省平均	收入（元）	6237	7510	8598	9621	10780	11326
	增长率（%）	18	20	14	12	12	5
全国平均	收入（元）	6453	7511	8451	9430	10489	11422
	增长率（%）	13	16	13	12	11	9

资料来源：2011~2016年中国统计年鉴、吉林统计年鉴、四平统计年鉴。

表4-47　2010~2015年四平市城乡常住居民人均可支配收入差额及变化速度

地区	指标	2010年	2011年	2012年	2013年	2014年	2015年
四平市	收入（元）	9872	10764	12627	15569	10171	17045
	增长率（%）	2	9	17	23	-35	68
全省平均	收入（元）	9174	10287	11610	12636	12438	13575
	增长率（%）	5	12	13	9	-2	9
全国平均	收入（元）	12656	14299	16114	17037	18355	19773
	增长率（%）	10	13	13	6	8	8

资料来源：2011~2016年中国统计年鉴、吉林统计年鉴、四平统计年鉴。

从全面建成小康社会的目标来看，四平市在保障基本民生消除贫困方面的任务较为艰巨。这是因为农村贫困人口的脱贫是全面建成小康社会最艰巨的任务，按照党的十八大以来关于建设小康社会的基本标准，城镇居民人均可支配收入需要达到1.8万元（2000年不变价），农村居民人均可支配收入需要达到8000元（2000年不变价），城市化需要达到50%。四平市2015年城镇居民人均可支配收入按照2000年的不变价格计算为20484元，2015年农村居民人均纯收入按照2000年的不变价格计算为11567元，城乡基本实现小康社会目标，但城市化率为36.63%，距离实现目标仍需增长37%。可见，缩小城乡居民的收入差距，促进城市化发展是四平市在发展中需要解决的重要问题。

四平市在基本实现小康社会的基础上，实现经济结构优化，发展动能和城乡建设升级，推进城市化发展的进程中，应着重自身特点，发挥综合优势。

（1）保持发展定力，着力在稳增长中推动振兴，立足我市区位、产业、资源等优势，主动融入"一带一路"建设，瞄准环渤海、长三角、珠三角等热点地区，围绕装备制造、农产品加工、现代物流、新型建材等重点产业，通过采取小分队专业化定向性的方式，进一步提升招商工作的精准度和实效性。深入对接世界500强、大型央企等战略投资者，推动"四平—辽源—铁岭—通辽"经济协作区发展，通过建立发展国内外友好城市，提升对外开放水平。

（2）强化创新引领，着力在促升级中提质增效，实施"四平创造"工程，推进域内企业与科研院所、高等院校深度合作，引导更多创新要素汇聚四平。加强科技大市场后续建设，加快四平换热器国检中心和省换热设备技术研发中心改革步伐，提升换热器、农机等设备装备公共技术研发平台建设水平。依托四平经济开发区谋划建设省级高新技术开发区，建立智能制造、现代农机、专用汽车等6个院士工作站，围绕"三四三"产业体系，着力推动传统产业与科技嫁接、与设计联姻、与品牌联动，打造"中国换热器城""中国农机城"。大力发展光电、医药健康、新能源汽车等新兴产业，推进吉高物流等现代物流项目建设。

（3）发展现代农业，着力在强基础中激发活力，推动农村改革创新。积极推进"三权分置"，全面完成土地确权登记颁证工作。扎实抓好第三次全国农业普查。深化农村金融、林业、供销社等领域改革创新，扎实推进"农地贷"，探索建立粮食收购贷款信用保证基金，拓宽农村融资渠道。推进农业转型升级，优化农产品供给结构，提高农产品供给质量。加快"三大体系"建设。

第三节　旅游经济与生态环境协调发展

吉林省西部三市生态旅游资源丰富，如白城市拥有向海和莫莫格两个国家级自然保护区和包拉温都省级自然保护区，生态旅游资源类型多样，是吉林省乃至东北地区重要的旅游目的地。2008~2016年白城市旅游业发展迅速，旅游业收入保持27.36%的年平均增长速度，高于全省平均水平26.19%与全国平均水平18.08%。在保持旅游业收入不断增长的同时还要发挥白城市的旅游业优势，不断提高旅游业收入增速（如表4-48所示）。白城市作为国家重点发展的旅游城市，具有很大的潜力。第一，白城市湿地面积约67万公顷，占中国湿地面积的1.2%。在全国范围内属于重要的湿地分布区域，与我国其他湿地区域形成互补，其科研价值和经济价值极高。第二，草原风光和民族风情是白城市最具特色的旅游资源，该市有历史悠久的蒙古族文化，有美丽富饶的典型草原、草甸草原和沙地疏林草原。白城市虽然与内蒙古相比有一定的不足，但处于农牧交错带的文化底蕴有其自身的特点，使白城市的蒙古风情具有一定的比较优势。

白城市处于农牧交错地带的半干旱半湿润气候，降水量小、蒸发量大，气候干燥、风沙大。其荒漠化程度日益严重并不断向东蔓延。近年来，随着环境保护力度的不断加大，白城市生态环境的恶化趋势有所缓解。

在打造城市旅游特色的同时，也要促进旅游经济与生态环境的协调发展。这些城市坚持生态立市，启动河湖连通工程。持续开展大造林活动，提升森林覆盖率，减少荒漠化面积，综合治理草原。大气、水体、土壤污染专项治理扎实开展，不断改善空气质量，提高地表水，使生态效益逐渐显现。

表4-48 2008~2016年白城市旅游收入及增速

单位：亿元

地区	指标	2008年	2009年	2010年	2011年	2012年	2013年	2014年	2015年	2016年
白城市	收入（元）	9.2	12.1	15.3	19.6	24.7	30.9	38.4	48.2	60.3
	增长率（%）	34.8	31.5	26.5	27.8	25.9	25.1	24.5	25.0	25.1
全省平均	收入（元）	450.8	581.0	732.8	929.3	1178.1	1477.1	1807.7	2315.2	2897.4
	增长率（%）	28.7	28.8	26.2	26.8	26.8	25.4	22.4	25.4	25.2
全国平均	收入（元）	11727	12898	15612	22512	25831	29414	33817	41460	47695
	增长率（%）	6.2	10.0	21.1	44.2	14.7	13.9	15.0	22.6	15.0

资料来源：2009~2017年中国统计年鉴、吉林统计年鉴、白城统计年鉴。

松原市2016年末全市人民币存款余额1109.1亿元，比上年增加173.5亿元；人民币贷款余额931.6亿元，比上年增加122.6亿元（见表4-49），与全省平均和全国平均还有一定差距。松原市应利用自身所处的优势地位加快促进发展旅游业（见表4-50）和金融服务业，即第三产业的比例还有待进一步提升。

表4-49　　　2007~2016年松原市金融机构人民币存贷款余额

单位：亿元

指标	2007年	2008年	2009年	2010年	2011年	2012年	2013年	2014年	2015年	2016年
存款	274.8	345.7	414.0	481.9	553.3	655.9	745.8	834.0	935.6	1109.1
贷款	207.4	206.8	240.4	281.9	303.1	364.3	498.4	600.8	809.0	931.6

资料来源：2008~2017年松原统计年鉴。

表4-50　　　2007~2016年松原市旅游总收入与增速

指标	2007年	2008年	2009年	2010年	2011年	2012年	2013年	2014年	2015年	2016年
收入（亿元）	10.65	15.6	21.2	27.2	35.9	45.9	57.6	70.41	88.31	113.12
增长率（%）	66.9	48.2	35.9	28.6	32.1	27.7	25.6	22.7	25.4	25.4

资料来源：2008~2017年松原统计年鉴。

第五章

黑龙江省西部生态经济带建设

　　黑龙江西部生态经济带包括大兴安岭地区、大庆市和齐齐哈尔市，其中大兴安岭地区是我国重点国有林区和生态功能保护区，齐齐哈尔市和大庆市是重要的工业城市和能源基地。该区域主要面临两大问题：一是林业资源的保护和有效开发利用；二是资源城市的转型发展。为此各市（区）应加快产业结构调整，大力发展现代林业，实现经济增长和生态环境保护的良性互动。

第一节　经济发展和生态建设的总体评价

一、大庆市经济发展和生态建设的总体评价

（一）经济增长与产业结构

　　首先，从国民生产总值（GDP）的角度来分析，它是衡量一个地区经济状况和发展水平的重要指标，也是一个地区经济实力与市场规模的体现。2016年黑龙江省全年实现地区生产总值（GDP）15386.1亿元，相较于去年增长6.1%。大庆市全年实现地区生产总值（GDP）2610亿元，比上一年度增长1.7%，占全省整个年度地区生产总值的16.96%，但是其增长速度相比较

慢,如表 5-1 和图 5-1 所示。

表 5-1　　2016 年黑龙江省各市(区)GDP 总值

GDP 排名	地区	GDP(亿元)	常住人口(万)	人均 GDP(元)	增速
1	哈尔滨市	6101.6	1066.5	55283	7.3
2	大庆市	2610.0	293.34	85977	1.7
3	齐齐哈尔市	1325.3	536.7	23861	6.1
4	绥化市	1316.3	541.64	23483	6.7
5	牡丹江市	1231.2	266.64	44618	6.6
6	佳木斯市	845	242.54	33665	6.4
7	鸡西市	518.4	186.22	26900	6.5
8	黑河市	470.8	167.39	27178	6.2
9	双鸭山市	437.4	146.26	28897	2.6
10	鹤岗市	264.1	105.87	24106	-1.2
11	伊春市	251.2	114.81	21142	1
12	七台河市	216.6	92.05	22738	0.6
13	大兴安岭地区	143.9	51.16	27182	0.3
14	绥芬河市	136.9	13.23	99978	—
15	抚远市	54.0	12.67	41186	—

资料来源:2017 年黑龙江统计年鉴。

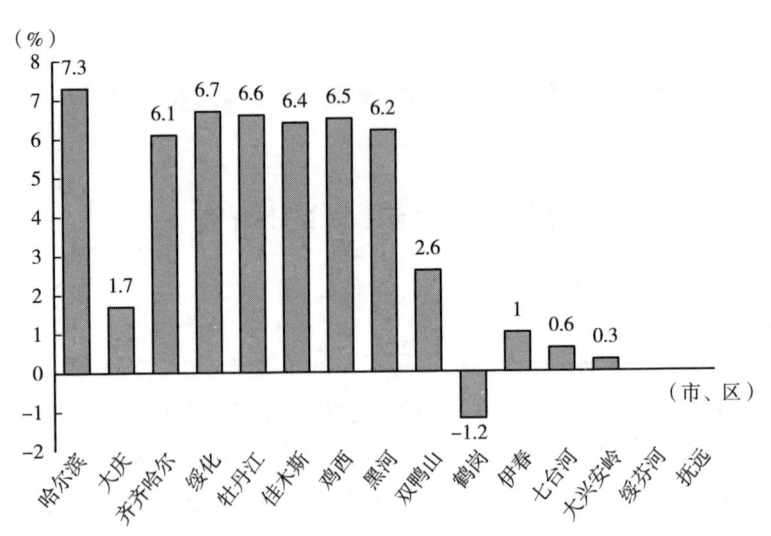

图 5-1　　2016 年黑龙江省各市(区)GDP 增长速度

资料来源:2017 年黑龙江统计年鉴。

大庆市近十年的生产总值总体来说呈现先上升再下降的趋势。自2007年至2008年生产总值有缓慢地上升，得益于大庆市政府紧紧围绕"创建百年油田，壮大接续产业，建设宜居城市，构建和谐大庆，全力推进大庆科学和谐跨越发展"的目标推进各项改革；2008年至2009年大庆市生产总值有所下降，但下降幅度较小，主要是因为面对国际金融危机、原油价格下跌带来的巨大压力和不利影响；从2009年至2014年呈现不断上升趋势；而2014～2016年呈现下降趋势，且下降幅度加大，主要是面临经济下行压力（见表5-2和图5-2）。在GDP增速方面，呈现逐渐下降趋势，在2015年增速为极小值是负数并出现一个拐点，2016年回升，其主要原因为全球经济总需求收缩、原油等大宗商品价格波动，以资源为主的大庆经济总量减少，企业效益和财政收入锐减，经济出现历史上首次负增长。

表5-2　　　　2007～2016年大庆市生产总值变化情况

年份	生产总值（亿元）	增长率（%）	年份	生产总值（亿元）	增长率（%）
2007	1822.4	10.5	2012	4000.5	10
2008	2220.4	12.3	2013	4181.5	7
2009	2120.0	12.1	2014	4070.0	4.5
2010	2900.1	12	2015	2983.5	-2.3
2011	3740.3	12.1	2016	2610.0	1.7

资料来源：2008～2017年大庆统计年鉴。

图 5-2 2007~2016 年大庆市生产总值变化情况

资料来源：2008~2017 年大庆统计年鉴。

2016 年我国人均 GDP 达到 53980 元，黑龙江省人均地区生产总值实现 40432 元，比上年增长 6.5%，但低于全国平均水平，而大庆市人均 GDP 为 85977，远高于全省的平均水平乃至全国平均水平（见表 5-3），在全省位列前三（见表 5-1）。近十年间，大庆市的人均生产总值都是远高于全省以及全国平均水平的（见表 5-3）。2007 年至 2013 年间人均生产总值处于增长阶段，2014 年至 2016 年大庆市人均生产总值处于下降阶段，受到产业结构升级以及产业、能源转型等问题的影响。

表 5-3 2007~2016 年大庆市人均 GDP 与全省及全国比较情况

年份	人均 GDP（元）		
	大庆	全省	全国
2007	66657	18507	20169
2008	81318	21740	23708
2009	80092	22447	25608
2010	103576	27076	30015
2011	133301	32819	35198

续表

年份	人均GDP（元）		
	大庆	全省	全国
2012	142067	35711	38459
2013	149172	37697	41908
2014	138746	39226	46652
2015	101708	39462	49992
2016	85977	40432	53980

资料来源：2008~2017年中国统计年鉴、黑龙江统计年鉴、大庆统计年鉴。

从三次产业发展来看，第一产业和第三产业的产值增加较快（见表5-4），且占生产总值的比重也处于上升阶段。从三次产业产值构成来说，在2016年，大庆市第一产业增加值占地区生产总值的比重为7.2%，第二产业增加值比重为58.4%，第三产业增加值比重为34.4%（见表5-5）。由此可以看出，第一产业虽然有所增长，但是占比还是比较小的；第二产业为主要产业，即使增长速度有所下降，其所占比重过半；第三产业不断发展，产值不断增加，所占比例也不断上升，比如举办了大庆湿地旅游文化节、中国大庆雪地温泉节等旅游文化活动等。说明政府重视对第一产业以及第三产业的发展，优化产业结构，解决"两头轻，中间重"的不协调产业结构。第二产业的比重虽然处于减小趋势，但是工业是大庆市经济的主体，第二产业还是占据主要位置，带动第一、第三产业发展。同时三次产业的产值增幅都有一个明显的趋势是增速放缓，在2016年大庆市第二产业的增速出现负数（见表5-6）。总的来说，大庆市正在努力发展高新技术产业及第三产业，经济结构已经有了明显的改观，经济模式由原来以石化工业为主逐渐转向为多元化的经济结构。

表 5 – 4　　2007~2016 年大庆市三次产业产值增长情况　　单位：亿元

年份	第一产业增长值	第二产业增长值	第三产业增长值
2007	55.3	1548.3	218.8
2008	69.2	1889.1	262.1
2009	80	1730	310
2010	95	2385.1	420
2011	132.9	3070	537.4
2012	153.6	3235.9	611
2013	175.6	3318.4	687.5
2014	185	3133	752
2015	193	1950.5	840
2016	187.1	1523.9	899

资料来源：2008~2017 年大庆统计年鉴。

表 5 – 5　　　　2007~2016 年大庆市三次产业产值构成　　　单位：%

年份	第一产业	第二产业	第三产业
2007	3	85	12
2008	3.1	85.1	11.8
2009	3.8	81.6	14.6
2010	3.3	82.2	14.5
2011	3.6	82.1	14.3
2012	3.8	80.9	15.3
2013	4.2	79.4	16.4
2014	4.5	77	18.5
2015	6.5	65.4	28.1
2016	7.2	58.4	34.4

资料来源：2008~2017 年大庆统计年鉴。

表5-6 2007~2016年大庆市三次产业增速与全省及全国比较情况

单位:%

年份	第一产业			第二产业			第三产业		
	大庆	全省	全国	大庆	全省	全国	大庆	全省	全国
2007	3.9	11.7	3.7	10	14.1	13.4	15.8	15.5	11.4
2008	9	8.2	5.5	11.8	12.1	9.3	16.9	12.4	9.5
2009	13.5	15.7	4.2	11.5	15.6	31.3	16	15.6	8.9
2010	10	15.9	4.3	11.2	27.2	12.2	16.3	19.5	9.5
2011	13.5	6.2	4.5	10.1	13	10.6	22.9	13.1	8.9
2012	11	6.5	4.5	9.8	10.2	8.1	11	10.7	8.1
2013	7	5.1	4	6.2	6.6	7.8	11	10.4	8.3
2014	8.5	5.6	4.1	3.7	2.8	7.3	8	9	8.1
2015	3.7	5.2	3.9	4.6	1.4	6	10	10.4	8.3
2016	2.9	5.3	3.3	-0.1	2.5	6.1	5.5	8.6	7.8

资料来源:2008~2017年中国统计年鉴、黑龙江统计年鉴、大庆统计年鉴。

(二)科技创新与对外开放

创新是引领发展的第一动力。2017年大庆市启动科技创新创业共享服务平台建设项目,平台依托高校科研院所技术优势,整合科技资源,规划建设网络化服务平台和完善线下平台中心服务设施。大庆市加快科技企业孵化器建设,培育更多科技企业。大庆油田靠科技创新带动可持续发展,优化石油结构,焕发油田新活力。

近10年大庆市进出口贸易不断发展,主要表现为进出口贸易总额呈现不断上升趋势,进口额和出口额虽然在这段时间里有波动,但大体上还是呈现出上升趋势,大庆市对外贸易依存度也逐渐增加。大庆市进出口总额从2007年的6.8亿美元增加至2016年的56.22亿美元,累计增加约49.42亿美元;进口总额从

3 亿美元增加到 51.75 亿美元,累计增加约 48.75 亿美元;出口总额从 3.8 亿美元增加到 4.47 亿美元,累计增加约 0.67 亿美元,如表 5-7 所示。

表 5-7　　2007~2016 年大庆市进出口额变化情况　　单位:亿美元

年份	进出口总额	进口总额	出口总额
2007	6.80	3.00	3.80
2008	8.20	3.00	5.20
2009	11.00	5.30	5.70
2010	15.40	5.65	9.76
2011	21.60	16.10	5.50
2012	28.10	24.20	3.90
2013	33.70	29.60	4.10
2014	40.54	36.76	3.78
2015	64.37	58.47	5.89
2016	56.22	51.75	4.47

资料来源:2008~2017 年大庆统计年鉴。

大庆市的进出口贸易在经济发展中占有重要比重。就全省来看,在 2016 年全年实现进出口总值 165.4 亿美元,比上年下降 21.3%。其中,出口 50.4 亿美元,下降 37.2%;进口 114.9 亿美元,下降 11.4%。从表 5-7 中可以看出,在 2016 年,大庆市的进出口总额以及出口额的降幅低于全省水平。但是纵观 10 年数据可以看出,大庆市的进出口贸易发展并不稳定,高的年份进出口总额增速可达 58.8%,低的年份增速为 -12.7%(见表 5-8),总的来说,大庆市近些年进出口贸易金额保持着上升趋势,但出口贸易额度小于进口贸易额度,存在贸易逆差,需要加强与周边国家的贸易往来,推动本市产品的出口。

表 5-8　2007~2016 年大庆市进出口额增速变化情况　　单位: %

年份	进出口总额	进口总额	出口总额
2007	53.2	15.1	106.1
2008	20.6	持平	36.7
2009	34.6	80	8.8
2010	39.8	5.8	71.8
2011	40.1	185.3	-44
2012	30.1	-49.9	-29
2013	20.1	22.6	4.6
2014	20.2	24	-7.2
2015	58.8	59.1	55.9
2016	-12.7	-11.5	-24.1

资料来源: 2008~2017 年大庆统计年鉴。

随着"一带一路"的发展，大庆市也在抓住这个契机发展贸易，加强与周边国家的贸易往来。2017 年 6 月 5 日，123 辆产自大庆的沃尔沃 S90 型汽车装进 82 个标箱，标志着大庆市首个"一带一路"哈欧铁路货运班列项目正式投入运营，大庆制造的中国高端整车进军欧洲市场。哈欧班列的开通给东北地区破解区域发展不利因素带来难得机遇，大庆市积极主动融入龙江陆海丝绸之路经济带建设和国家"一带一路"倡议。

（三）城市化发展水平与人民生活水平

城市化是指人口向城镇聚集、城镇规模扩大以及由此引起一系列经济社会变化的过程，其实质是经济结构、社会结构和空间结构的变迁。从经济结构变迁看，城市化过程也就是农业活动逐步向非农业活动转化和产业结构升级的过程；从社会结构变迁看，城市化是农村人口逐步转变为城镇人口以及城镇文化、生活方式和价值观念向农村扩散的过程；从空间结构变迁看，城市化是各种生产要素和产业活动向城镇地区聚集以及聚集后的再分散过程。2016年1月，国务院正式批准《大庆市城市总体规划(2011—2020年)》。按照《总体规划》，大庆市确定的5107平方公里城市规划区范围内，实行城乡统一规划管理，到2020年基本实现现代化，到2050年初步实现国际化。根据2011年、2016年和2017年《大庆统计年鉴》，2010年大庆市总人口为290.5万人，城市化率为50.4%；2015年全市总人口为282.6万人，城市化率为51.6%；2016年全市总人口为275.8万人（不含农垦），其中城镇人口144.6万人，占总人口的比重达52.4%。从而可以看出，城市化水平不断提高。2016年全省的常住人口城镇化率59.2%，比上年提高0.4个百分点，户籍人口城镇化率49.9%；全国城镇常住人口79298万人，常住人口城镇化率为57.35%，比上年末提高1.25个百分点，户籍人口城镇化率为41.2%，比上年末提高1.3个百分点，可以看出，全市城市化水平低于全省及全国水平，但是按其增长趋势，城市化水平会逐渐接近于全省或全国城市化水平；而全省的城市化水平已经高于全国平均水平。

2016年全国城镇居民人均可支配收入33616元，比上年增长7.8%，但是扣除价格因素，实际增长5.6%；农村居民人均可支配收入12363元，比上年增长8.2%，同样扣除价格因素，实际增长6.2%。而2016年大庆市城镇居民收入为36509元，农村居民收入为13909元，均高于全国水平（见表5-9）。同时从表5-9中可以看出，大庆市城乡居民的可支配收入基本处于逐年增加的状态，但是城乡收入差距过大的情况还是存在的。按照党的十八大以来关于建设小康社会的基本标准，城镇居民人均可支配收入需要达到1.8万元，农村居民人均可支配收入需要达到8000元，城市化率需要达到50%。大庆市城乡居民收入以及城市化水平已经达到小康社会的水平，但是还是存在着城乡差距较大的问题。

表5-9　　2007~2016年大庆市城乡居民人均可支配收入及增长率

指标	2007年	2008年	2009年	2010年	2011年
城镇居民收入（元）	15570.4	16816	18180.8	20015.6	22500.3
增长率（%）	9.60	8	8.10	10.10	12.40
农村居民收入（元）	3917.7	5548.9	6592.8	8045	9300
增长率（%）	8.50	41.60	18.80	22	15.60
指标	2012年	2013年	2014年	2015年	2016年
城镇居民收入（元）	25425	27755	32307	34402	36509
增长率（%）	13	10	9	6.50	6.10
农村居民收入（元）	11500	11211.3	12443	13204	13909
增长率（%）	24	15.20	13.10	6.10	5.30

资料来源：2008~2017年大庆统计年鉴。

（四）能源与生态环境

中华人民共和国成立以来，大庆市一直是我国的能源重镇，被称为"油城"，而且大庆市的经济主要依赖于石油，是一座资源型城市。随着总体经济增长地放缓和产能过剩的压力，资源型城市的发展已经出现了前所未有的"瓶颈"。大庆油田是黑龙江省和大庆市GDP与公共财政收入的重要支柱，在区域经济发展中地位举足轻重、作用不可替代。之后大庆市的经济发展主要是看这座资源型城市如何转型。

大庆市位于黑龙江省西部，有丰富的油气资源、地热资源以及湿地资源等，同时也被誉为"天然百湖之城、北国温泉之乡"。大庆位于"松嫩平原西部温带半干旱草原生态区"，是黑龙江省乃至我国重要的沙地治理区，属于生态脆弱地区。生态经济的发展是大庆市发展可持续经济的必经之路，必须要搞好生态环境的发展，才能使大庆地区实现经济、生态以及社会的共赢。

从表5-10中可以看出，大庆市生态环境不断改善，主要污染物排放总量得到有效控制,资源节约取得积极成果。2010～2016年能源消耗基本上呈现下降趋势,除了在2015～2016年期间能耗出现先下降又上升的小幅度变化,主要原因是处于"转折期",受宏观经济下行、原油量减价低等不利因素影响。同时,大庆市也着重发展绿化,大力开展"植树、复草、治水、净气、降噪"五大工程。因为绿化是一个长期的过程,所以全市绿化覆盖率以及全市森林覆盖率近几年基本呈现出缓慢增长。大庆城镇生活污水集中处理率、城镇生活垃圾无害化处理率也都有所提高。综合来说,大庆市近年来在节约资源、能源消耗方面以及绿化等生态环境保护方面已经取得了正面效果。

表5-10　　2010～2016年大庆市能源消耗以及环境发展情况

年份	万元地区生产总值能耗（吨标准煤）	增长率（％）	绿化覆盖率（％）	全市森林覆盖率（％）	生活垃圾无害化处理率（％）	生活污水集中处理率（％）
2010	1.26	-4.50	45.10	10.60	85.10	90.20
2011	1.20	-4.01	45.16	11.10	87.20	92.50
2012	1.16	-3.90	45.20	11.50	88.10	92.70
2013	1.12	-3.52	45.30	12.20	90.20	93.20
2014	1.08	-3.30	45.40	12.50	91.40	94.50
2015	0.80	-2.50	45.50	12.80	90.50	95.60
2016	1.05	-3.20	45.60	12.85	90.50	95.20

资料来源：2011～2017年大庆统计年鉴。

二、大兴安岭地区经济发展和生态建设的总体评价

（一）经济增长

从表5-11中可以看出,最近几年中国的国民生产总值一直

在增加，中国是一个不断发展，不断壮大的国家，与此同时黑龙江省的生产总值也一直在增加，直到近几年达到稳定，但是大兴安岭地区生产总值却是一个先增加，后下降，再趋于稳定的过程（见图5-3）。以2016年为例，大兴安岭地区生产总值是黑龙江省的0.093%，是全国的0.002%，在表5-12中，大兴安岭地区人均生产总值占黑龙江省平均水平的67.3%，占全国平均水平的49%，说明该地区的人民生活水平刚达到国家平均水平以上。

表5-11 2010~2016年大兴安岭地区、黑龙江省与全国生产总值的比较

单位：亿元

年份	大兴安岭地区	黑龙江省	全国
2010	98.2	10369	413030
2011	125.1	12582	489300
2012	146.9	13692	540367
2013	168.3	14455	595244
2014	153.9	15039	643974
2015	134.9	15084	689052
2016	143.9	15386	744127

资料来源：2011~2017年中国统计年鉴、黑龙江统计年鉴、大兴安岭统计年鉴。

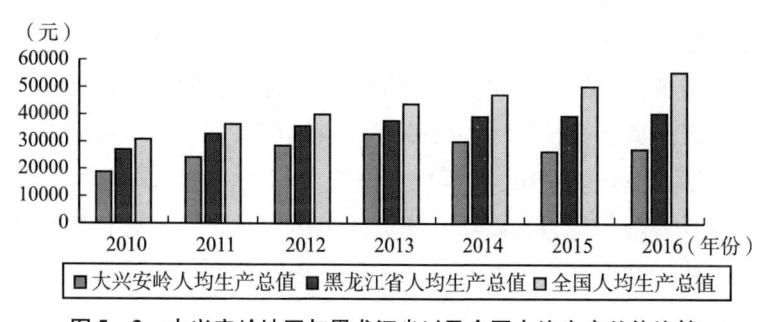

图5-3 大兴安岭地区与黑龙江省以及全国人均生产总值比较

资料来源：2011~2017年中国统计年鉴、黑龙江统计年鉴、大兴安岭统计年鉴。

表 5 – 12　　2016 年大兴安岭地区生产总值、人均生产
总值及与全省和全国的比较

地区	国内生产总值（亿元）	国内生产总值所占比重（%）	人均生产总值（元）	人均生产总值所占比重（%）
大兴安岭	14.3	—	27182	—
全省	15386.1	0.09	40362	67.3
全国	744127	0.0019	55412	49

资料来源：2017 年中国统计年鉴、黑龙江统计年鉴、大兴安岭统计年鉴。

（二）城镇化水平与人民生活水平

大兴安岭地区的城镇化水平为 89.3%，远高于全省平均水平 59.2% 和全国平均水平 57.35%（见表 5 – 13），这说明该区的城市空间布局、承载能力、管理方式都具有明显的优势，具有招商引资、吸引优秀人才、发展工业化城市的巨大潜力。最近几年大兴安岭地区的城镇常住居民的人均可支配收入一直在稳定的增长，增速一直保持在全国平均水平上下，农村常住居民人均可支配收入虽然也一直在增长，但涨幅是下降的（见表 5 – 14、表 5 – 15）。按照党的十八大以来关于建设小康社会的基本标准，城镇居民人均可支配收入需要达到 1.8 万元（2000 年不变价），农村居民人均可支配收入需要达到 8000 元（2000 年不变价），城市化率需要达到 50%。大兴安岭地区已经实现了全面小康社会，但大兴安岭地区依然存在城乡收入差距过大的问题（见表 5 – 16），因此，坚持共享发展、缩小城乡居民的收入差距，努力提高社会成员的生活水平，特别是保障低收入群体和贫困人口的基本民生，仍是该区在发展中需要解决的重要问题。

表 5-13　2016 年大兴安岭地区城镇及农村人口构成情况

地区	农村人口构成（%）	城镇人口构成（%）	城乡人口比
大兴安岭	10.7	89.3	8.4
全省平均	40.8	59.2	1.5
全国平均	42.7	57.35	1.3

资料来源：2017 年中国统计年鉴、黑龙江统计年鉴、大兴安岭统计年鉴。

表 5-14　2010~2016 年大兴安岭地区城镇常住居民
人均可支配收入及增长速度

地区	指标	2010 年	2011 年	2012 年	2013 年	2014 年	2015 年	2016 年
大兴安岭	收入（元）	10548	12480	14792	16605	18941	20461	21803
	增长率（%）	14	18	19	13	12	8	7
全省平均	收入（元）	13857	15696	17760	19597	22609	24203	25728
	增长率（%）	10	13	13	10	84	7	6
全国平均	收入（元）	19109	21810	24565	26467	28844	31195	33616
	增长率（%）	11	14	13	7	9	8	8

资料来源：2011~2017 年中国统计年鉴、黑龙江统计年鉴、大兴安岭统计年鉴。

表 5-15　2010~2016 年大兴安岭地区农村常住
居民人均可支配收入及增长速度

地区	指标	2010 年	2011 年	2012 年	2013 年	2014 年	2015 年	2016 年
大兴安岭	收入（元）	6142	7536	8689	9032	9994	10668	11349
	增长率（%）	19	23	15	12	12	7	6
全省平均	收入（元）	6211	7591	8604	9634	10453	11095	11832
	增长率（%）	19	22	13	12	12	6	7
全国平均	收入（元）	5919	6977	7917	8896	9892	11422	12363
	增长率（%）	11	11	11	13	9	9	8

资料来源：2011~2017 年中国统计年鉴、黑龙江统计年鉴、大兴安岭统计年鉴。

表5-16　　2010~2016年大兴安岭地区城乡常住居民
人均可支配收入差距比较

地区	2010年	2011年	2012年	2013年	2014年	2015年	2016年
大兴安岭	4406	4944	6103	7573	8947	9793	14379
全省平均	7646	8105	9156	9963	12156	13108	13896
全国平均	13190	14833	16648	17571	18952	19773	21253

资料来源：2011~2017年中国统计年鉴、黑龙江统计年鉴、大兴安岭统计年鉴。

三、齐齐哈尔经济发展和生态建设总体评价

（一）经济增长与产业结构

2014年齐齐哈尔市的生产总值相比上一年增长了5.2%，同期全国的生产总值增长速为7.4%，齐齐哈尔市的人均生产总值为24830元，相比上一年增速为7.1%，同期全国的人均生产总值为47202.83元，增速为7.6%（见表5-17）。对于人均可支配收入方面，齐齐哈尔2014年城镇居民人均可支配收入为21352元，相比上一年增长了12%，同期全国城镇居民人均可支配收入为28844元，增长速度为9%，齐齐哈尔2014年农村居民人均可支配收入为11282元，相比上一年增长了13%，同期全国的农村居民人均可支配收入为10489元，增速为11.2%（见表5-18）。由此我们可以看出，齐齐哈尔的经济发展水平总体处于全国平均水平以下，属于经济发展相对落后的地区，尤其是在人均产出方面才刚刚达到全国平均水平的一半，然而在城乡居民人均可支配收入方面却与全国平均水平差别不大。

人口问题是东北地区普遍存在的问题，齐齐哈尔市也不例外。2014年齐齐哈尔总人口增长速度为-0.7%，人口自然增长率为1.25%，两者均显著低于全国同期增长水平（见表5-19）。在城乡人口构成状况方面，齐齐哈尔市2014年的城乡人口比仅

为0.55，而同期全国的城乡人口比为1.21，这说明齐齐哈尔的城镇化水平较为落后，如表5-20所示。

表5-17　　2014年齐齐哈尔市地区生产总值及人均生产总值状况

地区	生产总值增速（%）	人均生产总值（元）	人均生产总值增速（%）
齐齐哈尔市	5.2	24830	7.1
全国	7.4	47202.83	7.6

资料来源：2015年中国统计年鉴、齐齐哈尔统计年鉴。

表5-18　　2014年齐齐哈尔市城乡居民人均可支配收入及增速状况（未扣除价格影响）

地区	城镇居民可支配收入（元）	城镇居民可支配收入增长率（%）	农村居民可支配收入（元）	农村居民可支配收入增长率（%）
齐齐哈尔市	21352	12.0	11282	13.0
全国	28844	9.0	10489	11.2

资料来源：2015年中国统计年鉴、齐齐哈尔统计年鉴。

表5-19　　2014年齐齐哈尔市人口增长情况与全国平均水平比较　　单位：%

地区	总人口增速	人口自然增长率
齐齐哈尔市	-0.7	1.25
全国	5.2	5.21

资料来源：2015年中国统计年鉴、齐齐哈尔统计年鉴。

表5-20　　2014年齐齐哈尔市城镇及农村人口构成状况

地区	农村人口构成比例（%）	城镇人口构成比例（%）	城乡人口比
齐齐哈尔市	64.5	35.5	0.55
全国	45.23	54.77	1.21

资料来源：2015年中国统计年鉴、齐齐哈尔统计年鉴。

齐齐哈尔市的经济结构一个明显的特征就是第一产业比重大。齐齐哈尔市2014年三大产业的比重状况是24.2∶33.0∶42.8，同期全国的比重状况是9.2∶42.6∶48.2（见表5-21）。不仅如此，而且在三大产业每年的增长速度上，齐齐哈尔市第一产业的增长速度也是远远超过全国的平均水平（见表5-22）。当然，出现这种情况一个显著地原因就是齐齐哈尔市是我国商品粮基地所在地。对于齐齐哈尔市第二产业的发展，虽然其所占比重并不是太大，然而其近几年的波动则比较明显，其在2010年的增速高达30.8%，远超同期全国的平均水平，但是到了2014年，其增速则骤然下降到了3.7%，同期全国的平均水平为7.3%（见表5-23）。出现这种状况的原因也是明显的，第二产业2010年的巨大增速的主要推动力在于2008年金融危机后国家出台的投资刺激计划在齐齐哈尔市的体现，之后的连年增速下降则是全国工业产能过剩在齐齐哈尔的体现。对于第三产业，齐齐哈尔在2010年以来虽然在增速上也是逐年趋于下降，但是与全国同期第三产业的增长速度相比差距并不太大（见表5-24）。

表5-21　　2014年齐齐哈尔市三大产业产值比重状况　　单位：%

地区	第一产业比重	第二产业比重	第三产业比重
齐齐哈尔市	24.2	33.0	42.8
全国	9.2	42.6	48.2

资料来源：2015年中国统计年鉴、齐齐哈尔统计年鉴。

表5-22　　2010~2014年齐齐哈尔市第一产业增速状况　　单位：%

地区	2010年	2011年	2012年	2013年	2014年
齐齐哈尔市	10.0	11.2	11.0	5.5	6.8
全国	4.3	4.5	4.5	4.0	4.1

资料来源：2011~2015年中国统计年鉴、齐齐哈尔统计年鉴。

表 5-23 2010~2014 年齐齐哈尔市第二产业增速状况   单位：%

地区	2010 年	2011 年	2012 年	2013 年	2014 年
齐齐哈尔市	30.8	17.2	9.2	9.3	3.7
全国	12.2	10.6	8.1	7.8	7.3

资料来源：2011~2015 年中国统计年鉴、齐齐哈尔统计年鉴。

表 5-24 2010~2014 年齐齐哈尔市第三产业增速状况   单位：%

地区	2010 年	2011 年	2012 年	2013 年	2014 年
齐齐哈尔市	12.4	12.0	6.2	9.3	6.0
全国	9.5	8.9	8.1	8.3	8.1

资料来源：2011~2015 年中国统计年鉴、齐齐哈尔统计年鉴。

齐齐哈尔市经济的产业结构及其各自的发展状况也明显地体现在了城镇就业人口及城镇新增就业人口的状况上。齐齐哈尔市 2014 年城镇从业人口为 82.1 万人，占总就业人口的比重为 40%，同期全国的平均水平为 50.8%，齐齐哈尔市 2014 年城镇新增就业人口为 11.8 万人，增速为 -12%，同期全国的平均水平为 0.9%（见表 5-25）。这与齐齐哈尔的第一产业比重大，第二产业的增速迅速下滑是相对应的。

表 5-25 2014 年齐齐哈尔市城镇就业人口及城镇新增就业人口状况

地区	城镇从业人口（万人）	城镇从业人口占总从业人口比重（%）	城镇新增就业人口（万人）	城镇新增就业人口占总就业人口比重（%）
齐齐哈尔市	82.1	40	11.8	-12
全国	39310	50.8	1322	0.9

资料来源：2015 年中国统计年鉴、齐齐哈尔统计年鉴。

（二）生态环境保护

齐齐哈尔市在生态环境保护方面的工作位居全国前列，具体表现在以下几个方面（见表5-26）。

表5-26　齐齐哈尔市自然保护区、生态示范区和重点生态功能区

自然保护区	全市共有自然保护区21个。其中国家级2个、省级10个、县级9个。自然保护区面积达47.43万公顷，占全市国土面积的11.17%
生态示范区	全市生态示范区建设实现了全覆盖，包括5个国家级生态示范区和4个省级生态示范区。截至2014年齐齐哈尔全市共创建国家级生态乡镇3个、省级生态乡镇7个、省级生态村162个。受保护地区国土面积比例为57.81%，退化土地恢复率65%。化肥施用强度（折纯）90千克/公顷，农用塑料薄膜回收率95.1%。规模化畜禽养殖场粪便综合利用率100%，绿色食品（含有机食品）种植面积比率37%，秸秆综合利用率72%
重点生态功能区	建设重点生态功能区2个：松嫩平原西部防风固沙生态功能保护区面积为225万公顷，占全市总面积的57.81%；克拜地区水土保持生态功能区面积为87万公顷，占全市总面积的20%

资料来源：2004年《齐齐哈尔市环境状况公报》。

第二节　产业结构调整与生态经济发展

一、大庆市产业结构调整与生态经济发展

（一）大庆市产业结构调整面临的机遇

1. 战略性新兴产业和优势特色产业的快速发展

大庆市入围2017年度国家火炬特色产业基地有3家，分别是"石油石化装备制造特色产业基地""石油化工特色产业基地"和"新型复合材料及制品特色产业基地"。近年来，大庆市

着力增强区域科技创新能力，大力促进战略性新兴产业发展和提升优势特色产业科技创新水平，科技创新工程得到持续推进。这对大庆市进一步构建完善区域创新体系作用明显，有利于集聚行业先进科技资源，做强区域产业特色，形成持续竞争优势。

2014年，大庆市规模以上工业战略性新兴产业单位数68家；其中，新能源规上企业包括肇源新龙顺德风力发电有限公司、大庆绿源风力发电有限公司、大庆龙江风电科技有限公司和大庆弘扬太阳能科技有限公司4家；生物产业包括中国石油天然气股份有限公司大庆石化分公司、大庆太爱肽生物工程科技有限公司、大庆博润生物科技有限公司等11家企业；新材料产业包括大庆龙化新实业有限公司、黑龙江同禹傲思铝业股份有限公司、大庆路通科技有限公司等27家企业；节能环保产业包括大庆石油管理局螺杆泵、大庆油田有限公司油田伴生气、大庆华夏绿垣建材科技开发有限公司等25家企业；高端装备制造产业仅有大庆油田自动化仪表有限公司1家。从大庆市战略性新兴产业企业分布数量看，规模以上企业主要集中在新材料、节能环保和生物产业，企业数量占93%。

大庆市将立足比较优势打造特色农业。依托大庆市伊利乳业有限责任公司这样的龙头企业引领大庆市绿色食品产业向中高端延伸；阿里巴巴集团在肇源135个行政村布点"村淘2.0"项目，带动特色农产品销售，说明大庆市在创新营销模式，尤其是"互联网+农业"方面大有可为。同时，大庆市将加大优势品牌培育力度，推进电子商务和现代农业融合，带动农民既种得好养得好更卖得好；大庆市大同区将整合小米等农产品成立新品牌，依托"淘实惠"等电商平台，提高订单农业比例；大庆市肇州县将加大农资电商平台运营中心建设，构建县乡村三级"互联网+农资"网络体系；大庆市各县区还将充分挖掘现代农业观光休闲等功能，促进农业"接二连三"，特别是与旅游、健康、养老等产业深度融合。大庆市大同区将依托棚室园区、乡土文化等，做精田园采摘、特色餐饮等旅游项目；大庆市杜尔伯特县将扩大生态品牌影响，发展中草药、生态旅游、养老服务等产业。此外，大庆市各县区还将推动农民创业，在拓宽农民增收渠道的同时，提高大庆市农业产业化和市场化水平。

2. "东北振兴"政策及"一带一路"倡议的扶持

新一轮东北振兴号角的吹响，国家扶持东北老工业基地政策的密集出台，为东北走出困境提供了强有力的支持。大庆市作为资源型城市，在新一轮东北振兴中，只有转变经济发展方式，优化产业结构，才能实现可持续性发展。而渗透于大庆人骨子里的创业精神，正在成为再创辉煌的内生动能。

同时，在"一带一路"倡议背景下，黑龙江省提出推动"东部陆海丝绸之路经济带"建设，要打造对俄商品集散中心，大庆市借此正在谋划转型的新路——申建综合保税区。可见，"一带一路"等相关政策的出台，为大庆市的发展，尤其是对外贸易的发展发挥了重要的作用。

(二) 大庆市产业结构调整面临的挑战

1. 产业结构调整存在较大压力

就近10年情况来看，大庆市第二产业的比重偏高，工业经济一直保持在较高比重。大庆市以石油工业为基础，石油化工、装备制造、新材料和新能源、现代服务业、现代农业等接续产业加快发展，"1+5"产业格局迅速形成，聚集起产业发展强大的后发优势但仍然不能成为主导产业，并且石油石化仍然占据着绝对比重。第三产业虽然有所发展，但是发展不充分。所以说，调整产业结构任重而道远。

2. 原油"量价双降"

在国际原油价格下降，资源日益枯竭的国际大背景下，作为资源型城市的大庆，面临着前所未有的挑战。大庆市不仅要发展石油产业，在开发过程中利用科学环保的技术，优化内部结构，而且在保有石油产业的同时也需要创新发展新能源。

大庆市作为以石油为主的资源型城市，在发展过程中受到产业结构单一的制约以及当前石油资源枯竭日益严峻的形势，其发展弊端日益显现出来。因此，发展新兴产业对大庆市转型发展来说至关重要。大庆市除了拥有丰富的石油资源外，还拥有丰富的草原、湿地、湖泊温泉等天然的自然资源，发展生态旅游业前景较为广阔。从 2012 年开始，大庆市旅游局、大庆市市政府屡获荣誉。2016 年，大庆市被评为"最佳旅游目的地"荣誉城市。

大庆市以旅游业为突破，连续举办九届中国（大庆）湿地旅游文化节，实现收入 300 多亿元，拉动相关产业收入超过 1000 亿元，推动全市"生态经济化、经济生态化"。同时，在雪地温泉节和石油文化节方面也初步形成了旅游品牌，以石油文化游、湿地景观游、民俗风情游、地热休闲游多方面综合开发为主打（见表 5 – 27），一定程度上促进了大庆市经济的发展，增加了当地的经济效益。但是，大庆市在开发利用旅游资源方面仍然存在着许多不足之处，需要不断地完善，来扩大其生态旅游知名度，凸显当地特色。

表 5 – 27　　　　　　大庆市主要生态旅游景点

石油文化游	大庆石油科技馆、大庆油田历史陈列馆、铁人第一口井"萨 55 井"
湿地景观游	珰奈湿地人居生态村、鹤鸣湖湿地温泉风景区、龙凤湿地等
地热休闲游	连环湖温泉景区、北国温泉养生休闲广场、温泉欢乐谷等
民俗风情游	银沙湾旅游风景区、五马沙坨、吉禾民族赛马场等

生态旅游业的发展不仅带动了相关产业的发展，而且增加了就业量，促进资源的有效配置。总的来说，生态旅游对大庆市的经济增长以及转型发展发挥了重要作用，如表 5 – 28 所示。

表 5-28　　2010~2016 年大庆市生态旅游收入及接待人数情况

指标	2010 年	2011 年	2012 年	2013 年	2014 年	2015 年	2016 年
旅游收入（亿元）	26.4	35.2	45.9	58.8	75.3	96	115.5
同比增长（%）	33	35	35	28.1	28	28	19.1
接待人数（万人）	743.5	916	1003	1209	1326	1601	1650
同比增长（%）	6.2	23	9.4	20.5	10	21	2.9

资料来源：2011~2017 年大庆统计年鉴。

二、大兴安岭地区产业结构调整与生态经济协调发展

大兴安岭地区的经济增长速度在前几年一直是高于省平均速度和全国平均速度的，最近几年一直稳定在全国平均水平以下，这跟大兴安岭地区的发展理念有关，在 2010 年国家加大投资力度，提高了国内整体经济发展水平，在国内大环境的影响下，该区生产总值增长 16.1%，在最近几年都是最高的，作为"十二五"开局之年的 2011 年，政府实施"稳经济，调结构，控通胀"的经济发展思路，国内经济总体保持稳健增长的态势，大兴安岭地区在 2011 年主张停止木材砍伐，以至于经济增长回落到 15.5%，2012 年国内经济增速放缓、原材料市场低迷、木材大幅减产，在全球经济明显放缓的大环境下，该区经济增速继续下降到 13.9%，2013 年大兴安岭地区的重点行业林木产品和煤炭产业价格持续走低，以至于该区经济增速下降到 8.4%，2014 年大兴安岭地区全面停止商业性采伐，由于上一年的林木产品和煤炭产业价格走低，导致该区的木材加工业和煤炭开发行业不景气，该区经济增长下降到 4.1%，2015 年，全区主动适应经济发展新常态，牢牢把握稳中求进总基调，在加快发展六大产业，全力推进全民创业，积极促进经济转型的有效措施下，全区经济逐步摆脱木材停伐等政策性调整和市场性因素的影响后奋力走出低谷，经济呈现回暖势头（见图 5-4），截至 2016 年，三次产业同

步发力，第一、第二、第三产业增速分别达到 8.2%、5.0% 和 4.4%，GDP 实现了 6.3% 的增速，全区经济实现全面复苏的状态。

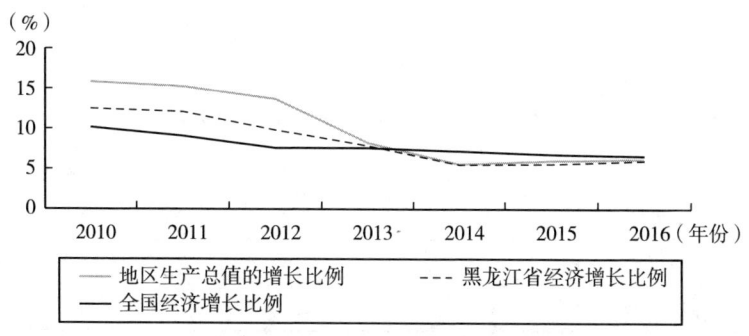

图 5-4　2010~2016 年大兴安岭地区和全省以及全国经济增长比例的比较

资料来源：2011~2017 年中国统计年鉴、黑龙江统计年鉴、大兴安岭统计年鉴。

大兴安岭地区是我国四大国有林区之一，伐木业是该区的主要经济活动，国家重点成矿带，矿产、林下、旅游等资源极为丰富，第一产业远远高于全省平均水平甚至全国平均水平。但近几年，大兴安岭地区按照适应把握经济发展新常态的要求，大力调整产业结构，最大限度地降低对林木资源的依赖，全力以赴保生态、促转型、抓改革、惠民生，努力发展第二产业和第三产业，在 2016 年第一产业的产值构成为 49.4%，远远高于省平均水平的 8.3%，全国平均水平 8.6%，第二产业产值为 9.2%，远低于省平均水平 32.6% 和全国平均水平 39.8%，第三产业的产值为 41.4%，略低于省平均水平 59.1% 和全国平均水平 51.6%（见表 5-29），第一产业就业构成也与产值构成类似（见表 5-30）说明该区经济依然以第一产业为主，但第三产业也是朝气蓬勃的发展，该区整体属于农业经济向工业经济发展的过渡阶段。第二产业和第三产业的增速在调整产业结构的时候都出现了很大的降低幅度，第二产业从 2010 年的 31% 下降到 2011 年 7%，以后渐稳定在全国平均水平，第三产业随后在 2010 年有所增加，但很快在 2011~2013 年便出现断崖式的下降，甚至比第二产业更严重，一度低于省平均水平和全国平均水平，如图 5-5~图 5-7 所示。

表 5-29　　2016 年大兴安岭地区三次产业产值构成　　单位:%

地区	第一产业构成	第二产业构成	第三产业构成
大兴安岭	49.4	9.2	41.4
全省平均	8.3	32.6	59.1
全国平均	8.6	39.8	51.6

资料来源：2017 年中国统计年鉴、黑龙江统计年鉴、大兴安岭统计年鉴。

表 5-30　　2016 年大兴安岭地区年三次产业就业构成　　单位:%

地区	第一产业就业构成	第二产业就业构成	第三产业就业构成
大兴安岭	41.4	20.9	37.6
全省平均	41.0	24.6	34.5
全国平均	27.7	28.8	43.5

资料来源：2017 年中国统计年鉴、黑龙江统计年鉴、大兴安岭统计年鉴。

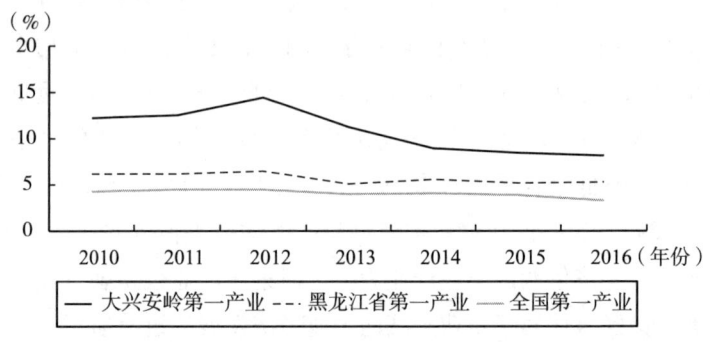

图 5-5　2010~2016 年大兴安岭地区和全省以及全国第一产业增长速度比较

资料来源：2011~2017 年中国统计年鉴、黑龙江统计年鉴、大兴安岭统计年鉴。

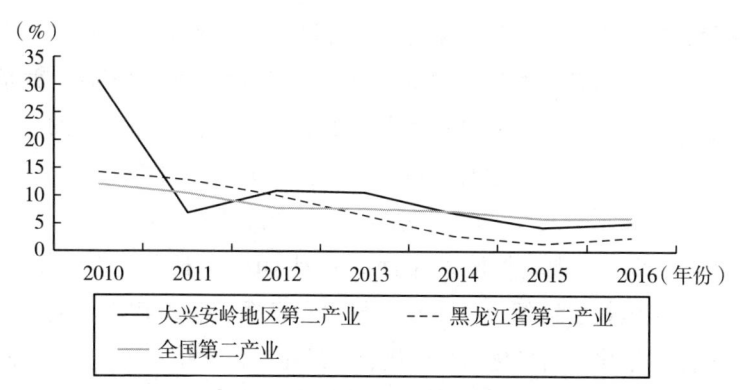

图 5-6　2010~2016 年大兴安岭地区和黑龙江省
以及全国第二产业的增长速度比较

资料来源：2011~2017 年中国统计年鉴、黑龙江统计年鉴、大兴安岭统计年鉴。

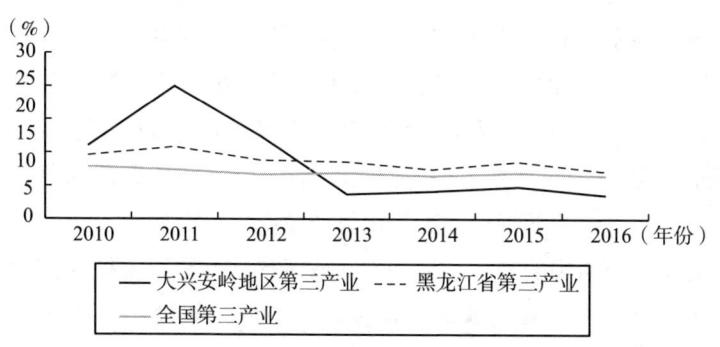

图 5-7　2010~2016 年大兴安岭地区和黑龙江省
以及全国第三产业增长速度比较

资料来源：2011~2017 年中国统计年鉴、黑龙江统计年鉴、大兴安岭统计年鉴。

大兴安岭地区已经具备了发展现代化城市的外部环境，地区行政公署在2016年提出了创新发展"六大产业"、深入实施"三大工程"理念，主动适应经济发展新常态，把"六大产业"突出转型发展为重点，发展生态旅游业、森林生态食品业、生物医药业、森林碳汇业、水经济和绿色矿业、文化产业。把生态环境优势、特色资源优势、水经济发展优势、文化富集优势、政策叠加优势、社会稳定优势都转化为该区经济发展的动力。实施"三大工程"是夯实转型发展的根基,第一,实施生态建设工程,就是加强资源保护,推进森林培育和抓好森林防火,更加科学的、系统的、严格的保护好森林资源。第二,实施民生改善工程,深入推进全民创业,大兴安岭地区在2016年全民创业人数达7.4万人,增长5.8%,实现增加值37亿元,拉动GDP增长3.2个百分点。第三,实施基层组织提升工程,强化和发挥党组织政治功能,全面实施网格化、信息化、社会化、法治化、科学化"五化"管理,着力在全民创业、扶贫开发、社区建设、环境保护、抢险救灾等各个领域形成一批重点服务项目,并加大对这些项目的扶持力度。

虽然大兴安岭地区经济发展具有良好的内外部环境支持,但是自身发展依然面临很多挑战,目前,大兴安岭地区已经进入了经济结构发展的"阵痛期",作为林业资源型的城市,受自然环境影响较大,如果没有完善的技术支持,在遇到自然灾害的时候,第一产业的产值将会大打折扣,大兴安岭地区的工业经济主要是"煤""木""矿",产业群比较单一,一方面新的绿色食品蓝莓、木耳、北药种植加工等优势产业尚在培育阶段,短时间难以实现产业结构的转型,另一方面该区缺乏具有巨大拉动作用的重大项目,工业基础薄弱,企业布局分散,规模小,科技含量低,缺乏经济结构转型的动力。

大兴安岭地区当务之急就是调整产业结构,从第一产业为主逐步转化为以第二、第三产业为主,从粗放型向集约型转化,根据自身资源优势和区位条件,发展自身优势企业,突出特色,避免产业趋同。一是调整第一产业的布局,发展特色优势产业,例如,当地的蓝莓产业、特色动物养殖业、食用菌产业及山产品采集业等,把这些绿色、有机、生态的产业做出自己的品牌,利用科技创新,把这些传统产业都转变为现代化产业。二是推动工业化结构调整,一方面,扶持中小企业发展,将其发展为有规模、有能力的大企业,另一方面,支持自主创业,也要有针对性的引进一批科技含量高、投资规模大、带动能力强的大企业,并制定吸引人才的政策环境,搭建各类人才施展才华、实现价值的平台,共同帮助当地企业协调发展。三是加快生产性服务业的发展,扩大内需潜力,增加就业机会,改善民生,例如,建立绿色食品旗舰店、淘宝特色产品、微信公众号等现代化营销模式,建立起产供销一条龙的经营模式,在互联网产业发展的同时,也带动全区快递服务能力和服务水平的提高,这样积极推进互联网产业产品的研发、生产、营销能力,能够切实增强产业创新能力,提升产业发展水平。

三、齐齐哈尔市的产业结构调整与生态经济协调发展

通过对齐齐哈尔市产业结构状况的分析,我们可以清楚地看到第一产业在齐齐哈尔市经济发展中的分量以及发展活力,由此可以看出第一产业不仅不是齐齐哈尔市经济发展的阻碍,反而是其经济发展的引领力量。所以为了更好地发挥齐齐哈尔市第一产业的发展优势,对其做进一步的分析研究是十分必要的。通过对齐齐哈尔市 2010~2014 年农、林、牧、渔及其服务业增速状况(见表 5-31)和齐齐哈尔市 2010~2014 年农、林、牧、渔及其服务业占第一产业比重状况(见表 5-32),可以看出农业和畜牧业是齐齐哈尔市第一产业的支柱行业,但是在农业领域近年来的发展速度呈现出连年下降的趋势,因此农业领域的改革十分必要。

表 5-31　　2010~2014 年齐齐哈尔市农、林、牧、渔及其服务业增速状况　　单位:%

产业	2010 年	2011 年	2012 年	2013 年	2014 年
农业	8.9	9.6	12.2	4.4	3.7
林业	7.0	-2.1	1.9	1.4	-0.2
畜牧业	12.2	12.9	9.9	7.0	12.1
渔业	5.5	1.0	2.7	2.9	8.3
农林牧渔服务业	14.3	18.7	3.5	-0.9	5.5

资料来源:2011~2015 年齐齐哈尔统计年鉴。

表5-32　　2010~2014年齐齐哈尔市农、林、牧、
渔及其服务业占第一产业比重　　　单位：%

产业	2010年	2011年	2012年	2013年	2014年
农业	60.8	59.4	62.7	59.5	57.9
林业	1.1	1.1	0.9	1.0	1.0
畜牧业	36.0	37.5	34.5	37.5	39.0
渔业	1.7	1.6	1.5	1.6	1.7
农林牧渔服务业	0.3	0.3	0.3	0.3	0.3

资料来源：2011~2015年齐齐哈尔统计年鉴。

就齐齐哈尔市产业结构的总体状况来看，发展潜力最大的产业便是第二产业，第二产业的发展不仅是城镇化过程的必要环节，而且可以创造大量的就业机会，通过齐齐哈尔市2014年第二产业的增速（见表5-23）以及城镇新增就业人口状况（见表5-25）的对应关系可以清楚地看到这一点。

在对外贸易方面，2014年齐齐哈尔市在进出口贸易总额方面的增长速度远远高于同期全国的平均水平（见表5-33），由此可见，对外贸易也是齐齐哈尔市经济发展的一大特色，要继续保持这一经济发展特色，不仅要在畜牧农产品方面发挥贸易优势，也要在工业制造方面"走出去"。

表5-33　　2014年齐齐哈尔市进出口贸易增长状况　　单位：%

地区	进出口总额增速	出口贸易额增速	进口贸易额增速
齐齐哈尔市	10.0	11.7	2.6
全国	2.3	4.9	0.6

资料来源：2015年齐齐哈尔统计年鉴。

关于齐齐哈尔市产业结构调整与生态经济的协调并进发展已经

清楚的体现在《东北振兴"十三五"规划》中了（见表 5-34）。

表 5-34　　"十三五"规划时期齐齐哈尔市相关方面的建设

工业方面	齐齐哈尔核电装备制造基地； 齐齐哈尔轨道交通装备制造基地； 齐齐哈尔数控机床制造基地； 齐齐哈尔农机装备制造基地； 齐齐哈尔石化成套装备基地； 齐齐哈尔冶金成套装备基地； 哈尔滨—齐齐哈尔清洁能源装备产业集群； 齐齐哈尔重型数控机床产业集群
服务业方面	打造"候鸟式"休闲康养基地，开展康养服务业综合改革试点
基础设施建设	培育齐齐哈尔—赤峰二级经济轴带； 四平至齐齐哈尔铁路； 齐齐哈尔至加格达奇铁路； 扩建齐齐哈尔机场； 推进齐齐哈尔综合交通枢纽建设
生态环境	沙地盐碱地治理——齐齐哈尔河湖联通工程； 加强嫩江流域的生态保护

资料来源：国家发展改革委：《东北振兴"十三五"规划》。

第三节　现代林业与能源产业的生态建设

一、现代林业与生态建设

大兴安岭地区位于黑龙江省和内蒙古自治区东北部，可以说是中国的最北端，气候属于寒温带大陆性季风气候，冬长夏短，特别是漠河、洛古河地带，冬季长达 7 个月以上，而且日照时间特别短，山脉北段是中国东部地区最冷之地，冬季严寒（平均气温 -28℃），有大面积多年冻土区，该地区自开发建设以来，由于长期的过量采伐所造成的可采森林资源锐减以及森林火灾的影响，林区的森林、湿地等主要生态系统受到不同程度的破坏，生态功能明显弱化。由于森林生态失去平衡，使得与落叶松相伴生的多年冻土呈现由南向北区域性退化趋势，冻土层变薄或消失，直接改变了森林发育的生境条件；森林涵养水土、防风固沙、纳碳贮碳等生态功能降低，不仅对东北、华北地区的生态屏障作用不断减弱，而且区域内旱涝、火灾等自然灾害频繁发生；平均气温上升，降水量下降，呈现高温少雨的干旱气候，极端有害天气增多；黑龙江沿岸水土流失严重。全区沙化土地总面积为40.78万平方公里，占国土总面积的34.48%；有明显沙化趋势土地面积17.4万平方公里，占国土面积的14.71%，河流湿地总面积6.01万平方公里，占国土面积5.08%。大兴安岭地区沙地分布情况如表5-35所示。

表5-35　　　　　　　　　沙地分布情况

地区	沙化分布区	地理坐标	沙化成因
科尔沁沙地	大兴安岭南段山地与科尔沁沙地北缘交界处	东经 119°31′~122°17′ 北纬 44°15′~45°10′	生态环境脆弱、土壤机制不稳定，风势强劲，而且风的作用和干旱季节是同期的
毛乌素沙地	鄂尔多斯高原东南部和陕西长城的沿线上	东经 107°20′~111°30′ 北纬 37°27.5′~39°22.5′	该地区属于非季风区，西北风沙侵蚀，而且人类过度放牧、垦殖，黄河及地下水枯竭
浑善达克沙地	燕山北缘的低山丘陵与大兴安岭西南缘的低山丘陵交会地带	东经 107°20′~111°30′ 北纬 37°27.5′~39°22.5′	受东亚季风及其变迁影响，环境遭到破坏，出现一系列活化，沙漠扩展与沙丘固定
呼伦贝尔沙地	大兴安岭西麓丘陵漫岗与达赉湖和克鲁伦河以及蒙古相连地带	东经 121°17′~123°29′ 北纬 46°01′~46°46′	由于近年来持续的干旱，加之传统的生产生活方式，且保护和建设意识淡漠，出现了固定沙丘活化、风蚀坑

续表

地区	沙化分布区	地理坐标	沙化成因
西乌珠穆沁沙地	大兴安岭北麓	东经 116°21′~119°31′ 北纬 43°57′~45°23′	水土流失严重

资料来源：2017年大兴安岭年鉴。

若任其发展下去，大兴安岭的生态环境必将进一步恶化，并直接威胁到区域国土生态安全，一方面，气候呈现逐年恶化趋势，干旱、洪涝、低温、大雪、冰雹，春季晚霜冻等灾害不断出现，湿地功能减弱，水资源减少和水环境变异，造成了林区湿地面积萎缩，贮水量下降；另一方面，冻土退化，水土流失严重。特别是大兴安岭黑土区水土流失问题较为严重，总的来说都是因为开采与砍伐过度、超载放牧，毁草毁林严重，根据2010年公布的第四次全国土壤侵蚀遥感普查数字统计，大兴安岭林区水土流失面积为41191平方公里。其中：水力侵蚀为9542平方公里，占总面积19.63%，风力侵蚀为28976平方公里，占总面积53.31%，冻融侵蚀为2673平方公里，占总面积40.03%，表5-36是大兴安岭地区水土流失比较严重的地方。

表5-36　　　　　　水土流失情况

地区	总面积（万平方公里）	林草覆盖率（%）	水土流失类型	水土流失占总面积比（%）	水土流失原因
大兴安岭山地水源涵养生态维护区	19.62	86.3	水蚀与冻融侵蚀	5.1	矿山和沙区过度开采，林草地破坏严重
大兴安岭东南低山丘陵土壤保持区	15.49	54.1	水蚀与风蚀	32.7	毁林毁草开荒，超载放牧，地处暴雨中心

续表

地区	总面积（万平方公里）	林草覆盖率（％）	水土流失类型	水土流失占总面积比（％）	水土流失原因
呼伦贝尔丘陵防沙生态维护区	8.31	74.2	风蚀	30.3	超载放牧、滥垦乱挖、生产建设项目无序开展和气候变迁等综合因素

资料来源：2017年大兴安岭统计年鉴。

大兴安岭地区是东北地区重要的水源涵养和生态屏障区，水土流失敏感性及潜在性较高，一旦薄层表土流失，基岩出露，则极难恢复原有的生态功能，水土保持重点是强化现有林草生态系统修复、严格限制矿产资源开发、提高生产建设项目，还应以坡耕地和侵蚀沟治理为重点，开展水土保持综合治理，进一步加大森林草原资源保护力度，依法严厉打击乱砍盗伐和毁林毁草开荒行为，强化草场管理，推行轮封轮牧、舍饲圈养等措施。

专栏 5-1

林业生态保护与建设工程

- 自治区重点区域绿化工程。
- 天然林资源保护二期工程。
- 三北防护林工程。
- 新一轮退耕还林还草工程。
- 自然保护区建设项目湿地保护与修复项目。
- 湿地保护与恢复项目。
- 森林公园建设项目。
- 京津风沙源治理工程。

> - 石漠化综合治理工程。
> - 沙化土地封禁治理工程。
>
> 资料来源:《大兴安岭地区国民经济和社会发展第十三个五年规划纲要》。

专栏 5-2

水土保持重点建设工程

> - 坡耕地水土流失综合治理工程。
> - 国家水土保持重点建设工程。
> - 东北黑土区农业综合开发水土流失重点治理工程。
> - 重点小流域综合治理工程。
>
> 资料来源:《大兴安岭地区国民经济和社会发展第十三个五年规划纲要》。

实现生态建设与经济发展的良性互动。截至 2016 年大兴安岭地区林地面积达 703.29 万公顷,森林覆盖率为 84.21%(见表 5-37),林分平均公顷蓄积 80.7 立方米,比 5 年前有林地面积提高了 24.93 万公顷,活立木总蓄积提高了 0.47 亿立方米,森林覆盖率提高了 2.98 个百分点,林分平均公顷蓄积提高了 3.4 立方米,生态建设工程正在稳步推进中,为大兴安岭地区经济的持续稳步发展奠定了坚实的基础。

表 5-37　2016 年大兴安岭地区土地沙漠化治理情况

地区	自然保护区面积（千公顷）	全年完成造林面积（千公顷）	年末森林面积（千公顷）	森林覆盖率（%）
大兴安岭	2604.6	230.6	7032.9	84.21
黑龙江省	12680	70.41	24879000	21.03

资料来源:2017 年黑龙江统计年鉴、大兴安岭统计年鉴。

在2008年，大兴安岭被国家确定为首批资源枯竭地区，国家给予了大量的政策和资金支持，探索转型路径和模式，10年来，大兴安岭地区重点保护森林资源，大力发展接替产业，并取得了重大成果。相比于转型初期，2017年地区生产总值完成了143.8亿元，提高了1.45倍；全口径财政收入实现了12.16亿元，提高了1.22倍；固定资产投资完成49.5亿元，提高了1.75倍；城镇居民可支配收入实现21803元，提高了1.8倍；农村居民人均纯收入实现11349元，提高了1.75倍；活立木总蓄积、有林地面积、森林覆盖率分别达到5.82亿立方米、684.1万公顷和81.91%，分别增长和提高6772万立方米、29.1万公顷和3.3%。[①]

从表5-38中可以看出，大兴安岭林区的木材产量在2009年开始减少，甚至在2011年减少了56.9%，直到2014年全面停止砍伐，但是在2013年之前，大兴安岭地区林业产值都是不断增加的，在2012年产值甚至增加了19.4%，虽然在2014年全区经济开始步入停伐"阵痛期"、经济"减速期"和转型"攻坚期"，林业产值出现一个断崖式的锐减，与此同时，该地区的生态旅游业、森林食品业、绿色矿业、境外采伐等林下经济蓬勃发展，推动林业产值在2015年以后取得缓慢的增长。

表5-38　　　　2008~2016年大兴安岭地区林业产值

指标	2008年	2009年	2010年	2011年	2012年	2013年	2014年	2015年	2016年
林业产值（亿元）	21.76	23.69	25.22	31.25	37.67	43.48	32	32.79	33.55
增长比例（%）	13.23	14.6	2.8	12.6	19.4	14.3	-20	0.1	8.5
木材产量（万立方米）	252	220.9	198.2	85.4	69.5	56.5	—	—	—
增加比例（%）	15.73	-12.37	-10.3	-56.9	-18.6	-18.7	—	—	—

资料来源：2009~2017年大兴安岭统计年鉴。

---

① 资料来源：2017年大兴安岭年鉴。

大兴安岭地区有丰富的天然资源,据专家预测,每年仅纳碳、贮碳、制氧等方面的生态服务价值高达1163亿元,林内有野生动植物1200余种,野生蓝莓储量占全国的90%,占世界的30%,"中国北极蓝莓"被确定为国家地理标志保护产品,同时大兴安岭地区也被国内权威媒体授予"中国最佳休闲度假旅游目的地",原始大森林、天然大湿地、壮美大冰雪、神奇大界江,等等,其中北极村在2015年晋升为国家5A级景区,并入选全国首批"特色景观明镇"。区内煤炭、有色金属、贵金属和矿泉水等矿产资源丰富,已经发现矿产资源40多种,矿产地600余处,成为我国有色金属开发和冶炼加工的潜在经济区。2016年大兴安岭地区林下经济的累积产值如表5-39所示。

表5-39　　2016年大兴安岭地区林下经济的累积产值　　单位:亿元

指标	食用菌	山野菜	林果	北药	林木苗圃及花卉	森林畜牧养殖	生态旅游	林木加工	水经济	林业碳汇业
产值	10.54	0.21	6.57	43.97	5.66	12.21	34.64	23.09	6	0.79

资料来源:2017年大兴安岭统计年鉴。

林下经济作为林区经济的重要组成部分,相对木材资源,投资回报周期短,可以实现短期得利、长期得林、以短养长的良性循环,逐渐成为创业工程的主要产业集群。

1. 食用菌产业

由于林区独特的气候条件,很适合菌类的生长,大兴安岭地区菌类种类丰富,产量庞大(见表5-40),菌类的种植逐渐发展为产业群。

表 5 - 40　　2016 年大兴安岭地区食用菌种类及产量　　单位：万袋

总产量	黑木耳	滑子菇	灵芝	猴头	平菇	香菇	北虫草	椴木耳
20167.5	16994	1319	636	453	337	270	98.5	60

资料来源：2017 年大兴安岭统计年鉴。

2. 山野菜产业

大兴安岭地区各类山野菜储量约 49 万吨，年允收量约 7.2 万吨，2005~2013 年，地区科研部门进行了野菜培栽实验，成功培出老山芹、黄花菜、北苍术、四叶菜、牛蒡等 20 余中野菜，建立 5 公顷森林野菜驯化试验及老山芹种植示范基地。

3. 林果产业

大兴安岭地区野生浆果主要以蓝莓、红豆为主，在 2016 年蓝莓产业实现产值 6.57 亿元，全区蓝莓加工企业已达 21 家，产品十大类 160 多个品种，努力将大兴安岭地区打造为林果生产加工基地。

4. 北药产业

大兴安岭地区拥有黄芪、苍术、赤芍、沙参、百合、断肠草、柴胡、龙胆、紫菀、杜香、杜鹃等 85 科 192 属 600 余种，其中属于国家规定珍稀濒危保护药材的有 20 多种。

5. 林木种苗及花卉产业

大兴安岭地区现有苗圃 37 处，其中国有苗圃 13 处、私有苗圃 24 处，平均每年提供造林绿化苗木 5000 万株左右。

6. 森林畜牧养殖产业

大兴安岭地区已建成标准化畜禽养殖基地 50 个，科技示范典型大户达 101 个，森林猪养殖协会在北京、上海、青岛等大中城市开设大兴安岭森林猪产品专卖店 12 家。

7. 生态旅游业

全区已建成旅游景区 23 个，包括 5A 级景区 1 个、4A 级景区1个、3A级景区12个，国家级农业旅游示范点1个、4S级旅游滑雪场1处，有以桦树皮画、版画、蓝莓和鄂伦春工艺品为代表的地方特色产品生产企业110家，在2016年旅游接待人数突破3446万人次。

8. 林木加工产业（对外合作）

这里有以漠河为中心组建的拥有独立知识产权、专利权的高科技含量的木结构建筑材料生产基地，以塔河为中心组建生物质能源电碳联产生产基地，以新林为中心组建人造板生产基地，以松岭为中心组建生物质能源生产基地，以加格达奇恒友家具为中心组建家具生产基地，5个生产基地形成完整的产业链关系。

9. 水经济产业

加大推动矿泉水资源规划、调查评价和项目审批力度，大力扶持农夫山泉股份有限公司，引导矿泉水生产厂家扩大生产规模。

10. 林业碳汇业

全区碳汇造林规划总面积23.95万公顷，规划年均碳汇量132万吨二氧化碳当量。2016年，全区创业品种达39种，其中特色创业品种比创业之初增加了9种，已达25种，占创业品种的64.1%。目前，蘑菇、灵芝、猴头等经济品种的养殖规模占食用菌养殖的近三成，干灵芝每公斤售价高达600多元；中草药种植及抚育面积由最初的4.8万亩增到现在的10万亩；特色动物养殖种类扩大，狐貂销售由14.9万只增到17万只；冷水鱼养殖由779万尾猛增到1268万尾；人工、野生蓝莓种植面积和抚育面积也有显著增加。

二、能源城市转型与生态建设

随着社会经济飞速发展，生态建设和环境保护是经济发展必须面对的问题，经济的高速发展和城市化的推进，需要对生态环境的重要性有清晰的认识，审时度势的采用合理措施，推动生态和经济建设协调发展。

习近平总书记在党的十九大报告中指出，加快生态文明体制改革，建设美丽中国。同时全面建成小康社会决胜期也要求打好"污染防治"的攻坚战。《大庆市国民经济和社会发展第十三个五年规划纲要》提出：大庆成为东北地区唯一通过第六阶段标准验收的"国家环境保护模范城市"，全省首个"省级生态城市"。

按照环保部门颁布的文件，大庆市制定了《大庆市生态保护红线划定工作方案》。所谓生态保护红线是指在自然生态服务功能、环境质量安全、自然资源利用等方面，需要实行严格保护的空间边界与管理限值，以维护国家和区域生态安全及经济社会可持续发展，保障人民群众健康，它是维护生态安全的"生命线"、是维护公众健康的"保障线"、是促进可持续发展的"警戒线"。

大庆市作为能源城市在能源的开采开发过程中主要存在生态破坏问题。"大庆油田"作为其主要能源勘探开发区，在开发过程中，油田开采区植被严重破坏，裸地面积扩大，环境受到污染。例如，在油田开发生产中，修建油田路、埋设各种管线、挖掘引水渠和排污渠、建筑油水泵站及厂矿办公场所等，占据了大面积草原，并将草原条块分割得支离破碎，裸地面积扩大。而且，油田在钻井、修井、洗井等生产过程及事故排放等环节产生的落地原油、洗井废水等对植被、土壤、水体造成了不同程度的污染。虽然大庆市在能源开发中造成了生态环境破坏，但是近几年中，该市也在不断地进行生态环境建设，发展清洁能源，恢复植被等。

大庆市在传统石油、气化等能源的基础上，也在不断地发展新能源或者清洁能源，推动大庆市生态经济的发展。据大庆市国土资源局统计数据显示，初步探明有 5000 亿立方米的地热水储量，如用来发电，可以发电 10.5 万亿度。而且大庆市蕴藏的地热水产生的能量相当于燃烧 35 亿吨标准煤。这样不但可以解决用电问题，而且也能发展新能源，优化了能源结构；风能作为一种清洁的可再生能源，成本较低，取用不尽。大庆市也在建设光伏发电站，2017年中广核新能源控股有限公司投资建设了红骥、宏伟、对山、银浪4.95万千瓦四个风电场及红骥（20MWp）光伏项目，并且已经全部实现并网发电，不但具有生态效益，也具有经济效益，可以解决200余人的就业问题。

大庆市土地盐碱化、土地沙化问题较为突出。大庆市地貌类型属于松花江嫩江冲积一级阶地，地势平坦，海拔高度在126~165米，高处多为平缓漫岗，低处是沼泽、湖泊（泡子），而处于它们之间的低平地是广阔的农耕区和放牧区，在其间"高中低，洼中高"地方分布有许多盐碱地，区内多封闭的湖泊，变干后就是一片盐碱化景观。土地盐碱化不仅导致可耕土地数量的减少和土地质量的降低，影响植被的生长发育，使作物减产，而且影响整个地区生态系统，造成区域水盐平衡的破坏，严重威胁当地的生态安全。同时大庆市位于黑龙江省西部，沙地面积大，属于松嫩沙地一部分，生态环境十分脆弱，表现为降水少，西北风强劲，土壤疏松，多风沙土，占土壤类型总面积的27%，土地极易沙化，且面积较大，是危害大庆市的主要风沙区及风口，一定程度上制约了大庆市的农畜牧业的发展，影响当地经济的增长。大庆市是国家防沙治沙工程重点建设区。近年来，由于不合理的开垦，草地长期过度放牧，有80%的耕地出现不同程度的风蚀现象，草原"三化"现象比较严重，还形成了300多个大小不等的风蚀坑。治理好这一区域的沙源，也就是在大庆市西部建了一道绿色生态屏障，使该地区人民的生产、生活得到保障，也使大庆市区免遭风沙侵害。

大庆市可以通过调整与改善土地利用结构，加强环境治理，使经济发展与保护耕地相结合，合理开垦和保护草场资源，运用3S技术科学管理土地资源，使大庆市的土地资源持续健康地发展。

因此，大庆市在解决土地生态问题方面，还应继续积极努力。大庆市的绿化面积以及森林的覆盖率都有所上升。大庆市是国家三北防护林工程和防沙治沙工程重点地区，依托国家三北防护林等工程项目，应不断推进治沙造林、农防林和村屯道路绿化。同时全力推进"东移北扩、南进西拓"发展战略，对连接东、西城区的油田生产区重点进行规模化的绿化。2011~2014年，大庆完成造林绿化58.4万亩，成活率接近90%。而且2015年大庆市人工造林面积已经达399.8万亩，森林覆盖率12.8%。2016年，基于全国土地调查结果显示，大庆市草地面积544.54万亩，全部实行禁牧；2016年完成造林5.34万亩，为省计划的124%；2016年底，人工林面积达408.9万亩，森林覆盖率由2015年的12.8%提高到12.85%。耕地保有量898.05万亩，基本农田保护面积844.8万亩；建成区绿化覆盖面积16.83万亩，绿化覆盖率为45.6%，区域生态环境质量进一步提升。大庆市地处松嫩平原，由于地势低平，形成了广阔的湿地，湿地地区的范围有120万公顷，占全国已知湿地总面积的4.95%，接近1/20，占大庆市土地总面积的六成，所以说湿地的恢复与保护至关重要。2015年大庆市通过梯田截水、稻田育苇等方法，有效治理土地盐碱化，改善湿地周边生态环境，恢复湿地面积737.7公顷。

2011~2016年大庆市的森林覆盖率、建成区绿化覆盖率虽然增速较慢，但是都是处于上升阶段（见表5-41），可以看出，绿化乃至生态环境的改善是一个长期的过程。

表5-41　　　　　　　2011~2016年大庆市绿化情况

指标	2011年	2012年	2013年	2014年	2015年	2016年
森林覆盖率（%）	11.00	11.50	12.00	12.50	12.80	12.85

续表

指标	2011年	2012年	2013年	2014年	2015年	2016年
绿化覆盖面积（万亩）	15.21	15.78	16.37	16.37	16.76	16.83
建成区绿化覆盖率（%）	45.10	45.20	45.30	45.30	45.50	45.60

资料来源：2012~2017年大庆统计年鉴。

由于大庆市现阶段还是以工业为主，所以对环境污染还是存在的。但是在环境治理方面，大庆市也做着各方面的努力，具体包括在空气、水、污染物排放等方面。2016年进行了全年环境空气质量自动监测，其优良天数为326天，环境空气质量优良率为89.1%。由图5-8可以看出，2007~2016年大庆市的空气优良天数呈现先下降又缓慢上升的趋势，而首要污染物为"细颗粒物（PM2.5）"。2014~2016年的空气指数优良率有所提升（见表5-42），主要污染物在2015年指数较高，2016年相比较之下指数降低，空气环境相对得到改善。

图5-8 2007~2016年大庆市优良天数年度变化情况

资料来源：2008~2017年大庆统计年鉴。

表 5-42　　2014~2016 年大庆市空气污染年均指标变化情况

指标	2014 年	2015 年	2016 年
环境空气质量优良率（%）	87.10	87.30	89.10
可吸入颗粒物（PM10）（微克/立方米）	61	62	59
细颗粒物（PM2.5）（微克/立方米）	43	45	38
二氧化硫（微克/立方米）	18	18	15
二氧化氮（微克/立方米）	23	25	28

资料来源：2015~2017 年大庆统计年鉴。

2011~2016 年大庆市污染物的排放基本都处于下降趋势（见表 5-43），各类污染都有具体的排污处理系统。以 2016 年为例，大庆市建成机动车排气污染监控监管网络系统，淘汰黄标车与老旧车，加强对车辆环保标识的检测，有效监管车辆的排污指标；针对水污染，大庆市全市共建有工业废水治理设施 204 套，城市生活污水处理厂 11 座，并且已安装重点污染源废水污染物在线自动监测设备 65 台；工业废弃物方面，其处置利用率

表 5-43　　　　　　　2011~2016 年污染物排放情况

年份	废气（吨）			废水			固体废弃物		
	二氧化硫	氮氧化物	烟（粉）尘	废水（万吨）	化学需氧量（吨）	氨氮（吨）	工业固体废物（万吨）	医疗废物（吨）	生活垃圾（万吨）
2016	22041.60	63154.20	26138.18	14229.73	4641.49	1166.92	331.96	2307.04	33.71
2015	39346.00	74443.00	33824.88	14014.64	136779.00	5299.00	346.72	2262.84	34.54
2014	40522.00	95729.20	47271.35	13450.27	138945.00	5443.00	319.30	2415.13	34.50
2013	49120.00	96926.00	27441.33	14504.96	142792.17	5658.18	318.81	2070.97	33.90
2012	57140.00	98895.00	38378.00	15401.00	145112.31	5887.80	330.01	1589.60	32.12
2011	59015.00	98709.40	28488.84	13758.42	152046.42	6135.91	331.43	1221.90	29.20

资料来源：2012~2017 年大庆统计年鉴。

高达90%以上，达到安全贮存、处置、利用的标准。大庆市四县医疗废物统一收集、暂存，转移至大庆龙铁医疗废物处理有限公司统一处置。2016年，市区生活垃圾达清运率96.85%，生活垃圾无害化处理率96.85%。截至2016年，大庆市在污染物排放的处理方面已经作出许多努力。全市共有工业固体废物填埋场7座；危险废物焚烧处理设施4座（其中：医疗废物处理设施1座）；含油污泥处理站6座；市区共有生活垃圾处理设施2座，垃圾转运站32座；四县各有1座生活垃圾无害化填埋场。

在水污染方面，大庆市为深入贯彻国家关于资源产品价格改革的有关要求，促进水污染防治，改善水环境质量，将非居民污水处理费征收标准从1.2元/立方米调整至1.4元/立方米。对于废气中污染物的排污费用按照国家或省的标准调整征收。对于企业排放污染物实行差别收费政策，建立约束激励机制。

第六章

内蒙古自治区东部生态经济带建设

内蒙古自治区东部生态经济带主要包括蒙东地区的三市两盟，即赤峰市、通辽市、呼伦贝尔市、兴安盟和锡林郭勒盟，蒙东地区既是全国重要的农畜产品生产加工基地、能源基地和新型化工基地，也是北方重要的生态安全屏障。在生态经济带建设中，需要加快转变经济增长方式，推进生态文明建设，协调经济发展、资源消耗和环境保护之间的关系。

第一节 兴安盟经济发展和生态建设

一、兴安盟经济发展的总体评价

从经济存量的角度，通常以人均生产总值作为判断地区经济发展阶段的指标，2015年兴安盟人均生产总值为31391万元，占内蒙古自治区人均生产总值的44.1%，占全国人均生产总值的62.9%；2014年兴安盟人均生产总值为27464万元，占内蒙古自治区人均生产总值的38.7%，占全国人均生产总值的58.2%；2013年兴安盟人均生产总值为24668万元，占内蒙古自治区人均生产总值的36.4%，占全国人均生产总值的56.3%，由此可判断，兴安盟经济总量较小，属于经济欠发达地区（见表6-1）。从三次产业产值构成来看，第一产业的产值构成在25%左右，第二产业的产值构成在40%左右，第三产业的产值构成在35%左右（见表6-2）。从三次产业就业构成来看，第一产业的就业构成为59.8%，第二产业的就业构成为9.8%，第三产业的就业构成略高于30%（见表6-3），由以上数据分析可知，兴安盟农牧业基础薄弱，工业发展水平较低，服务业发展不足。

表6-1　　　　2013~2015年兴安盟人均生产总值及与
全自治区和全国平均水平的比较

地区	2013年			2014年			2015年		
	人均生产总值（元）	占全自治区平均比重（%）	占全国平均比重（%）	人均生产总值（元）	占全自治区平均比重（%）	占全国平均比重（%）	人均生产总值（元）	占全自治区比重（%）	占全国比重（%）
兴安盟	24668	36.4	56.3	27464	38.7	58.2	31391	44.1	62.9
全自治区平均	67836	—	—	71046	—	—	71101	—	—
全国平均	43852	—	—	47203	—	—	49922	—	—

资料来源：2014~2016年中国统计年鉴、内蒙古统计年鉴、兴安盟统计年鉴。

表6-2　　　　2015年兴安盟三次产业产值构成　　　　单位：%

地区	第一产业构成	第二产业构成	第三产业构成
兴安盟	24.9	39.6	35.5
全自治区平均	9.1	50.5	40.5
全国平均	8.9	40.9	50.2

资料来源：2016年中国统计年鉴、内蒙古统计年鉴、兴安盟统计年鉴。

表6-3　　　　　2015年兴安盟三次产业就业构成　　　单位:%

地区	第一产业就业构成	第二产业就业构成	第三产业就业构成
兴安盟	59.8	9.8	30.4
全自治区平均	39.1	17.1	43.8
全国平均	28.3	29.3	42.4

资料来源:2016年中国统计年鉴、内蒙古统计年鉴、兴安盟统计年鉴。

目前全国、内蒙古自治区都已进入工业化中期发展阶段,走上了"以工补农、以城带乡"全面、协调、快速发展的时期,而兴安盟的工业经济发展水平还处于工业起步阶段。兴安盟三次产业结构不合理,如表6-2所示,2015年兴安盟三次产业比例为:24.9∶39.6∶35.5,第一产业比重高于自治区15.8个百分点、第二产业低于自治区10.9个百分点、第三产业低于自治区5个百分点;第一产业比重高于全国16个百分点、第二产业低于全国1.3个百分点、第三产业低于全国14.7个百分点。这说明目前兴安盟的经济还是以农牧业为主的经济,同时也反映了工业对农牧业的带动能力太弱,工业所占比重小、水平低、链条短,对第一、第三产业缺乏较大的拉动作用。

从经济增量的角度,由兴安盟地区生产总值的变化趋势来看,2008~2015年,兴安盟的地区生产总值总体呈现出稳步增长的趋势(见图6-1)。具体用经济增长速度的指标来衡量,兴安盟在2010年经济增长速度达14%,2011年回落至10%左右,2012年增速又超过13%,2013~2015年降为8%~9%之间,经济增速总体呈下降趋势(见表6-4)。从三次产业增长速度来看,第二产业和第三产业降低的幅度较大,大于全国平均水平的降幅,也印证了存量角度所分析的结论:工业发展水平较低,服务业发展不足;由于第一产业受到总需求的影响相对较小,其降幅较小,但仍大于全国平均水平的降幅(见表

6-5、表6-6、表6-7)。

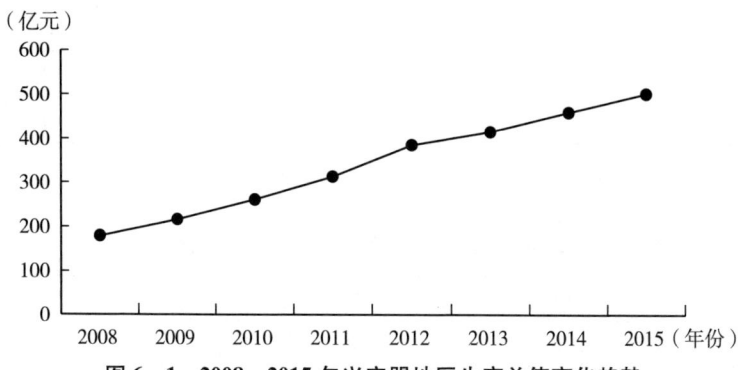

图6-1 2008~2015年兴安盟地区生产总值变化趋势

资料来源：2009~2016年兴安盟统计年鉴。

表6-4　　　2010~2015年兴安盟经济增长速度　　　单位：%

地区	2010年	2011年	2012年	2013年	2014年	2015年
兴安盟	14.0	10.4	13.5	8.0	8.5	9.0
全自治区平均	15.0	14.3	10.1	9.0	7.8	7.7
全国平均	10.6	9.5	7.9	7.8	7.3	6.9

资料来源：2011~2016年中国统计年鉴、内蒙古统计年鉴、兴安盟统计年鉴。

表6-5　　　2010~2015年兴安盟第一产业增长速度　　　单位：%

地区	2010年	2011年	2012年	2013年	2014年	2015年
兴安盟	7	7	7	5	6	5
全自治区平均	6	6	6	5	3	3
全国平均	4	4	5	4	4	4

资料来源：2011~2016年中国统计年鉴、内蒙古统计年鉴、兴安盟统计年鉴。

表6-6　　　2010~2015年兴安盟第二产业增长速度　　　单位：%

地区	2010年	2011年	2012年	2013年	2014年	2015年
兴安盟	18	19	22	10	11	11
全自治区平均	18	17	13	11	9	8
全国平均	13	11	8	8	7	6

资料来源：2011~2016年中国统计年鉴、内蒙古统计年鉴、兴安盟统计年鉴。

表6-7　　　2010~2015年兴安盟第三产业增长速度　　　单位：%

地区	2010年	2011年	2012年	2013年	2014年	2015年
兴安盟	16	5	10	8	8	10
全自治区平均	12	12	10	7	7	8
全国平均	10	10	8	8	8	8

资料来源：2011~2016年中国统计年鉴、内蒙古统计年鉴、兴安盟统计年鉴。

城市化率也是衡量一个地区社会经济发展水平的重要标志，2015年兴安盟城市化率为35.8%，低于全自治区59.3%的平均水平和全国56.1%的平均水平（见表6-8），兴安盟城市化发展水平总体上比较落后，农村人口所占比重较大。城市化发展水平的滞后，进一步阻碍了工业和服务业的发展，对于产业结构的转型升级和服务业的综合发展均带来不利影响。

表6-8　　　2015年兴安盟城镇及农村人口构成情况

地区	农村人口构成（%）	城镇人口构成（%）	城乡人口比
兴安盟	64.2	35.8	0.6
全自治区平均	40.7	59.3	1.5
全国平均	43.9	56.1	1.3

资料来源：2011~2016年中国统计年鉴、内蒙古统计年鉴、兴安盟统计年鉴。

通过以上数据分析，总体来看，兴安盟属于经济欠发达地区。经济总量小，人均收入低，经济仍以农牧业为主；经济结构不合理，农牧业基础薄弱，工业发展水平较低，服务业发展不足；工业所占比重小、水平低、链条短，不能大力带动农牧业和服务业的发展。

二、精准扶贫和对外开放

精准扶贫是指要通过科学、有效的程序与方法对不同贫困地区、不同贫困人口进行精准识别、精准帮扶、精准管理、精准考核的一种扶贫方式。过去10多年，内蒙古自治区的扶贫工作取得了一定进展，解决了100多万贫困人口的温饱问题，改善了基础设施，提高了公共服务能力。兴安盟属于内蒙古自治区扶贫工作的重点盟市，除乌兰浩特市之外兴安盟其余五个旗县市均长期列于贫困县名单中。据兴安盟扶贫办公室资料显示，2016年兴安盟贫困人口8.1万人，占全自治区贫困人口的15%，其中少数民族贫困人口占80%，因此，以下分析中选取了少数民族农牧民的相关指标进行分析。

兴安盟作为国家14个集中连片特殊困难地区之一，地处大兴安岭南麓，在全国特别是大兴安岭南麓片区非常具有代表性，属于典型的"老、少、边、穷"地区。全盟6个旗县市中，5个国家贫困旗县，1个自治区贫困旗县。857个嘎查村中有396个贫困嘎查村，贫困比例高达46%。兴安盟是全自治区贫困面积最广、贫困人口最集中、贫困程度最深、脱贫难度最大的地区。

近几年来，兴安盟在经济发展上取得了很大成就，人民生活水平有所提高，绝对贫困虽有所缓解，但相对贫困问题仍较为严重，比较2015年内蒙古自治区各盟市的GDP，兴安盟2015年GDP总量为502.31亿元，在12个盟市中排名倒数第二；人均GDP只有31391元，在12个盟市中排名倒数第一，是排名第一的鄂尔多斯市的15.19%，是内蒙古自治区人均GDP的43.71%，比全国人均 GDP 低 18601 元；农牧民人均可支配收入 7894 元，在 12 个盟市中排名倒数第一，是排名第一的阿拉善盟的 50.72%，是内蒙古自治区人均可支配收入的 73.26%，比全国农民人均可支配收入低 3527.7 元，如表 6-9 所示。

表 6-9　　2015 年全国、内蒙古自治区及各盟市 GDP、人均 GDP 及农（牧）民人均可支配收入

地区	GDP（亿元）	人均 GDP（元）	农牧民人均可支配收入（元）
全国	682635.1	49992	11421.7*
内蒙古自治区	18032.8	71814	10776
兴安盟	502.31	31391	7894
呼和浩特市	3171.6	10575	14517
包头市	3721.93	132253	13667
呼伦贝尔市	1595.96	63131	11632
通辽市	1877.27	60123	10757
赤峰市	1861.27	43269	8812
锡林郭勒盟	1002.60	96292	12222
乌兰察布市	900.87	42762	9085
鄂尔多斯市	4226.1	206645	14420
巴彦淖尔市	887.4	53000	13479
乌海市	609.82	109877	14402
阿拉善盟	322.58	133.87	15563

注：全国取农民人均可支配收入。
资料来源：2016 年中国统计年鉴、内蒙古统计年鉴。

2008~2015 年，兴安盟的 GDP 和农牧民人均可支配收入均低于内蒙古自治区和全国（全国取农民人均可支配收入）的水平（见表 6-10），并且，从人均 GDP 和农牧民人均可支配收入的变

动趋势可以看出，兴安盟与内蒙古自治区和全国的差距逐渐拉大。由此可见，兴安盟的贫困程度之深（见图6-2、图6-3）。

表6-10 2008~2015年兴安盟、内蒙古自治区、全国人均GDP和农（牧）民人均可支配收入变动 单位：元

年份	兴安盟人均GDP	兴安盟农牧民人均可支配收入	内蒙古自治区人均GDP	内蒙古自治区农牧民人均可支配收入	全国人均GDP	全国农民人均可支配收入
2008	11166	3029	34869	4656	23912	4761
2009	13498	3401	39735	4938	25963	5153
2010	16203	3712	47347	5530	30567	5919
2011	19458	4359	57974	6642	36018	6977
2012	23944	5064	63886	7611	39544	7917
2013	25629	6382	67836	8596	43320	8896
2014	28741	7275	71046	9976	46629	9892
2015	31391	7894	71814	10776	49992	11421

资料来源：2009~2016年中国统计年鉴、内蒙古统计年鉴、兴安盟统计年鉴。

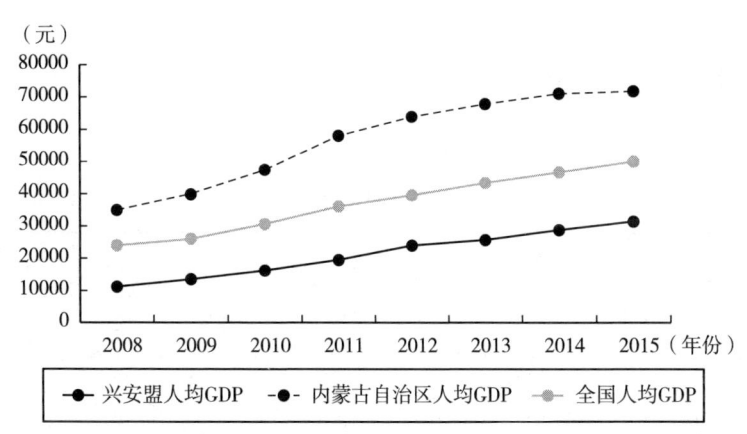

图6-2 2008~2015年兴安盟、内蒙古自治区以及全国的人均GDP变化趋势

资料来源：2009~2016年中国统计年鉴、内蒙古统计年鉴、兴安盟统计年鉴。

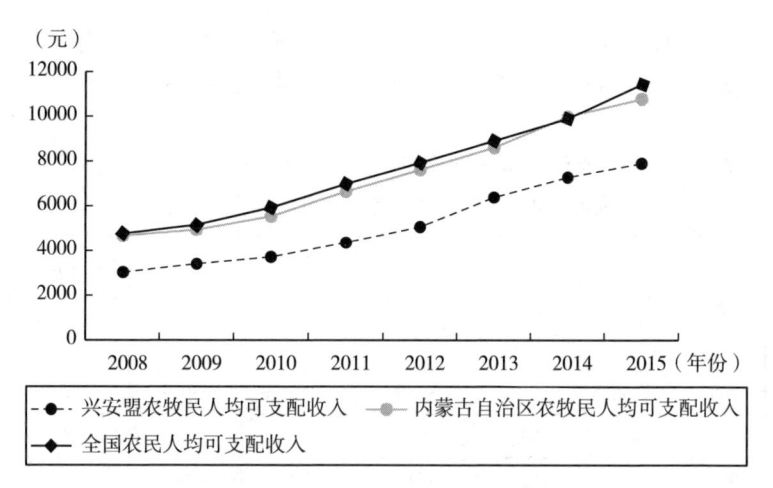

图 6-3 2008~2015 年兴安盟、内蒙古自治区以及全国的农（牧）民人均可支配收入变化趋势

资料来源：2009~2016 年中国统计年鉴、内蒙古统计年鉴、兴安盟统计年鉴。

随着全国扶贫工作的大范围展开，兴安盟的扶贫工作取得了较大进展。由于兴安盟贫困地区造成长期贫困的原因较为复杂，贫困并没有被彻底消除。由贫困发生率这一指标可得，兴安盟 2010~2014 年的贫困发生率一直大大高于内蒙古自治区和全国的指标，扶贫工作仍然任重而道远（见表 6-11）。

表 6-11　2000~2014 年兴安盟、内蒙古自治区、全国贫困率比较　　　　　单位：%

年份	兴安盟贫困发生率	内蒙古自治区贫困发生率	全国贫困发生率
2010	41.2	20.3	17.2
2011	46.2	19.3	12.7
2012	30.8	18.0	10.2
2013	17.8	11.0	8.5
2014	15.4	8.9	7.2

资料来源：2011~2015 年中国统计年鉴、内蒙古统计年鉴。

第六章　内蒙古自治区东部生态经济带建设

由表 6-12 计算可得，兴安盟城镇常住居民人均可支配收入的平均增长速度为 11.67%，高于全自治区 11.17% 和全国 10.5% 的平均水平。由表 6-13 计算可得，兴安盟农村常住居民人均可支配收入的平均增长速度为 13.17%，高于全国 12.33% 的平均水平。由表 6-14 计算可得，兴安盟城乡常住居民人均可支配收入差额的变化速度为 13.17%，高于全自治区 11.5% 和全国 9.67% 的平均水平。城乡二元结构的存在，使近几年来城乡居民收入差距不断扩大，农村常住居民人均可支配收入远不及城镇常住居民可支配收入，而农村贫困人口的脱贫是全面建成小康社会最艰巨的任务，这使扶贫工作需要进一步加大力度，不能有一丝一毫的松懈（见图 6-4）。

表 6-12　　2010~2015 年兴安盟、内蒙古自治区和全国
城镇常住居民人均可支配收入及增长速度

地区	指标	2010 年	2011 年	2012 年	2013 年	2014 年	2015 年
兴安盟	人均可支配收入（元）	11505	13233	15103	16796	20605	22397
	增长率（%）	11	15	14	11	10	9
全自治区平均	人均可支配收入（元）	17698	20408	23150	25497	28350	30594
	增长率（%）	12	15	13	10	9	8
全国平均	人均可支配收入（元）	19109	21810	24565	26467	28844	31195
	增长率（%）	11	14	13	8	9	8

资料来源：2011~2016 年中国统计年鉴、内蒙古统计年鉴、兴安盟统计年鉴。

表 6 – 13　　2010～2015 年兴安盟、内蒙古自治区和全国农村常住居民人均可支配收入及增长速度

地区	指标	2010 年	2011 年	2012 年	2013 年	2014 年	2015 年
兴安盟	人均可支配收入（元）	3712	4359	5064	6382	7259	7894
	增长率（%）	9	17	16	14	14	9
全自治区平均	人均可支配收入（元）	5530	6642	7611	8596	9976	10776
	增长率（%）	11	20	15	13	11	8
全国平均	人均可支配收入（元）	6453	7511	8451	9430	10489	11421
	增长率（%）	13	16	13	12	11	9

资料来源：2011～2016 年中国统计年鉴、内蒙古统计年鉴、兴安盟统计年鉴。

表 6 – 14　　2010～2015 年兴安盟、内蒙古自治区和全国城乡常住居民人均可支配收入差额及变化速度

地区	指标	2010 年	2011 年	2012 年	2013 年	2014 年	2015 年
兴安盟	人均可支配收入（元）	7793	8874	10039	10414	13330	14503
	增长率（%）	11	14	13	4	28	9
全自治区平均	人均可支配收入（元）	12168	13766	15539	16901	15374	20518
	增长率（%）	10	13	13	9	-9	33
全国平均	人均可支配收入（元）	12656	14299	16114	17037	18355	19773
	增长率（%）	10	13	13	6	8	8

资料来源：2011～2016 年中国统计年鉴、内蒙古统计年鉴、兴安盟统计年鉴。

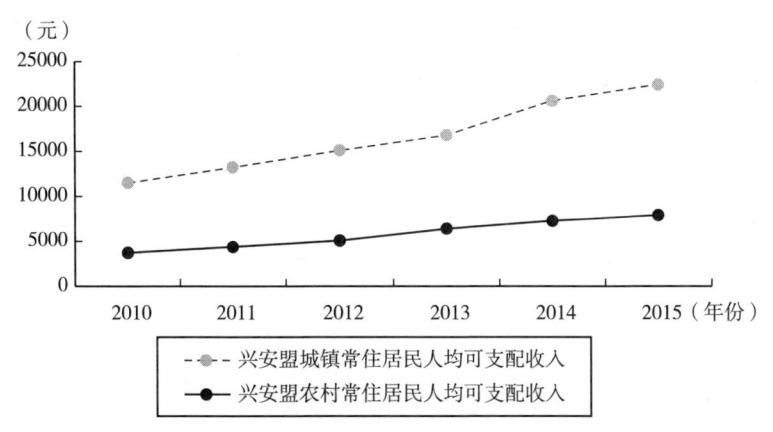

图 6－4　2010～2015 年兴安盟城镇、农村常住居民人均可支配收入的变化趋势

资料来源：2011～2016 年兴安盟统计年鉴。

兴安盟地处内蒙古自治区东部经济区，东连黑龙江、吉林、辽宁三省，南临京津冀经济区，西与蒙古国毗邻，是与俄罗斯和蒙古国经济交流的重要地区。乌兰浩特市是兴安盟的中心城市，正在实施东扩、西移、北延战略，逐渐扩大城市范围，成为连接全盟的交通枢纽。阿尔山市是连接俄罗斯和蒙古国的国际口岸城市（见表 6－15），兴安盟致力于服务东北经济区，融入"哈大齐"工业一线、"长吉图"开发开放建设区，阿尔山市也必将成为连接东北三省、蒙古国和俄罗斯的重要枢纽。

表 6－15　　　　　　　　兴安盟地区主要口岸

口岸名称	所在盟市	运输方式	口岸分类	批准开放机关	对应国口岸
阿尔山	兴安盟阿尔山市	公路	2 类	自治区政府	蒙古国松贝尔

资料来源：2017 年兴安年鉴。

近年来，兴安盟向北开放有所突破，阿尔山口岸开关时间延长至 8 个月，联检服务设施日臻完善，互市贸易点和蒙东地区农蓄产品检验检测中心的建设进程大大加快，对蒙古国经济贸易、教育卫生、文化旅游等领域的交流合作更加深化。然而，兴安盟的外贸进出口总额总体上仍呈现出总量少的特征。2015年，兴安盟外贸进出口总额为9.24亿元，比上年增长7.5%，仅占全自治区外贸进出口总额的1.17%；实际利用外资总额0.53亿元，比上年增长30.3%，仅占全省实际利用外资总额的1.57%，如表6-16所示。

表6-16　　　　　2015年兴安盟进出口情况及与
全自治区、全国的对比

地区	指标	外贸进出口总额（亿元）	进口总额（亿元）	出口总额（亿元）	实际利用外资总额（亿元）
兴安盟	进出口收入（亿元）	9.24	2.12	7.13	0.53
	增长率（%）	7.5	-13	15.6	30.3
全自治区	进出口收入（亿元）	790.4	441.4	350.3	33.7
	增长率（%）	-11.6	-12.2	-10.8	-15.4
全国	进出口收入（亿元）	245502.9	104336.1	141166.8	1262.7
	增长率（%）	-7.1	-1.9	56	5.4

资料来源：2016年中国统计年鉴、内蒙古统计年鉴、兴安盟统计年鉴。

我国正在推进"丝绸之路经济带"和"21世纪海上丝绸之路"战略，与世界各国的经济合作不断拓展和深化，跨区域生产要素流动和产业转移步伐加快，为兴安盟对外开放的发展营造了良好的内外部环境。如表6-17所示，兴安盟2010~2015年外贸进出口总额不断增加，特别是2014年的外贸进出口总额比上年增长2319.03%，实现了跨越式大幅度增长；引进外资总额也呈现出稳步增长的趋势。兴安盟仍需紧跟国家的政策与形式,借助中俄蒙经济走廊建设工程进一步扩大开放,利用振兴东北、环渤海经济区建设、京津冀一体化等区域发展战略的辐射带动能力,增强对外贸易能力,进一步增大外贸进出口总量。

表6-17　　2010~2015年兴安盟进出口和引进外资情况

年份	外贸进出口总额 (万美元)	进口总额 (万美元)	出口总额 (万美元)	引进外资总额 (亿元)
2010	295	28	267	—
2011	380	13	367	—
2012	761	16	745	—
2013	536	144	392	552
2014	12966	3670	9296	611
2015	13937	3191	10746	796

资料来源:2011~2016年兴安盟统计年鉴。

三、生态建设与经济建设协调发展

兴安盟土地沙漠化这一生态问题日益突出。兴安盟处于内蒙古自治区的东北方,气候属于半干旱大陆性季风气候,天气寒冷,无霜期较短,降雨少且蒸发量高,草畜矛盾突出,植被破坏严重,水源涵养能力较差。兴安盟境内的霍林河、绰尔河、归流河、洮儿河、哈拉哈河已出现季节性断流,水资源占全自治区第二的资源优势已逐渐消失。全盟沙化面积已发展到1000万亩,占全盟总面积的11.3%,仅科右中旗就有823万亩。全盟原有高原湿地、草原湿地3000多平方公里,而现在湿地面积已不足1000平方公里,如表6-18所示。

表6-18　　　　　　　　　兴安盟沙地分布区

地区	沙化分布区	地理坐标	沙化成因
科尔沁沙地	大兴安岭南段山地与科尔沁沙地北缘交界处，包括科右中旗和突泉县东南部的水泉、太平、溪柳等乡镇苏木	东经119°31′~122°17′，北纬44°15′~45°10′	生态环境脆弱、土壤机制不稳定，风势强劲，而且风的作用和干旱季节是同期的
扎赉特旗卓尔河两岸沙地	绰勒、胡尔勒、努文木仁、二龙山、小城子、巴达尔胡农场	东经121°17′~123°29′，北纬46°01′~46°46′	水土流失现象严重
阿尔山市三角山地区沙地	阿尔山三角山	东经119°31′~119°35′，北纬47°18′~47°20′	主要由于蒙古国连年火烧草原，使得这一地区土地沙漠化，加之蒙古国流沙不断侵入，更加剧了这一地区的沙化

资料来源：《兴安年鉴》（2017卷）。

兴安盟的"南三北八"地区（即科右中旗的南三苏木和扎赉特旗北八乡）沙化情况尤为严重。南三苏木地处科尔沁沙地北端的沙丘地带，主要土壤以风沙土为主，由于水侵风剥，土质松散、贫瘠，是沙化重点地区。南三苏木总面积19.6万平方公里，而沙化、碱地面积就有6.77万平方公里，占总面积的34.5%。北八乡地处东北内陆，大部分地区气候干燥，冬季寒冷漫长，降雨量少且时空分布不均，再加上该地区沟壑纵横、植被稀少、土地支离破碎，自然环境极其恶劣，农牧民为了满足人口增长对食物的需求，只能选择开垦更多的土地，导致本就贫瘠的土地沙化情况更加严重。

兴安盟黑土区水土流失问题也较为严重。根据2017年《兴安年鉴》，兴安盟黑土区水土流失面积为2.4万平方公里，水土流失主要来源于坡耕地，占耕地总面积的一半。水土流失严重破坏了黑土区的耕地，阻碍了农业生产的可持续发展。以科右中旗、扎赉特旗为例，其黑土层年均剥蚀厚度达 0.2~0.4 厘米，如今，科右中旗 20% 的黑土层下面的有机质含量几乎为零，任何植物都难以生长。

兴安盟黑土区土壤有机物质含量从 2010 年的 6% 降至 2015 年的 1.5%，土壤空隙度、田间持水量、水稳定团粒也均有所下降（见表 6-19）。土壤被剥蚀，土地生产能力降低，农业生产能力下降。

表 6-19　2010 年和 2015 年兴安盟黑土区水土流失情况　　单位：%

年份	土壤有机物质含量	土壤空隙度	田间持水量	水稳定团粒
2010	6	67.9	53.2	51
2015	1.5	52.2	26.6	32.1

资料来源：2011 年和 2016 年兴安年鉴。

国家对兴安盟地区土地沙化和黑土区水土流失这两大问题给予了足够的重视。针对土地沙化问题：加强森林保护，扩大天然林资源保护范围，大力开展植树造林和森林经营，稳定和扩大退耕还林范围，加快重点防护林体系建设。针对黑土区水土流失问题：采取工程措施、生物措施和保土耕作措施相结合，人工治理与生态修复相结合。

专栏 6-1

林业生态保护与建设工程

- 天然林资源保护二期工程。
- 三北防护林工程。
- 新一轮退耕还林工程。
- 自然保护区建设项目湿地保护与修复项目。

- 湿地保护与恢复项目。
- 森林公园建设项目。

资料来源：《兴安盟国民经济和社会发展等十三个五年规划纲要》。

专栏 6-2

水土保持重点建设工程

- 坡耕地水土流失综合治理工程。
- 国家水土保持重点建设工程。
- 东北黑土区农业综合开发水土流失重点治理工程。
- 重点小流域综合治理工程。

资料来源：《兴安盟国民经济和社会发展等十三个五年规划纲要》。

兴安盟着力实现生态建设与经济发展的良性互动。截至2015年兴安盟森林面积已达1863.33千公顷，森林覆盖率为31.2%，活立木蓄积量为7313万立方米，生态建设工程正在稳步推进中，为兴安盟经济的持续稳步发展奠定着坚实的基础，如表6-20所示。

表6-20　　　　2015年兴安盟土地沙漠化治理情况

地区	自然保护区面积（千公顷）	全年完成造林面积（千公顷）	年末森林面积（千公顷）	森林覆盖率（%）	活立木蓄积量（万立方米）
兴安盟	581.88	63.43	1863.33	31.20	7313
内蒙古自治区	12680	70.41	24879000	21.03	148415.9

资料来源：2016年内蒙古统计年鉴、兴安盟统计年鉴。

第六章　内蒙古自治区东部生态经济带建设

兴安盟拥有较好的经济发展条件。第一，兴安盟拥有丰富的生态资源。耕地面积1641万亩，2015年粮食总产量136亿斤，草原面积4551万亩，牧草产量30亿斤左右，有大小河流200多条，水资源总量50多亿立方米；第二，兴安盟有重大建设项目做支撑。国家推出"7+4"工程包和支持东北振兴重大基础设施项目工程包，为兴安盟在新兴产业、生态建设、节能环保、现代物流等领域新上一批重大项目提供了新机遇。第三，兴安盟拥有强大的市场和政策优势。兴安盟作为老少边穷地区，享有西部大开发、东北振兴等各项优惠政策，并纳入大兴安岭南麓集中连片特困地区，获"全国民族团结进步创建活动示范盟"称号，并成为生态文明示范工程试点地区，政策叠加效应更加明显。

兴安盟的经济发展潜力集中体现在优势特色产业和战略性新兴产业的发展。兴安盟的优势特色产业有：一是绿色农畜林产品加工业。兴安盟立足绿色资源优势和现有绿色产业基础，大力发展有机食品、绿色食品、无公害农产品和地理标识产品。以乳、肉、绒毛、粮油、马铃薯、卜留克、矿泉水、皮革等加工为重点，继续加大农牧业龙头企业引进和培育力度，大力扶持恒大、万佳、蒙牛、蒙羊、蒙犇、安达牧业、阿妈牧场、尚德维康、蓝海矿泉水、荷马糖业、蒙佳粮油、二龙屯等重点龙头企业扩大生产规模，努力推进技术改造和产品研发，做优做强农畜产品加工业；鼓励和支持中小企业通过联合重组、技术改造等方式盘活存量、做大规模。支持农牧业示范园区、食品加工园区建设，形成一批国家和自治区级绿色驰名、著名商标品牌，实现了农畜产品生产加工输出的绿色化、标准化、生态化、安全化、高端化。二是生态文化旅游业。首先，挖掘森林、温泉、冰雪、湿地、草原、火山地质奇观、自然保护区等生态资源的历史渊源和蒙元文化内涵，推动文化与旅游业深度融合发展，建设生态文化、红色文化产业基地，打造世界级森林、草原、避暑、温泉、滑雪等主题旅游产品和旅游目的地；其次，打造阿尔山旅游增长极，组建成立了阿尔山旅游开发公司,推进阿尔山地区旅游资源优化整合、整体开发,力求突出特色、打造精品,力求把阿尔山国家级火山温泉地质公园晋升为世界地质公园,辐射带动兴安全域。三是煤炭清洁高效利用产业。兴安盟正确规划利用煤炭资源,引进了一批国内外先进企业,采用先进的煤炭深加工技术和环境友好生产方式,发挥水煤组合优势,继续加快推进煤制天然气、褐煤提质、褐煤综合利用油气联产、煤制化肥、煤制甲醇、煤制烯烃项目。

兴安盟的战略性新兴产业有:一是特色生物制造业。兴安盟以乌兰浩特市经济技术开发区为载体,以内蒙古奥特奇蒙药股份公司、内蒙古白医制药股份公司等龙头企业为依托,充分利用丰富的药用植物和动物脏器等资源,积极开发生物试剂、生物工具酶和多种生化原料药,推进了生物医药产业的集群建设,改变了生物制药企业散、小、弱的局面。大力发展中蒙医药产业,重点开发了具有地域特点、民族特色、拥有自主知识产权的新药和中蒙药饮片,打造出中蒙药知名品牌。二是新能源产业。兴安盟采用先进技术,大力发展风电、太阳能、生物质能等可再生能源的开发利用,积极推广分布式能源系统的应用。继续推进桃合木和科右中旗百万千瓦级风电基地建设;以光伏扶贫与设施农牧业结合为重点,积极发展太阳能发电;大力发展生物质天然气项目,在扎赉特旗、科右前旗、突泉县规划建设生物质天然气项目。三是新型材料产业。兴安盟大力推动有色和黑色金属冶炼行业向金属新材料拓展,逐步实现由初级化金属冶炼向新型材料方向升级;加快发展了高效、低成本、节能环保硅材料,积极开发多晶硅(单晶硅)切片及光伏材料、光伏电池组件系列产品;利用扎赉特旗丰富的优质石灰石资源,大力发展碳酸钙深加工产业,开发生产石头纸、快递周转包装材料、建筑装饰材料等新产品,形成新型材料产业链条。

专栏6-3

优势特色产业重点工程

● 农畜产品加工业：突泉县肉羊产业链建设项目、科右中旗农产品仓储深加工项目、内蒙古蒙佳粮油工业集团有限公司500吨有机大米加工生产线建设项目、内蒙古荷马糖业股份有限公司日加工10000吨甜菜项目、恒大集团婴幼儿奶粉加工项目等。

● 旅游业：兴安盟自驾车营地体系项目、兴安盟智慧旅游体系项目；阿尔山市银江沟国际会展中心项目、阿尔山丰产沟国际会议论坛中心项目、阿尔山东沟里国际滑雪场项目、阿尔山海神圣泉旅游度假区、乌兰浩特市成吉思汗庙旅游文化园区建设项目、乌兰浩特洮儿河国家湿地公园项目；扎赉特旗图牧吉国家级自然保护区、扎赉特旗神山旅游景区旅游开发建设项目；突泉县老头山—双城湖—春州古城生态旅游区项目、突泉县春州古城旅游线路开发项目、突泉县学田乡杜西沟景区建设项目、科尔沁右翼中旗翰嘎利—五角枫生态旅游度假区项目。

● 煤炭清洁高效利用产业：乌兰集团135万吨合成氨240万吨尿素项目、博源集团30万吨合成氨52万吨尿素项目、内蒙古矿业（集团）兴安盟煤化电热一体化示范（40亿立方米煤制气）项目、兴安博源投资有限公司300万吨/年褐煤综合利用油气联产示范项目、科右中旗100万吨甲醇项目；科右中2×66万千瓦发电厂项目、内蒙古京科发电有限公司二期1×35万千瓦热电联产项目。

资料来源：《兴安盟国民经济和社会发展等十三个五年规划纲要》。

> **专栏 6-4**
>
> **战略性新兴产业重点工程**
>
> ● 生物制造业：兴安盟中蒙药研制加工产业化项目、乌兰浩特市和科右前旗生物制药项目、内蒙古云泉药业年产10亿粒"艾克"水丸项目等。
>
> ● 新能源产业：科右前旗索伦120万千瓦抽水蓄能电站项目、科右前旗桃合木200万千瓦风电基地项目、科右中旗南部300万千瓦风电基地项目、突泉县100万千瓦风电基地项目、兴安盟20万千瓦光伏农牧业项目等。
>
> ● 新型材料业：扎赉特旗无碱玻纤项目、扎赉特旗建筑石膏粉建设项目、扎赉特旗胶粉、防水建材建设项目、扎赉特旗水泥及深加工项目、电石等生产项目、扎赉特旗石灰石综合利用产业项目、突泉县碳纤维板生产项目等。
>
> 资料来源：《兴安盟国民经济和社会发展等十三个五年规划纲要》。

兴安盟作为经济欠发达地区，要想快速实现经济发展，仍面临诸多挑战。其中，科技创新投入不高、创新能力不足是制约兴安盟经济长足稳定发展的重要因素。2015年，兴安盟研究与试验发展（R&D）经费为8037万元，占全盟GDP的0.16%；而全自治区R&D经费为1186261万元，占全自治区GDP的0.66%；全国R&D经费为141969000万元，占全国GDP的2.07%。可见，相比于全自治区和全国的水平，兴安盟的科技创新投入偏低。兴安盟2015年R&D项目数为23项，占全自治区项目数的1.28%；专利申请数为119件，占全自治区申请数的4.6%；有效发明专利数为78件，占全自治区专利数的3.59%。可见，相比于全自治区和全国，兴安盟的创新能力不足，如表 6-21 所示。

表 6-21 2015 年兴安盟科研投入及成果基本
情况及与全自治区、全国的对比

地区	R&D 经费（万元）	R&D 经费占全盟（省/国）GDP 的比重（%）	R&D 项目数（项）	专利申请数（件）	有效发明专利数（件）
兴安盟	8037	0.16	23	119	78
全自治区	1186261	0.66	1801	2585	2175
全国	141969000	2.07	99559	2798500	1718192

资料来源：2016 年中国统计年鉴、内蒙古统计年鉴、兴安盟统计年鉴。

兴安盟作为经济欠发达地区，应致力于实施创新驱动经济发展战略，增强科技创新能力。2015 年，兴安盟战略性新兴产业增加值占全盟 GDP 的 0.6%，科技进步贡献率为 40%，每万人口发明专利拥有量为 0.04 件/万人，创新驱动能力整体较弱（见表 6-22）。在新形势下，兴安盟应贯彻落实创新发展理念，把创新作为引领经济发展的强大动力，充分发挥本地区的发展优势，提升整体创新能力，从而带动兴安盟的经济稳步向前发展。

表 6-22 2015 年兴安盟创新发展基本情况

地区	战略性新兴产业增加值占全盟 GDP 的比重（%）	科技进步贡献率（%）	每万人口发明专利拥有量（件/万人）	互联网普及率（%）
兴安盟	0.6	40	0.04	60

资料来源：2016 年兴安盟统计年鉴。

第二节 赤峰市经济发展和生态建设

一、赤峰市经济发展总体评价

1983年后,内蒙古自治区赤峰市经济总量呈现出快速增长的趋势,生产力发展水平显著提高。1983年赤峰市的生产总值仅为14.36亿元,国民生产总值在自治区的比重为13.6%,人均生产总值为382元。2000年后,在西部大开发和振兴东北老工业基地政策的带动下,赤峰市加快了经济增长的步伐。赤峰市的经济总量在内蒙古自治区的比重始终保持在9.2%左右,经济总量的增长速度也与全自治区的经济发展速度基本保持一致。在2015年,赤峰市实现地区生产总值1861.27亿元。按常住人口计算,人均生产总值达43269元,如表6-23所示。

表6-23　　2009~2015年赤峰市生产总值及人均生产总值与全自治区和全国的比较

年份	赤峰市 生产总值（亿元）	赤峰市 人均生产总值（元）	内蒙古自治区 生产总值（亿元）	内蒙古自治区 人均生产总值（元）	全国 生产总值（亿元）	全国 人均生产总值（元）	赤峰市生产总值占全自治区生产总值比重（%）	赤峰市生产总值占全国生产总值比重（%）
2009	912.89	21037	9740.25	40282	349081.4	26222	9.37	0.26
2010	1086.23	26805	11655.00	50540	413030	30876	9.27	0.26
2011	1347.19	31121	14246.11	57515	489300.6	36403	9.46	0.28
2012	1569.35	36360	15988.34	64319	540367.4	40007	9.81	0.29
2013	1686.15	39125	16832.38	67498	595244.4	43852	10.01	0.28
2014	1778.37	41309	17769.5	71044	643974.0	47203	10.01	0.28
2015	1861.27	43269	18032.8	71903	689052.1	50251	10.32	0.27

资料来源:2010~2016年中国统计年鉴、内蒙古统计年鉴、赤峰统计年鉴。

从表6-23中可以看出，从2009~2015年期间赤峰市的生产总值一直处于上升阶段，占内蒙古自治区生产总值比重也是从9%以上上升到10%以上，由此可见赤峰市经济发展在全自治区地位也在逐渐上升。而占全国生产总值的比重在2009~2012年之前一直处于上升阶段，而在2012~2015年间却有小幅度的下降。

由表6-24可知，2015年赤峰市第一产业增加值276.96亿元；第二产业增加值882.59亿元；第三产业增加值701.72亿元，同比2014年来说三个产业的增长率分别为4.3%、8.7%及8.5%。从产业结构看，三次产业比例由上年的15.4∶48.4∶36.2调整为14.9∶47.4∶37.7，对经济增长的贡献率分别为7.1%、58%和34.9%，分别拉动经济增长0.6、4.7和2.8个百分点[①]。由此可见，第二产业在经济发展中起着重要的作用。

表6-24　　　2014~2015年赤峰市三次产业增加值情况

产业	2014年增加值（亿元）	2015年增加值（亿元）	增长率（%）
第一产业	274.39	276.96	4.3
第二产业	892.01	882.59	8.7
第三产业	611.97	701.72	8.5

资料来源：2015~2016年赤峰统计年鉴。

由表6-25~表6-27及图6-5可知赤峰市三次产业的增长速度，在三个表中可以看出，赤峰市的第一、第二产业的增长速度要高于全国及全自治区水平，而第三产业的增长速度只有在2012年高于全国平均水平和2015年高于全国和全自治区水平，其他年份都低于全国及全自治区水平，说明赤峰市的第一、第二

---

① 资料来源：《赤峰市2015年国民经济和社会发展统计公报》。

产业的增长较好，而第三产业增长较缓慢。赤峰市的第二产业的增长速度一直在三次产业中占据最高地位，在 2014 年之前第一产业一直高于第三产业，而在 2015 年第三产业的增长速度却高于第一产业，由此可见赤峰市正在慢慢形成产业转型。

表 6-25　　　　　2010~2015 年第一产业增长速度　　　　单位：%

地区	2010 年	2011 年	2012 年	2013 年	2014 年	2015 年
赤峰市	14.2	13.3	10.3	6	5.6	4.3
内蒙古自治区	5.8	5.8	5.8	5.2	3.1	3
全国	4	4	5	4	4	4

资料来源：2011~2016 年中国统计年鉴、内蒙古统计年鉴、赤峰统计年鉴。

表 6-26　　　　　2010~2015 年第二产业增长速度　　　　单位：%

地区	2010 年	2011 年	2012 年	2013 年	2014 年	2015 年
赤峰市	20.6	20.4	18	11.4	9.7	8.7
内蒙古自治区	18.2	17.8	14	10.7	9.1	8
全国	13	11	8	8	7	6

资料来源：2011~2016 年中国统计年鉴、内蒙古统计年鉴、赤峰统计年鉴。

表 6-27　　　　　2010~2015 年第三产业增长速度　　　　单位：%

地区	2010 年	2011 年	2012 年	2013 年	2014 年	2015 年
赤峰市	8.8	8.4	9	4.6	3.4	8.5
内蒙古自治区	12.1	11	9.4	7.1	6.7	8.1
全国	10	10	8	8	8	8

资料来源：2011~2016 年中国统计年鉴、内蒙古统计年鉴、赤峰统计年鉴。

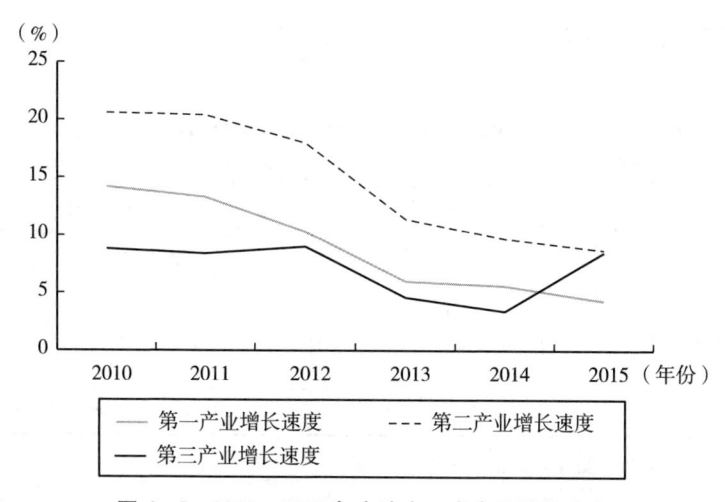

图 6-5　2010~2015 年赤峰市三次产业增长速度

资料来源：2011~2016 年赤峰统计年鉴。

二、赤峰市城乡与产业发展

党的十八大以来，习近平总书记就建设美丽乡村、加强农村精神文明建设，提出了一系列新思想、新观点、新要求。强调中国要美，农村必须美，美丽中国要靠美丽乡村打基础，要继续推进社会主义新农村建设，为农民建设幸福家园。赤峰市为实现持续发展，多年来，按照城乡一体化发展思路，坚持以城带乡、城乡统筹，推动形成了城市与农村互动发展的良好态势。"十二五"期间，全市城市基础设施累计投资 315.5 亿元，实施基础设施工程 1000 余项。小城镇及村庄建设累计投资 205 亿元，形成 1 个中心城市、2 个次中心城市、7 个城关镇、86 个建制镇、46 个乡镇苏木的城镇布局。而且城市轨道交通项目近期计划实施，有轨电车 1 号线一期工程，总长度 13.6 公里，投资 23.6 亿元，社会资本招标完成，正在进行初步设计。公共自行车项目在红山区、松山区、喀旗和美工业园区建设站点 175 处，投放自行车 3500 辆，2016 年 9 月 20 日安装调试完成，投入运行。赤峰市近几年人口统计及城乡收入情况如表 6-28、表 6-29 所示。

表 6-28　　　　2010~2016 年赤峰市人口统计情况

指标	2010 年	2011 年	2012 年	2013 年	2014 年	2015 年
常住人口（万人）	432.75	431.93	431.30	430.62	430.38	429.95
自然增长率（％）	3.50	3.57	3.68	3.43	3.76	2.42
城镇单位就业人数（万人）	30.33	30.81	31.86	31.38	35.97	35.68
失业率（％）	4.18	4.17	3.88	3.87	3.96	3.98

资料来源：2011~2016 年赤峰统计年鉴。

表 6-29　　　　2010~2015 年赤峰市城乡收入情况

指标	2010 年	2011 年	2012 年	2013 年	2014 年	2015 年
城镇人均可支配收入（元）	14108.00	16416.00	18678.00	20802.00	23199.00	25159.00
增长率（％）	11.40	16.40	13.80	11.40	9.70	8.60
农牧民人均可支配收入（元）	5010.00	6138.00	7079.00	8022.00	8114.00	8821.00
增长率（％）	11.30	22.50	15.30	13.30	11.40	8.60
城镇人均消费性支出（元）	10343.00	11321.00	13138.00	13808.00	14329.00	14597.00
增长率（％）	12.60	9.50	16.00	5.10	10.20	1.90
农牧民人均消费性支出（元）	3572.00	5476.00	5826.00	6579.00	8109.00	8922.00
增长率（％）	13.50	53.30	6.40	12.90	9.90	8.80
城镇恩格尔系数（％）	31.90	36.10	32.50	33.30	32.60	32.50
农村恩格尔系数（％）	41.40	39.70	38.80	39.00	38.50	38.30

资料来源：2011~2016 年赤峰统计年鉴。

由表 6-28 可知赤峰市的常住人口在逐年减低，而人口自然增长率有升有降但都大于零，说明赤峰市人口出生率大于死亡率。城镇单位就业人数在逐年增加由 2010 年的 30.33 万人增加至 2015 年的 35.68 万人。失业率在逐年下降，虽然在 2014 年有上升但上升的幅度不是很大。在表 6-29 中可以发现，城乡人均收入都在上升，增长率在 8%~22.5% 之间，特别在 2011 年农牧民人均可支配收入增长率达到 22.5%。而在这 6 年期间城乡的人均消费性支出随着人均收入的增加而增加。而且城镇恩格尔系数始终小于农村恩格尔系数，说明城镇居民生活要好于农村居民。

由上面两个表中可以看出赤峰市的城乡发展还是存在一些问题，虽然城乡人均收入每年都在增加但从城乡人均可支配收入对比可知城乡差距还是很大，所以改善民生任务繁重，城乡居民增收困难，脱贫攻坚任务紧迫而艰巨。

由表 6-30 可知，2010~2015 年期间赤峰市城镇新增就业人口一直在增加，但新增失业人口却是有增有减，失业情况在 2012 年有所改善，但在 2013 年又有所上升，在 2015 年又下降了。由图 6-6 可以看出，2010~2015 年赤峰市城镇失业率在 2013 年前一直处于下降的状态，说明赤峰市的就业情况在提高，但在 2013 年之后失业率有所上升但依旧没有超过 2011 年，所以近 6 年赤峰市的就业情况还是乐观的。

表 6-30　　　　2010~2015 年赤峰市城镇就业、失业及失业率情况

指标	2010 年	2011 年	2012 年	2013 年	2014 年	2015 年
新增就业人口（万人）	2	2.36	2.72	2.99	3.17	3.17
新增失业人口（万人）	2.4	2.63	2.51	2.63	2.45	2.25
失业率（%）	4.18	4.17	3.88	3.87	3.96	3.98

资料来源：2011~2016 年赤峰统计年鉴。

图6-6 2010~2015年赤峰市城镇失业率

资料来源：2011~2016年赤峰统计年鉴。

赤峰市的经济发展在近几年里得到了很大的发展。2015年全市500万元以上项目固定资产投资完成1272.1亿元，比上年增长15.5%。从投资主体看，国有经济单位投资370.89亿元，增长12.9%；集体经济单位投资35.96亿元，下降3.4%；有限责任公司投资376.54亿元，增长27.8%；其他经济类型单位投资488.71亿元，增长10.8%。项目隶属关系分，地方项目完成投资1246.53亿元，增长15%；中央项目完成投资25.58亿元，增长52%。从产业投资结构看，三次产业分别完成投资205.96亿元、599.16亿元和466.99亿元，分别占500万元以上项目固定资产投资的16.2%、47.1%和36.7%。从行业投资看，工业投资590.24亿元，增长40.1%，占固定资产投资的46.4%。新开工项目2348个，增长29.4%。全年房地产开发投资额为85.7亿元，下降33.4%。商品房销售面积251.6万平方米，下降13.3%；商品房销售额120.6亿元，增长3.5%[①]。

表6-31表示分行业500万元以上项目固定资产投资及增速，从表6-31中可以看出，2015年各行业的固定资产投资数，

---

① 资料来源：《赤峰市2015年国民经济和社会发展统计公报》。

其中制造业的投资最多，但金融业的增长最高。赤峰市在制造业及农林牧渔业的投资较多，由此可见赤峰市的经济发展还是依靠一些传统的行业，而金融业及信息传输、软件和信息技术服务业这些新兴行业的投资反而较少。在增长率的比较上可以看出金融业的同比增长是最高的，由此可见赤峰市的经济正在发生着转变。

表6-31　2015年赤峰市分行业500万元以上项目固定资产投资及增速

行业	固定资产投资（亿元）	同比增长（%）
农林牧渔业	205.96	5.5
采矿业	144.95	24.6
制造业	294.14	30.6
电力、燃气及水的生产和供应业	151.16	89.8
建筑业	8.92	111.6
批发和零售业	52.39	6.2
交通运输、仓储和邮政业	82.32	17.7
住宿和餐饮业	16.79	10.7
信息传输、软件和信息技术服务业	7.74	83.9
金融业	2.82	116.8
教育	12.70	15.9
卫生和社会工作	6.58	16.4
文化、体育和娱乐业	8.70	0.7
公共管理、社会保障和社会组织	23.08	42.6

资料来源：2016年赤峰统计年鉴。

赤峰市正在千方百计培育激活金融产业，助推实体经济良性发展。全面落实已出台的支持金融业发展的一揽子政策，努力打通资本向实体经济顺畅流动的通道，在支撑实体经济发展的过程中切实推动金融业全面提升。对接国家绿色金融投资政策，积极引进外埠金融机构，鼓励驻赤金融机构设立分支，加快组建赤峰商业银行和赤峰金融控股集团。推动金融机构扩大信贷投放规模，力争新增贷款100亿元以上，贷款余额突破1500亿元。用好用足国家对贫困旗县首次公开募股（IPO）扶持政策，启动企业上市四年行动计划，推动内蒙古股权交易中心赤峰分中心尽快落地运营，指导和帮助企业拓宽直接融资渠道。推动保险业健康发展，探索保险资金服务实体经济的新模式新路径。积极搭建有效管用的银政企对接平台，创新市旗两级融资担保合作机制，做大做强政府融资担保业务。大力推广"助保贷"模式，年内放贷规模力争达到10亿元。

1. 农业现状分析

赤峰市属温带半干旱大陆性季风气候，日光充足，年日照时数为2800~3100小时，光能总辐射量为5700~6100焦耳/平方米；全年平均气温一般为0~7℃，年均风速在3米/秒以上，全市水资源总量为42.7亿立方米。赤峰市是一个农业大市，至2002年末，全市耕地面积1461万亩，占总面积的10.82%，其中水浇地394万亩，水田35万亩，旱地1032万亩，旱地中有水平梯田570万亩，可灌溉面积占总耕地面积的30%，是一个典型的旱作农业地区。草原面积8741.19万亩，其中可利用草场7236.84万亩；有林面积3468万亩，森林覆盖率27.29%；淡水水面面积74.2万亩，占总面积的0.5%，已利用水面面积65.6万亩，其中可养殖面积29.86万亩。

从表6-32中可以看出，内蒙古自治区的农作物播种总面积在逐渐地减少，而赤峰市的播种面积有增有减，但总体在减少；赤峰市粮食总产量在增加，而内蒙古自治区的农作物总产量在减少。而每万顷土地粮食的产量，只有在2010年赤峰市的产量低于内蒙古自治区，而之后几年赤峰市均高于全自治区，说明赤峰市的农业在增产、全国的每万顷粮食产量的变化不大。

表6-32　　　2010~2015年赤峰市、全自治区及
全国农作物播种及产量情况

指标	2010年	2011年	2012年	2013年	2014年	2015年
赤峰市播种总面积（万公顷）	107.8	111.47	111.09	90.22	90.77	91.16
全自治区播种总面积（万公顷）	756.80	735.60	721.10	715.36	710.99	700.25
全国播种总面积（万公顷）	16067.5	16228.3	16341.6	16462.7	16544.6	16637.4
赤峰市粮食总产量（万吨）	355.1	435.1	500.1	525.1	510	516
全自治区粮食总产量（万吨）	2827.01	2753.01	2773.00	2528.50	2387.51	2158.20
全国粮食总产量（万吨）	54647.7	57120.8	58958.0	60193.8	60702.6	62143.9

资料来源：2011~2016年中国统计年鉴、内蒙古统计年鉴、赤峰统计年鉴。

2. 工业现状分析

2015年赤峰市全部工业完成增加值747.58亿元，比上年增长8.8%。其中规模以上工业（年主营业务收入2000万元及以上的法人工业企业）增加值增长9.1%。在规模以上工业企业中，国有及国有控股企业增加值增长9.6%；按轻重工业分，轻工业增加值增长8%，重工业增加值增长9.4%。在规模以上工业企业中冶金、能源、食品、医药、建材、纺织、化工和机械8个重点行业增加值增长9.2%，对规模以上工业的贡献率达96%，拉动规模以上工业增长8.8个百分点[①]。

---

① 资料来源：《赤峰市2015年国民经济和社会发展统计公报》，中国统计信息网，www.tjcn.org。

表6-33展示了全市、全自治区及全国2010~2015年规模以上工业的主营业收入及利润,由图6-7中可知,赤峰市的利润占比还是低于内蒙古自治区,但两者的差距在2011年后越来越小,说明赤峰市对工业发展越来越重视,工业带来的收入也越来越多。

表6-33　　2010~2015年赤峰市、全自治区及全国规模以上的工业企业收入及利润　　单位:亿元

指标	2010年	2011年	2012年	2013年	2014年	2015年
赤峰市主营业务收入	1262.07	1811.04	1810.66	2011.42	1942.92	1960.28
全自治区主营业务收入	13387.83	17085.15	17969.22	19905.17	19556.56	18588.88
全国主营业务收入	697744.00	841830.24	929291.51	1038659.45	1107032.52	1109852.97
赤峰市营业利润	95.68	146.80	105.90	104.60	85.10	60.17
全自治区营业利润	1688.44	2157.72	1855.69	1841.73	1299.32	1183.13
全国营业利润	53049.66	61396.33	61910.06	68378.91	68154.89	66187.07

资料来源:2011~2016年中国统计年鉴、内蒙古统计年鉴、赤峰统计年鉴。

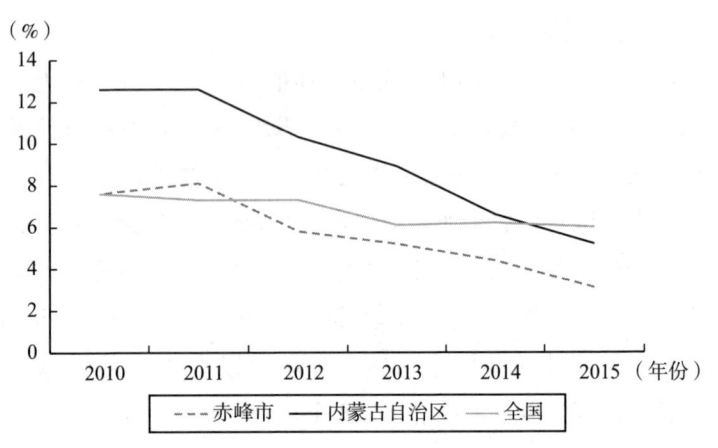

图6-7　2010~2015年赤峰市、全自治区及全国利润占收入比重

资料来源:2011~2016年中国统计年鉴、内蒙古统计年鉴、赤峰统计年鉴。

三、赤峰市生态建设与经济协调发展

(一) 生态建设方面

经过改革开放 40 多年的发展,中国已经进入工业化中期阶段。当前,中国经济发展对能源资源的需求持续上升,然而受到思想观念、管理体制与技术水平等多种因素的制约,高能耗、高污染、高排放的阶段性经济发展模式还未实现转变。按照经济持续高速发展的预期,在现有的发展方式下,中国的资源与环境压力必然会继续增大。在加快推进生态文明建设,全面实现新型工业化、城镇化、信息化和农业现代化的背景之下,如何协调经济发展、资源消耗、环境保护三者之间的关系,以最少的资源消耗、最小的环境损害来赢得最优的经济产出,实现最高的生态效率,这是每个地区都面临的问题,赤峰市也是如此。

近年来,赤峰市环境虽然有所改善但是还是有很多指标超过了全国标准,由图 6-8 可以看出,2016 年赤峰市可吸入颗粒物平均浓度为 76 微克/立方米,超过国家二级标准 (70 微克/立方米) 0.09 倍,与 2015 年的 88 微克/立方米相比,下降了 13.64 个百分点;二氧化硫平均浓度为 32 微克/立方米,未超过国家二级标准 (60 微克/立方米),与 2015 年的 49 微克/立方米相比,下降了 34.69 个百分点;二氧化氮平均浓度为 19 微克/立方米,未超过国家二级标准 (40 微克/立方米),与 2015 年的 25 微克/立方米相比,下降了 24 个百分点。2016 年,我市一氧化碳平均浓度为 1.104 毫克/立方米,达到国家标准;臭氧日最大 8 小时平均浓度为 82 微克/立方米,达到国家标准 (150 微克/立方米);细颗粒物平均浓度为 37 微克/立方米,超过国家二级标准 (35 微克/立方米) 0.054 倍,与 2015 年的 41 微克/立方米相比,下降了 9.76 个百分点。由图 6-9 可知这 8 种空气污染物的平均浓度都比 2015 年有所下降,但可吸入颗粒和细颗粒物的平均浓度还是要高于国家标准,所以说赤峰市的空气质量还有待提高。

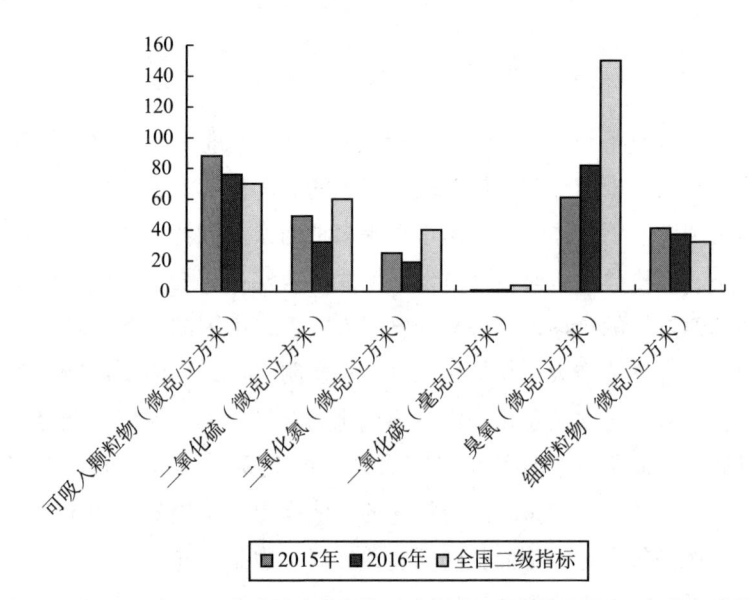

图 6-8　2015~2016 年赤峰市空气中几种监测因子含量及国家二级指标比较
资料来源:2016~2017 年赤峰统计年鉴。

从表 6-34 中可以看出 2010~2015 年赤峰市中心城区空气质量达到二级及二级以上标准天数的平均天数是 313.17 天,在 2012 年的标准天数是最多的,最近两年的标准天数变少,说明近两年空气质量变差了。由表 6-34 可以看出,赤峰市改善环境刻不容缓。

表 6-34　2010~2015 年赤峰市中心城区空气质量达到二级及二级以上标准天数

指标	2010 年	2011 年	2012 年	2013 年	2014 年	2015 年
天数(天)	323	317	333	330	280	296
达标率(%)	88.4	86.8	91.2	90.4	76.7	81.1

资料来源:2011~2016 年赤峰市城区空气质量监测报告。

第六章　内蒙古自治区东部生态经济带建设

（二）经济建设方面

1. 投资项目建设

赤峰市已经推进了重点项目的建设，扩大招商引资和项目建设"冬季攻坚行动"成果，建立重点项目建设清单，倒排工期，完成列入新开工计划项目的前期手续办理工作，确保施工季一到，集中开工 100 个以上重大项目。持续抓好项目策划，切实加强项目储备，实行重大项目动态管理、跟踪服务，增强项目建设和投资增长的连续性。全年实施投资 5000 万元以上重点项目 700 个以上，完成投资突破 1200 亿元。倾力打造良好投资环境，建立"亲、清"政商关系。瞄准京津冀、长三角、珠三角等重点地区，明确专人专班，有针对性地开展点对点招商，推进以商招商、产业链招商，千方百计落实项目、业主和投资，实现招商引资数量、质量的全面提升。全年签约落地投资亿元以上项目不少于 100 个，引进资金同比增长 10% 以上。

2. 主导产业发展

对于主导产业方面政府正千方百计做大做强矿产冶金和新型化工产业，挺起工业经济发展脊梁。推进云铜、金剑两个铜冶炼项目加快建设，确保到以后形成百万吨优势产能。谋划铜业的全产业链发展，推动落地一批铜精深加工企业，形成产业集群，打造千亿元级产业。引进和培育有色金属产业基金，推动非标准有色金属交易中心尽快建成运营，促进铅、锌、银、锡等矿产资源开发深度调整，以资本介入撬动产业水平提升。开工建设神雾集团 70 万吨乙二醇、大地云天化工有限公司二期 60 万吨磷肥、伊品生物科技有限公司生物基戊二胺等项目，推动大唐集团煤制气项目Ⅱ、Ⅲ系复工续建，确保大地云天化工有限公司一期 60 万吨磷肥、伊品生物科技有限公司 10 万吨苏氨酸和 10 万吨合成氨建成投产，推动形成化工产业的支柱地位。

对于文化产业方面，已经确定阿斯哈图石林景区晋升国家

5A级景区，规划重塑一批新景区景点，开工建设以契丹辽文化博物馆为龙头的博物馆群，启动八里罕温泉小镇、美林谷冰雪小镇等30个特色旅游小镇建设。已经系统完成自驾游配套服务体系建设规划，全面启动27个自驾车营地和100个旅游咨询服务中心建设，加快建设旅游厕所、旅游标识系统、特色美食街区和旅游购物场所等配套服务设施，开工建设新能源汽车分时租赁一体化运营项目。

3. 创新发展

赤峰市已经严格落实国家和自治区"去产能"要求，年内淘汰煤炭产能210万吨。研究制定非商品住宅去库存政策，综合利用土地、税收等政策手段，推动房地产业稳定健康发展。加强政府债务管理，积极争取地方债券置换额度。合理利用国家投融资政策，加强金融监管和信用体系建设，确保不发生区域性、系统性金融风险。扩大大用户直供电额度，推动电力市场多边交易，争取启动增量配售电改革，降低工业企业用电成本；通过归并"五险一金"、实行税费减免缓和融资担保贴息等措施降低市场主体综合成本。正在加大政府投入力度，努力补齐教育、卫生、文化、社保等方面的突出短板，推动城乡基本公共服务均等化。正在做好融入京津、拓展东北、向北开放、转身向海"四篇文章"，不断提高开放型经济发展水平。深度融入京津冀、东三省、环渤海区域发展，努力打通基础设施、产业合作、人文交流的渠道。密切与北京市的对口合作关系，打造自治区融入京津冀协同发展的先行区。推进北向锡赤铁路通道的连通和延伸，加强与环渤海港口的合作联系，大力发展出口加工贸易。开发拓展赤峰保税物流中心功能，创造条件申建国家综合保税区。积极承接发达地区产业转移，争创国家级产业合作升级示范区。积极参与"一带一路"建设，承办好锡林郭勒赤峰、通辽三盟市与蒙古国三省区域合作会议，构建外向型经济发展新格局。

第三节 呼伦贝尔市经济发展和生态建设

一、呼伦贝尔市经济发展和生态建设的总体评价

经济发展有三个方面：一是经济社会结构性的转变，如城乡人口结构、产业结构、就业结构等的深刻变化；二是经济社会质的方面的改善，如生活质量改善、生态环境良好等；三是国民经济量的增长和扩张，增长速度、人均国民生产总值等指标的变化。

从人均生产总值角度衡量，2016年呼伦贝尔市人均生产总值64140亿元，占全自治区平均比重86.75%，占全国平均比重118.82%。在全自治区范围内属于发展较落后的地区，在全国范围内处于平均水平偏上（见表6-35）。从国民经济增速来衡量，呼伦贝尔市经济体量在2007和2008年一直保持着15%以上的高速增长，高于全国平均水平，但低于全自治区平均水平。2009年经济增长达17.1%。2010~2015年伴随着全国经济以及全自治区经济下滑开始降低，但一直不低于全国和全自治区平均水平。至2016年降低至7%，介于全国经济增速6.7%和全自治区经济增速7.2%之间（见表6-36）。但从整体国民经济增长速度角度衡量，经济增速持续下行趋势明显且呼伦贝尔市经济增长下降幅度相对全国平均水平较大但略低于全自治区平均水平，稳定经济仍是呼伦贝尔市面临的主要任务。

表6-35　2016年呼伦贝尔市生产总值、人均生产总值及与全国和全自治区平均水平比较

地区	生产总值（亿元）	人均生产总值（亿元）	占全自治区平均比重（%）	占全国平均比重（%）	增速（%）
呼伦贝尔市	1620.9	64140	86.75	118.82	7

续表

地区	生产总值（亿元）	人均生产总值（亿元）	占全自治区平均比重（%）	占全国平均比重（%）	增速（%）
内蒙古自治区	18632.6	73935	—	—	7.2
全国	744127	53980	—	—	6.7

资料来源：2017年中国统计年鉴、内蒙古统计年鉴、呼伦贝尔市统计年鉴。

表6-36 2007~2016年呼伦贝尔市、内蒙古自治区和全国国民经济增速

单位：%

地区	2007年	2008年	2009年	2010年	2011年	2012年	2013年	2014年	2015年	2016年
呼伦贝尔市	16.5	15	17.1	14.9	14.4	13.5	9.5	8.4	8.1	7.0
内蒙古自治区	19	17.2	16.9	14.9	14.3	11.7	9	7.8	7.7	7.2
全国	11.4	9.0	8.7	10.3	9.2	7.8	7.7	7.4	6.9	6.7

资料来源：2008~2017年中国统计年鉴、内蒙古统计年鉴、呼伦贝尔市统计年鉴。

从三次产业划分来衡量，第二产业经济增速降低幅度最大，全国增速从2007年13.4%降至2016年6.1%，全自治区增速从2007年25.3%降至2016年6.9%，呼伦贝尔市从2007年的19.7%降至2016年5.7%，并有随第二产业增速整体降低持续降低的趋势。第一产业经济增速降低幅度较小，2007年为4.9%，2008~2016年由8.9%降至3.5%，但降低幅度相对全国2008年的5.5%至2016年的3.3%和全自治区2008年的7.5%至2016年的3%较大。第三产业经济增速降低幅度较大，分别为全国从2007年11.4%降至2016年7.8%，全自治区从2007年15.6%降至2016年8.3%，呼伦贝尔市从2007年20.7降至2016年9.9%（见表6-37~表6-39）。说明呼伦贝尔市经济增长方式正在经历调整阶段，企业或受到影响。

表6–37　2007~2016年呼伦贝尔市、全自治区和全国第一产业增速

地区	2007年	2008年	2009年	2010年	2011年	2012年	2013年	2014年	2015年	2016年
呼伦贝尔市	4.9	8.9	6.6	5.6	5.8	7	5.8	5.5	3.8	3.5
内蒙古自治区	5.8	7.5	2.3	5.8	5.8	5.8	5.2	3.1	3	3
全国	3.7	5.5	4.2	4.3	4.5	4.5	4	4.1	3.9	3.3

资料来源：2008~2017年中国统计年鉴、内蒙古统计年鉴、呼伦贝尔市统计年鉴。

表6–38　2007~2016年呼伦贝尔市、全自治区和全国第二产业增速

地区	2007年	2008年	2009年	2010年	2011年	2012年	2013年	2014年	2015年	2016年
呼伦贝尔市	19.7	19.6	25.9	24.3	20.4	20.8	12.2	10.3	8.5	5.7
内蒙古自治区	25.3	20.5	21.4	18.2	17.8	14	10.7	9.1	8.0	6.9
全国	13.4	9.3	9.5	12.2	10.6	8.1	7.8	7.3	6.0	6.1

资料来源：2008~2017年中国统计年鉴、内蒙古统计年鉴、呼伦贝尔市统计年鉴。

表6–39　2007~2016年呼伦贝尔市、全自治区和全国第三产业增速

地区	2007年	2008年	2009年	2010年	2011年	2012年	2013年	2014年	2015年	2016年
呼伦贝尔市	20.7	14.8	15.5	10.8	12.1	8	7.7	7.2	9.3	9.9
内蒙古自治区	15.6	15.5	15	12.1	11	9.4	7.1	6.7	8.1	8.3
全国	11.4	9.5	8.9	9.5	8.9	8.1	8.3	8.1	8.3	7.8

资料来源：2008~2017年中国统计年鉴、内蒙古统计年鉴、呼伦贝尔市统计年鉴。

从投资引资角度衡量，引进国内资金额是构成投资的主要成分，从2008~2014年呼伦贝尔市引资额度持续增长，2014年达到最大841.5亿元，此后开始降低。2016年降至652亿元（见表

6-40）。实际使用外商直接投资趋势与国内资金趋势相近，从 2007~2013 年持续增长，2014 年出现短暂下降，2015 年达到近年最大 2.24 亿元后，出现急剧下滑，2016 年降至 0.51 亿元（见表 6-41）。呼伦贝尔市投资整体趋势为近年来，投资热度呈现下降态势。

表 6-40　　2008~2016 年呼伦贝尔市引进国内（市外）资金额

单位：亿元

地区	2008年	2009年	2010年	2011年	2012年	2013年	2014年	2015年	2016年
呼伦贝尔市	338.5	400	497.9	591	622.1	791.4	841.5	650.2	652

资料来源：2009~2017 年中国统计年鉴、内蒙古统计年鉴、呼伦贝尔市统计年鉴。

表 6-41　　2006~2016 年呼伦贝尔市实际使用外商直接投资额

单位：亿元

地区	2006年	2007年	2008年	2009年	2010年	2011年	2012年	2013年	2014年	2015年	2016年
呼伦贝尔市	0.37	0.21	0.58	0.83	0.85	0.97	1.07	2.31	0.66	2.24	0.51

资料来源：2007~2017 年中国统计年鉴、内蒙古统计年鉴、呼伦贝尔市统计年鉴。

从产业结构来衡量，截至 2016 年，经过结构调整持续优化，呼伦贝尔市三次产业结构由 16.5∶44.6∶38.9 优化为 15.3∶44.7∶40。相对比全自治区和全国三产业比例，呼伦贝尔市第一产业比例较高，第二产业和第三产业相对较低。从呼伦贝尔市产业就业构成来看，2007~2015 年第一产业就业比例减少，第二产业就业比较稳定，第三产业就业比例增加。呼伦贝尔市产业结构比例变化也表明，呼伦贝尔市正处于从以农业经济为主的经济阶段向以工业、服务业为主的经济阶段的过渡时期，如表 6-42 所示。

表6-42   2007~2015年呼伦贝尔市三次产业就业人数比例构成

单位：%

产业	2007年	2008年	2009年	2010年	2011年	2012年	2013年	2014年	2015年
第一产业	48.3	52	51.1	49.8	46.7	46.5	42.1	41.6	40.2
第二产业	14.8	13.8	13.5	14.5	14.9	14.5	14	13.9	13.5
第三产业	36.9	34.2	35.4	39.7	38.4	39	43.0	44.5	46.3

资料来源：2008~2016年中国统计年鉴、内蒙古统计年鉴、呼伦贝尔市统计年鉴。

从可持续发展角度衡量，近年来，呼伦贝尔市国有林区天然林商业性砍伐、绿化林、红花尔基土地退化、过度开垦放牧、毁林毁草、法律体系不完善、自然资源资产、大气、水土壤等生态文明试点建设推广力度不足等问题没有得到有效解决，尤其作为实施京津风沙治理二期工程的呼伦贝尔市沙地盐碱地治理，沙地林草植被需逐步恢复。城市空气质量方面，2017年呼伦贝尔市平均空气质量指数（AQI）在内蒙古自治区12盟市中位列第二位，其中优234天、良125天、轻度污染5天、严重污染1天。2017年全年，PM2.5、PM10、二氧化硫和二氧化氮等空气污染物排放相对比2016年同期均有不同程度的降低，并且排放量均低于全国年平均二级浓度限值，其中二氧化硫排放量更是远低于全国年平均二级浓度限值。呼伦贝尔市在空气质量取得成绩的同时，近期仍有回升趋势，守住生态底线的措施亟待改进和强化。

从城镇化比例来衡量，呼伦贝尔市城镇化水平55%低于全自治区城镇化水平61.2%同时低于全国城镇化水平57.35%，属于城镇化水平较低的城市。城镇化是人口持续向城镇集聚的过程，是世界各国工业化进程中必然经历的历史阶段。低城镇化率表明呼伦贝尔市正处于需要传统农业经济向工业经济过渡的阶段。城市化发展水平滞后，也导致工业和服务业发展滞后，农业部门难以输入分工而不能被现代化（见表6-43）。结合城镇和农牧区居民可支配收入来衡量,在2008~2016年的10年中,呼伦贝尔市城镇居民可支配收入一直保持在农牧区居民可支配收入的两倍以上。可见,呼伦贝尔市贫富分化较为严重,贫富差距大。城乡基础设施建设上,2016年呼伦贝尔市住建领域完成投资240亿元,其中市政基础设施项目完成投资55亿元。基本完成"十个全覆盖"既定任务,当年完成投资120.7亿元,农区、牧区、林区、垦区生产生活整体环境发生显著变化。综合交通体系建设完成投资121.7亿元,水利建设完成投资18亿元,电网建设完成投资21亿元。且"十二五"期间,五年投入535.4亿元,是"十一五"的1.6倍[①]。但就整体投资量而言,呼伦贝尔市基础设施建设仍处于滞后状态。

表6-43 2016年呼伦贝尔市、全自治区和全国人口分布及城镇化比例

地区	农村人口（万人）	城镇人口（万人）	城镇化比例（%）
呼伦贝尔市	122.1	149.3	55.00
内蒙古自治区	978.1	1542.1	61.20
全国	58973	79298	57.35

资料来源:2017年中国统计年鉴、内蒙古统计年鉴、呼伦贝尔市统计年鉴。

从政府财政支出角度衡量,呼伦贝尔市2008~2016年期间,公共预算收入由41.81亿元增长至106亿元,增长值64.19亿元;公共预算支出由136.02亿元增长至412.7亿元,增长值276.68亿元。财政民生支出由2008年97.9亿元增长至2016年309.5亿元,占当年公共预算支出比重由2008年59.1%增长至2016年74.6%。呼伦贝尔市2008~2016年9年间,公共财政支出增加比重远大于公共财政收入增加比重,公共财政收支矛盾日益尖锐化。其间财政民生支出等刚性支出数额和占当年公共财政支出比重不断加大,新的税源的需求日益突显,如表6-44所示。

---

① 资料来源:《呼伦贝尔市2017年政府工作报告》。

表6-44　　2008~2016年呼伦贝尔市民生支出、公共收支及比重

指标	2008年	2009年	2010年	2011年	2012年	2013年	2014年	2015年	2016年
民生支出（亿元）	97.90	57.00	75.10	114.80	191.30	222.00	215.00	234.10	309.50
占当年财政支出比重（%）	59.10	31.60	36.10	45.00	65.00	70.70	61.50	62.50	74.60
地方公共预算支出（亿元）	136.02	180.60	207.90	255.00	294.30	314.00	349.60	374.50	412.70
地方公共预算收入（亿元）	41.80	49.30	56.00	64.90	79.40	87.10	96.00	103.30	106.00

资料来源：2009~2017年中国统计年鉴、内蒙古统计年鉴、呼伦贝尔市统计年鉴。

从人民生活水平角度衡量，呼伦贝尔市城镇居民人均可支配收入和农牧区居民人均可支配收入分别由2007年10320元和4211元持续增长至2016年28885元和12540元。城镇居民人均可支配收入和农牧区居民人均可支配收入增长率分别以2007年14.02%、16.71%和2008年16.75%、20.19%高速增长。在2009年均出现大幅度降低，分别降至9.09%和10.77%，之后上升至2011年，分别为15.4%和21.4%。2012年以后，除2015年稍有升高，逐年下降至2016年，分别为7.6%和7.8%。其间全自治区和全国形势大致相同。通过对比数据，呼伦贝尔市人均可支配收入水平虽然增速略高于全国增速水平，但人均可支配收入数额均低于全自治区和全国平均水平，属于全区和全国的落后地区。2016年呼伦贝尔市城镇居民人均可支配收入和农牧区居民人均可支配收入分别为28885元、12540元，对比全自治区城镇居民人均可支配收入和农牧区居民人均可支配收入32975元、11609元和全国城镇居民人均可支配收入和农牧区居民人均可支配收入33616元、12363元来看，农牧民人均可支配收入高于自治区和全国平均水平。如表6-45和表6-46所示。

表6-45 2007~2016年呼伦贝尔市、全自治区和全国城镇居民可支配收入及增速

地区	指标	2007年	2008年	2009年	2010年	2011年	2012年	2013年	2014年	2015年	2016年
呼伦贝尔市	城镇居民可支配收入（元）	10320	12099	13643	14857	17142	20060	21482	24787	26844	28885
	增长率（%）	14.02	16.75	9.09	8.9	15.40	14.1	10.2	9.6	11.4	7.6
内蒙古自治区	城镇居民可支配收入（元）	12378	14433	15849	17698	20408	23150	26004	28350	30594	32975
	增长率（%）	19.5	9.8	11.7	11.7	15.3	13.4	12.3	9.0	7.9	7.8
全国	城镇居民可支配收入（元）	13786	15781	17215	19109	21810	24565	26467	28844	31195	33616
	增长率（%）	12.2	14.5	9.1	11	14	13	7	9	8	7.8

资料来源：2008~2017年中国统计年鉴、内蒙古统计年鉴、呼伦贝尔市统计年鉴。

第六章 内蒙古自治区东部生态经济带建设

表6-46 2007~2016年呼伦贝尔市、全自治区和全国农牧区（农村）居民可支配收入及增速

地区	指标	2007年	2008年	2009年	2010年	2011年	2012年	2013年	2014年	2015年	2016年
呼伦贝尔市	城镇居民可支配收入（元）	4211	5061	5606	6295	7643	9130	9990	10751	11632	12540
	增长率（%）	16.71	20.19	10.77	12.29	21.40	16.7	13.4	11.5	13.9	7.8
内蒙古自治区	城镇居民可支配收入（元）	3953	4656	4938	5530	6642	7611	8985	9976	10776	11609
	增长率（%）	18.29	17.78	6.06	12	20.1	14.6	18.1	11	8	7.7
全国	城镇居民可支配收入（元）	4140	4761	5711	6453	7511	8451	9430	10489	11422	12363
	增长率（%）	9.5	15	19.95	13	16	13	12	11	9	8.2

资料来源：2008~2017年中国统计年鉴、内蒙古统计年鉴、呼伦贝尔市统计年鉴。

二、呼伦贝尔市的发展潜力与未来的发展方向

(一)发展潜力

呼伦贝尔市拥有得天独厚的优势,具备巨大的发展潜力,同时也面临科学合理地利用优势、挖掘潜力的挑战。呼伦贝尔市的发展具备诸多有利条件。第一,土地资源。呼伦贝尔市土地总面积25.3万平方公里,资源丰富,类型多样,全市土地有8大类,二级分类共42种类型,耕地土壤以黑土、暗棕壤、黑钙土和草甸土为主,土质肥沃,自然肥力高。2007年,全市土地面积25.3万平方公里,天然草场面积8.4万平方公里,占全市土地面积的33.2%。第二,草原资源。呼伦贝尔草原位于大兴安岭地区以西,是牧业四旗——新右旗、新左旗、陈旗、鄂温克旗和海区、满市及额尔古纳市南部、牙克石市西部草原的总称。由东向西呈规律性分布,地跨森林草原、草甸草原和干旱草原三个地带。除呼伦贝尔草原东部(约占草原总面积的10.5%)为森林草原过渡地带外,其余多为天然草场。多年生草本植物是组成呼伦贝尔草原植物群落的基本生态性特征。呼伦贝尔草场又可分为八大类,主要有六大类,即山地草甸、山地草甸草原、丘陵草甸草原、平原丘陵干旱草原、沙地植被草地、低地草甸草场。第三,森林资源。大兴安岭地区在蒙古高原与松辽平原之间,自东北向西南,逶迤纵贯千余里,构成了呼伦贝尔市林业资源的主体。呼伦贝尔市境内有林地面积12.67万平方公里,占全市土地总面积的约50%,占自治区林地总面积的83.7%;呼伦贝尔市森林覆盖率49%,森林活立木总蓄积量9.5亿立方米,全市森林活立木蓄积量占自治区的93.6%,占全国的9.5%。第四,生物资源。呼伦贝尔市野生植物资源相当丰富,共有野生植物1400多种,有经济价值的野生植物达500种以上,主要有野生药用植物、野生经济植物、野生油料植物、野生纤维植

物、野生淀粉植物、野生食用植物、野生果品植物等。呼伦贝尔市野生动物品种和数量繁多。据不完全统计，全市野生动物种类占全国种类总数的12.3%，占自治区的70%以上，居第一位。在这些动物（不含鸟类）中，受国家保护的一、二、三类野生动物和受自治区保护的野生动物品种有30余种，其中有些是珍稀兽类和禽类，兽类中以鹿科动物最为有名。全市313种鸟类中，受国家保护的鸟类有60多种，如丹顶鹤、白头鹤、白鹤、灰鹤、大天鹅、小天鹅等。第五，水资源。水资源总量为316.19亿立方米，占自治区的56.4%；地表水总量298.19亿立方米，地下水总量18亿立方米。水资源总量为286.6亿立方米；地表水资源量272亿立方米，占全国地表水资源量的1%，占全自治区地表水资源量的73%；地下水资总量14.6亿立方米。全市人均占有水资源量为1.1万立方米，高于世界人均占有量，是全国人均占有量的4.66倍。水能资源理论蕴藏量246万千瓦，水域面积48.32万公顷。

  呼伦贝尔市的发展拥有优势策略和政策支持"一带一路"倡议、蒙东地区和东北地区西部生态经济带发展战略为欠发达地区带来了契机。欠发达地区具有一定程度的后发优势，即欠发达地区有很多发达地区的科学技术和先进经验制度政策可以借鉴和利用，利用优势规避发展中的问题，因此存在比发达地区更快的发展速度，最终实现"弯道超车"。具体来说，积极融入国家"一带一路"和新一轮东北振兴战略，有序推进中俄蒙合作先导区和中蒙跨境经济合作区前期工作。加强全市口岸建设，努力推进边境进出口贸易和招商引资进程。积极利用满洲里综合保税区实现封关运营、扎赉诺尔区陆地边境县地缘优势、海拉尔·中俄蒙博览会国家级展会等，打造中蒙俄经济进出口贸易走廊。响应东北振兴"十三五"规划，培育壮大创新群体。

（二）发展方向

1. 呼伦贝尔市的发展在于积极发展现代化体系，大力发展创新、高新产业

加快现代职业教育体系建设，培养老工业基地振兴发展急需的高素质劳动者和技术技能人才。以产教融合、双元培养为主攻方向，建立学校和企业双元育人制度。统筹培育技术技能人才的企业资源、学校资源和培训资源，建立产教对接的供需衔接机制和责任分担的合作育人机制。推动政府、行业、企业、学校发挥各自优势、紧密配合，建立健全职业教育产教融合制度体系。加快建设支撑产业转型升级、开放共享的职业技能公共实训基地。深入开展老工业基地产业转型技术技能人才改革试点。

2. 建设创新创业服务平台

支持东北地区充分利用现有基础、依托互联网建设一批创新创业服务平台，探索建设跨区域跨行业平台。围绕装备制造等特色优势产业，鼓励企业自建或与科研院所共建技术研究院、共性技术研发中心、装备性能分析中心等新型创新平台。依托高校产业园区促进区域创新和人才引进，支持高校建设研发转化平台。鼓励发展众创、众包、众扶、众筹等大众创业万众创新支撑平台，打造虚拟空间、创客平台、创业社区等众创载体。鼓励发展黑龙江大米网、辽源袜业园、葫芦岛泳装产业基地、通辽农畜产业区等电子商务公共服务平台。鼓励线上线下创新创业平台融合发展，支持汽车电子、生物医药等特色专业孵化器建设。支持东北地区与知名互联网企业在电子商务、就业创业等领域开展合作。

> **专栏 6-5**
>
> **首批老工业基地产业转型技术技能人才**
> **双元培养改革试点城市名单**
>
> ● 辽宁省：沈阳市、盘锦市、本溪市、鞍山市；
> ● 吉林省：长春市、吉林市、辽源市；
> ● 黑龙江省：哈尔滨市、齐齐哈尔市、大庆市、佳木斯市、牡丹江市；
> ● 内蒙古自治区：通辽市、呼伦贝尔市、赤峰市。
>
> 资料来源：《首批老工业基地产业转型技术技能人才双元培育改革试点城市名单公布》，中央政府门户网，http://www.gov.cn/xinwen/2016-05/11/Content_5072212.html。

3. 积极发展高端装备制造业

以建设具有国际竞争力的先进装备制造业基地和重大技术装备战略基地为目标，加快推动装备制造业转型升级。建设一批装备制造业创新中心，强化核心基础零部件、先进基础工艺等工业基础能力建设，实施装备制造业标准化和质量提升规划，开展质量品牌提升行动，提升重大装备产品技术工艺水平。发挥老工业基地比较优势，完善自主创新体系，加强基础研究、关键技术研究验证和条件能力建设，做强"工业母机"，推动实施燃气轮机、航空发动机等领域的重大工程项目。引导中小企业融入装备制造产业链，形成合理分工、高效合作的优势产业集群。打造一批空间布局合理、主导产业突出的专业产业园区，建设一批产业转型升级示范区、示范园区及示范基地，在实施《中国制造2025》中重塑东北地区装备竞争力，促进东北地区装备"装备中国"、走向世界。优化汽车生产基地布局，提高研发能力和发动机等核心零部件配套能力。

> **专栏 6-6**
>
> **装备制造业发展重点和主要基地**
>
> ● 农机装备发展重点:联合收割机械、精准播种施肥机械、整地机械、先进牧业机械大型农机电控系统等。
>
> ● 主要基地:呼伦贝尔市农牧业机械装备制造基地。
>
> 资料来源:《东北振兴"十三五"规划》,中国计划出版社 2017 年版。

4. 呼伦贝尔市的发展在于培育旅游、文化、体育、健康、养老等新消费增长点

强化旅游基础设施建设,大力发展生态、工业、边境、文化和滨海旅游,推动全域旅游发展,打造国际知名旅游目的地。建立健全健康养老服务体系,打造"候鸟式"休闲康养基地,推进沈阳、长春、哈尔滨、齐齐哈尔等地开展康养服务业综合改革试点。支持符合条件的城市申报国家历史文化名城,加强传统村落和民居的保护。加快发展现代文化产业,积极发展网络视听、移动多媒体等新兴产业,推动影视制作等传统产业转型升级,推进文化业态创新,扩大和引导文化消费。积极发展体育产业,大力发展冰雪产业。鼓励发展温泉疗养、康体保健、中医理疗等健康养生产业。由于内因是变化的根据,外因是变化的条件,外因通过内因而起作用。协调内因外因,实现波特假说、克服马太效应,是经济发展的根本的动力。

> **专栏 6-7**
>
> **东北特色旅游产品体系**
>
> ● 生态旅游:打造呼伦贝尔、锡林郭勒、科尔沁等草原生

态旅游目的地，大小兴安岭、长白山、辽东山地等森林生态旅游目的地，三江、松嫩、辽河下游等湿地生态旅游目的地。

资料来源：《东北振兴"十三五"规划》。

第四节　锡林郭勒盟经济发展和生态建设

一、锡林郭勒经济发展的总体评价

锡林郭勒盟（以下简称锡盟）是一个典型的牧业区，全盟牧业旗县在经济社会发展历程中，长期以传统的畜牧业为单一经济类型，经济总量比较低，工业化水平与全国相比，尤其是与东南沿海地区相比差距较大。锡盟既是全国重要的畜产品基地，自治区重要的能源和有色金属基地，又是距北京、天津两市最近的草原牧区，华北地区的重要生态屏障，同时也是西部大开发的前沿。

"十二五"期间，锡盟紧紧抓住西部大开发战略及京津冀地区经济辐射发展的机遇，经济社会发展取得了不菲的成绩，综合实力大幅提升。几年间锡盟地区经济总量和人均GDP均呈现稳定增长，2015年全盟地区生产总值达1002.60亿元，较2014年增长7.7%，按常住人口计算，全年人均生产总值96292元，比上年增长7.5%，锡盟地区人均生产总值还是高于全自治区和全国平均水平的。具体如表6-47所示。

表6-47　2015年锡盟人均生产总值及与全自治区和全国平均水平的比较

地区	人均生产总值（元）	占全自治区平均比重（%）	占全国平均比重（%）
锡盟	96265	135.39	192.56

续表

地区	人均生产总值（元）	占全自治区平均比重（%）	占全国平均比重（%）
全自治区平均	71101	—	—
全国平均	49992	—	—

资料来源：2016年中国统计年鉴、内蒙古统计年鉴、锡林郭勒盟统计年鉴。

锡盟第一产业中主要以农业和牧业为主，并且长期为本地区的经济增长贡献力量。第二产业主要是以煤炭采掘业为主。由于前几年煤炭效益好，而本地煤炭开采容易，因此衍生出了露天采煤业。露天采煤尤其对周围生态环境影响恶劣。往来的机动车辆，周围的配套设置，人为的无序开采都使锡林郭勒盟部分地区生态系统面临退化的危机，经济发展的不可持续问题日益突出。第三产业主要是交通运输以及旅游业等。由于交通运输很多不由锡林郭勒盟本地政府决定，所以开发旅游业效果最好，代价最低。

从锡盟2005~2015年的GDP和三大产业的生产总值以及2015年三大产业占GDP比重、就业人员比重，可以看出其经济增长的大致概况，如表6-48~表6-50所示。

表6-48　　　　2005~2015年锡盟三大产业生产总值　　　单位：万元

年份	GDP	第一产业	第二产业	第三产业
2005	1661295	303332	820106	537857
2006	2119434	319676	1153854	645904
2007	2912430	391040	1702326	819064
2008	3961321	470900	2505000	985421
2009	4850489	521400	3163640	1165449

第六章 内蒙古自治区东部生态经济带建设

续表

年份	GDP	第一产业	第二产业	第三产业
2010	5912500	596003	3988652	1327845
2011	6966856	718720	4630135	1618000
2012	8202013	815767	5497629	1888617
2013	9024033	915001	5750558	2358474
2014	9405843	984852	5895206	2525785
2015	10001044	1055034	6111200	2834810

资料来源：2006~2016年锡林郭勒盟统计年鉴。

表6-49 2015年锡盟、内蒙古自治区及全国三大产业占生产总值比重

单位：%

地区	第一产业比重	第二产业比重	第三产业比重
锡盟	10.55	61.11	28.34
全自治区	9.1	50.5	40.4
全国	8.9	40.9	50.2

资料来源：2016年中国统计年鉴、内蒙古统计年鉴、锡林郭勒盟统计年鉴。

表6-50 2015年锡盟、内蒙古自治区及全国三大产业就业人员比重

单位：%

地区	第一产业就业人员比例	第二产业就业人员比例	第三产业就业人员比例
锡盟	41.45	16.01	42.54
全自治区	39.10	17.06	43.84
全国	28.3	29.3	42.4

资料来源：2016年中国统计年鉴、内蒙古统计年鉴、锡林郭勒盟统计年鉴。

通过表6-48～表6-50可以更加简单明了地看出，在GDP的贡献中，刚开始几年，第一产业主要起到了贡献GDP的作用，随后第二产业的贡献越来越高，而第一、第三产业的增长却不明显，没有为拉动本地区经济增长做出突出贡献。根据上文的论述，锡盟第二产业主要是依靠煤炭行业。煤炭开采不仅对周边生态环境造成很大的破坏，而且开采过程中需要浪费大量的水。锡盟的煤炭主要为褐煤，褐煤煤质较差，水分含量高，发热量低，尤其是在一些露天煤矿，煤炭开采对周边环境的破坏性更大。

当前我国正处于新常态的背景下，新常态背景下一个重要的问题就是经济出现产能过剩现象，去产能背景下，首当其冲的就是钢铁业和煤炭业。煤的燃烧会带来温室效应，煤炭中夹杂的硫会引起酸雨和雾霾。同时，煤炭是不可再生资源，我国政府已经在供给侧改革的全国规划中给出了削减煤炭产量的方式方法，因此锡盟实现第一、第三产业的增长才能实现可持续发展。

锡林郭勒盟地广人稀，2017年面积20.30万平方公里，常住人口只有105.16万人，人口密度仅为5.18人/平方公里。总人口少，导致锡盟牧区城镇规模普遍偏小，盟域中心城市锡林浩特市户籍人口17.93万人，常住人口25.14万人，城镇人口22.45万人。由于各级城镇的主导产业均为能源、电力等资源型产业，导致中心城镇的产业辐射功能不强，无论是从产业协作还是产业服务等方面对周边旗县的带动力不足，造成极化效应较弱。现有中心城市对邻接周边地区的辐射力度较弱，中心城市与腹地城市之间人才、资金、技术等生产要素互动格局尚未形成，中心城市的极化效应较弱，对空间体系组织和领导作用的缺位，是造成锡盟牧区区域空间体系较为分散的重要原因。锡盟牧区多个旗县多以煤炭采掘、有色金属采掘、建材等为主导产业，产业结构相似度高，与资源经济相关的上下游分工协作的产业链条没有形成，空间联系程度较弱。由于各旗县间的产业严重同构、空间距离较远等原因，各旗县之间的空间联系普遍比较弱，尚未形成明确的空间组织分工体系。经济基础空间分布不均衡，锡林郭勒盟牧区西南部的镶黄旗、中部北部的乌拉盖管理区、西乌珠穆沁旗人均地区生产总值较高，锡盟牧区 10 个旗、市、区人均地区生产总值差异较大且分布较为分散。锡盟与自治区和全国的城市化水平如表 6-51 所示。

表 6-51　2015 年锡盟、内蒙古自治区及全国城市化水平　　单位：%

地区	乡村人口构成	城镇人口构成
锡盟	38.88	52.02
全自治区平均	39.70	60.30
全国平均	43.90	56.10

资料来源：2016 年中国统计年鉴、内蒙古统计年鉴、锡林郭勒盟统计年鉴。

二、锡林郭勒的生态建设以及经济协调发展

（一）生态建设方面

草地及其资源不仅是我国北方地区重要的生态安全屏障，也是草地畜牧业和草原牧民生产生活的根本物质基础，草地既具有重要而独特的生态价值，又具有重要的经济生产价值。世纪之交，由于不恰当的草地资源使用和开发，同时叠加了历史少有的自然灾害，我国北方草原地区遭遇了前所未有的生态环境危机。草地大面积退化沙化，灾害性天气频发，草地生产能力严重下降，农牧民入不敷出。这种局面不仅直接威胁到当地农牧民的生产生活与牧区的发展，而且严重干扰了周边地区正常的生产生活，造成了巨大的经济和社会损失。草地的持续退化问题不仅引起了学者和专家的忧虑和反思，也引起了党和国家的高度重视。一时之间，草原生态环境成为学术界和政府层面关注的热点

问题。

锡林郭勒草原作为北方干旱半干旱草地资源的典型代表，特别是作为北京市、天津市等核心区域沙尘暴最主要的风沙源，受到了各方的强烈关注。锡林郭勒草原位于内蒙古锡林郭勒盟，总面积达17.96万平方公里，是我国三大天然草原之一，也是欧亚大陆最具典型性的温带草原样板。锡林郭勒草原是内蒙古高原草原区的主体部分，天然草地总面积达到1930.5万公顷。长期以来，草原畜牧业一直是锡盟的支柱产业，但随着牲畜头数的不断增加，草场超载过牧日益严重，再加上世纪之交连续发生多种严重自然灾害，草原生态急剧恶化，畜牧业遭受严重损失。近些年，由于不科学的草场利用以及多种严重自然灾害的频繁发生，致使锡林郭勒草原草畜矛盾日趋尖锐，生态环境急剧恶化。

锡林郭勒草原最主要的生态环境问题是土地荒漠化和物种减少。作为内蒙古自治区最大的草原区，草地面积为1930.5万公顷，目前草地退化面积达1450.6万公顷，占全盟草原总面积的75.14%。自20世纪70年代以来，锡林郭勒草原退化、沙化日趋严重，天然植被逐渐稀疏。植被覆盖率由1984年的35.5%降低至1997年的27.2%，自西向东呈逐渐加剧的态势。

根据区域内不同生态条件和农牧业生产特点，锡盟具体采用了四类不同的草地退化治理思路和措施。一是东中部典型草原区，主要通过严格控制牧区人口，落实草畜平衡责任制，实行较高水平的划区轮牧，对现有沙源地区进行综合治理。二是西部荒漠半荒漠草原区，对草场实行分类保护、适度利用，以牧区人口转移和天然草场恢复为重点，通过划定"生态恢复禁牧区"实施草场禁牧，通过草原生态补偿，推进牧区人口转移和产业结构调整。三是浑善达克沙地治理区，实施以"飞、封、造"为主要内容的建设措施，加大人口转移，推广"种一小块，围一大片，集约经营抓改良"的生产模式，大力发展沙产业，创新沙地经营管理机制，实现"生态建设产业化、产业开发生态化"的目标。四是南部农区，大力实施退耕还林，推行全境禁牧，实现由单一的种植业主导向多样化和舍饲圈养主导的产业发展模式转变。

（二）经济发展方面

一种发展模式是锡盟可以根据自然资源优势发展新型城镇化，中东部地区的锡林浩特市、阿巴嘎旗、西乌珠穆沁旗、东乌珠穆沁旗和乌拉盖管理区，水资源禀赋较好，水资源较为丰富，新型城镇化水平总体较高，生态不敏感和轻度敏感，工业化基础较好，实施依托畜牧业—新型工业—旅游业的文化提升模式。

另一种发展模式是选择走新型工业化之路，发挥后发优势和比较优势。锡盟在凭借自然资源优势快速发展工业的同时，出现了一系列问题，如产业结构不合理、生态环境污染严重、资源消耗过快等，但是并没有走到不可挽回的地步，工业化进程还存在很大的发展空间，具有明显的后发优势，越早的探索出发展之路，就能越快的实现工业化目标。在未来的工业化过程中，锡盟可以借鉴先发地区的知识技术，引用先发地区制度成果，避免先发地区在工业化发展中遇到的问题，以新型工业化的发展理念，合理规划产业布局，调整产业结构，明确经济发展思路，通过后发优势逐渐缩短与先发地区的差距。这里必须指出的是，后发优势只是一种潜在的实现追赶的必要条件，并不必然成为锡盟的现实竞争优势，要想使后发优势得到充分发挥，锡盟必须对自身有充分的认识，立足盟情，为后发优势的发挥创造有利的制度和政策环境，实现经济和生态的协调发展。

实现可持续发展的一种重要举措是发展现代农牧业，继续增加农牧业的投入，大力发展农村牧区公共事业，确保农牧民纯收入持续稳定的增长切实贯彻"多予、少取、放活"的方针，千方百计地增加对农牧业及农村牧区的投入，是实现农牧业与农村牧区经济可持续发展、走出农牧民增收难困境的基本保障。各级政府要继续增加对农牧业基本建设、农村牧区基础设施建设与生态环境保护建设的财政投资。除此之外还要发展生态文明，创建生态技术体系，推进农牧业科技进步，从而有效地提高农牧业的现代化水平。最后还要保持特色、追求绿色，大力发展生态农牧业，有效提高农牧业及农畜产品的竞争力。

专栏 6-8

现代牧业投资项目

● 基金：建立10亿元的"现代牧业发展基金"；

● 地点：重点在乌拉盖管理区、东乌珠穆沁旗、阿巴嘎旗、正蓝旗等地打造优质肉牛良种繁育示范基地，大力推进肉牛优良品种的引进、繁育和推广工作。

资料来源：《中共锡盟委锡盟行署关于加快发展优质良种肉牛产业的决定》，www.dlx2f.gov.cn。

第五节 通辽市经济发展和生态建设

一、通辽市经济发展的总体评价

通辽市地处内蒙古自治区东部，面积5.98万平方公里，人口316.36万，其中蒙古族占总人口的45%。现辖一区一市五旗一县，通辽市是我国重要的商品粮基地，发展畜牧业历史悠久，煤炭、硅砂等矿产资源也十分丰富，属于典型的资源富集区，其已形成了一个具有一定工业化基础，农工商服务业共同发展的新型经济区，且其为蒙东地区重要的交通枢纽。

第六章 内蒙古自治区东部生态经济带建设

从经济发展角度，以人均 GDP 作为衡量指标，能够更加客观的了解该地区人民生活水平的状况和发展状况。通辽市 2011～2015 年的人均 GDP 分别为 46851 元、53976 元、57902 元、60380 元、60123 元，与全自治区人均和全国人均相比，虽然高于全国人均 GDP 但低于全自治区人均 GDP，占全自治区人均 GDP 的 85% 左右，全自治区排名第八，属于经济欠发达地区，如表 6-52 所示。

表 6-52　2011～2015 年通辽市人均 GDP 与全自治区及全国的比较

地区及指标	2011 年	2012 年	2013 年	2014 年	2015 年
通辽市（元）	46851	53976	57902	60380	60123
内蒙古自治区人均（元）	57974	63886	67836	71046	71101
占全自治区人均比重（%）	81	84	85	85	85
全国人均（元）	36403	40007	43852	47203	49992

资料来源：2012～2016 年中国统计年鉴、内蒙古统计年鉴、通辽统计年鉴。

从经济增长速度来看，在 2010～2015 年，受经济下行压力的影响，通辽市的经济增长趋于下滑（见表 6-53 和图 6-9），尤其是在 2013 年增速下降了 3.4%，主要是由于受国内外经济环境的影响，作为该市产业比重最大的制造业受到了严重冲击，工业企业效益下滑，电煤、铝锭、淀粉、水泥等价格下降且消费需求低位运行，致使煤炭等大宗商品外运量减少。但增长速度仍维持在 8% 左右，保持了经济的中速增长，且高于全自治区平均水平和全国平均水平。

表 6-53　2010～2015 年通辽市、内蒙古自治区、全国经济增长速度

单位：%

地区	2010 年	2011 年	2012 年	2013 年	2014 年	2015 年
通辽市	16	14.6	13.2	9.8	8.8	7.9
内蒙古自治区	14.9	13.8	11.3	8.7	7.5	7.4
全国	11	10	8	8	7	7

资料来源：2011～2016 年中国统计年鉴、内蒙古统计年鉴、通辽统计年鉴。

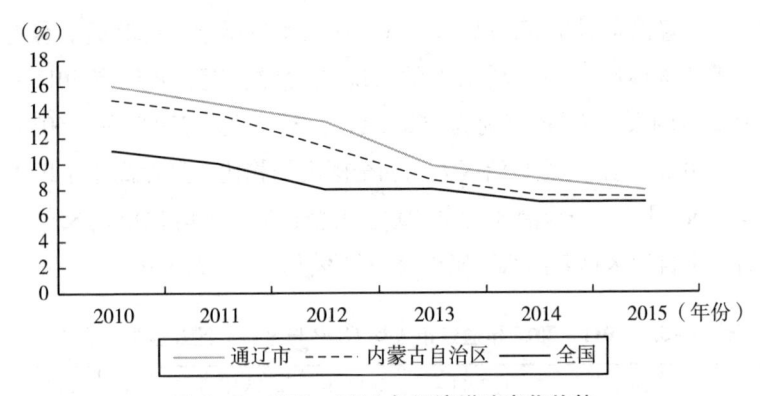

图 6-9　2010~2015 年经济增速变化趋势

资料来源：2012~2016 年中国统计年鉴、内蒙古统计年鉴、通辽统计年鉴。

从三次产业增长水平来看，从表 6-54~表 6-56 中可以看出，第一、第三产业增长速度的变动较为平缓，变动幅度维持在 2% 左右，可见第一、第三产业受到总需求减少的影响相对较小，即使在 2013 年通辽市人均 GDP 下降 3.4% 时，第一产业的增长速度还上升了 1.6%。第二产业则受经济的影响较为严重，2013 年受到总需求减少的影响，降幅达 5.9%。从图 6-10 中可以看出，第二产业的波动幅度远远高于第一、第三产业波动幅度，也高于总体经济的波动幅度。

表 6-54　　　2010~2015 年通辽市第一产业增长速度　　　单位：%

地区	2010 年	2011 年	2012 年	2013 年	2014 年	2015 年
通辽市	5.7	5.3	5.1	6.7	4.3	4.2
内蒙古自治区	5.8	5.8	5.8	5.2	3.1	3
全国	4	4	5	4	4	4

资料来源：2011~2016 年中国统计年鉴、内蒙古统计年鉴、通辽统计年鉴。

表6-55　　　　2010~2015年通辽市第二产业增长速度　　　单位：%

地区	2010年	2011年	2012年	2013年	2014年	2015年
通辽市	24.5	19.2	17.1	11.2	10.1	8.6
内蒙古自治区	18.2	17.8	14	10.7	9.1	8
全国	13	11	8	8	7	6

资料来源：2011~2016年中国统计年鉴、内蒙古统计年鉴、通辽统计年鉴。

表6-56　　　　2010~2015年通辽市第三产业增长速度　　　单位：%

地区	2010年	2011年	2012年	2013年	2014年	2015年
通辽市	10.6	9.6	7.9	7.2	7.3	7.7
内蒙古自治区	12.1	11	9.4	7.1	6.7	8.1
全国	10	10	8	8	8	8

资料来源：2011~2016年中国统计年鉴、内蒙古统计年鉴、通辽统计年鉴。

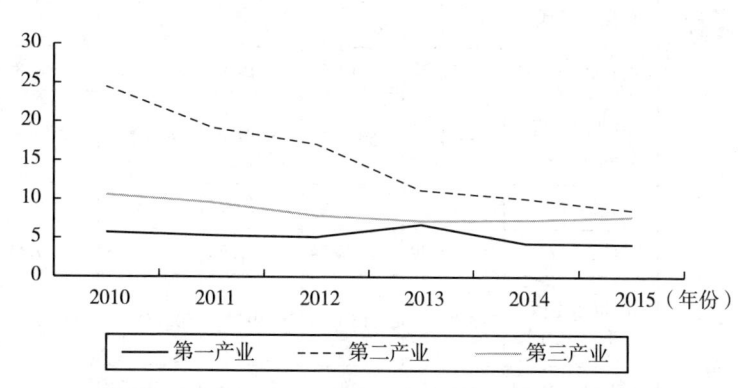

图6-10　2010~2015年通辽市三次产业增速变动趋势

资料来源：2011~2016年中国统计年鉴、内蒙古统计年鉴、通辽统计年鉴。

社会消费品零售总额是指批发和零售业、住宿和餐饮业以及其他行业直接售给城乡居民和社会集团的消费品零售额，是表现地区消费需求最直接的数据，其反映各行业通过多种商品流通渠道向居民和社会集团供应的生活消费品总量，是研究零售市场变动情况、反映经济景气程度的重要指标。由表 6-57 可知，在 2012~2016 年，通辽市的社会消费品零售总额呈上升趋势，但增速却有所放缓，增长基本保持在 10% 左右。但与全自治区和全国水平相比，增速较低，且其总量只占全区的 7.5% 左右、全国的 0.16% 左右，可知该市的消费需求量少，地区消费需求不足，国内贸易发展落后。

表 6-57　　2012~2016 年通辽市、内蒙古自治区和全国
社会消费品零售总额、增速及占比

地区	指标	2012 年	2013 年	2014 年	2015 年	2016 年
通辽市	消费品零售总额（亿元）	330.53	372.35	435.44	469.32	515.34
	增长率（%）	11.3	12.6	16.9	7.8	9.8
内蒙古自治区	消费品零售总额（亿元）	4534.6	5075.2	5619.9	6107.7	6700.8
	增长率（%）	15.2	12.0	10.7	8.6	9.7
	全区占比（%）	7.29	7.34	7.75	7.68	7.69
全国	消费品零售总额（亿元）	210307	237810	262394	300931	332316
	增长率（%）	11.5	13	10.3	14.7	10.4
	全国占比（%）	0.16	0.16	0.17	0.16	0.16

资料来源：2013~2017 年中国统计年鉴、内蒙古统计年鉴、通辽统计年鉴。

从进出口情况来看（见表6-58），2014~2016年，通辽市的进出口总额平稳，但在2016年出现了负增长，这主要是由于出口总额的大幅度下降。其中，民营企业进出口总额占全市进出口总额的90%左右，进出口变动严重影响全市进出口情况，2016年受经济下行的影响，部分企业生产经营困难，民营进出口贸易量放缓，出现负增长，民营经济发展不充分，对外贸易发展受到制约。通辽市的净出口情况由2014年之前的上升转为逐渐放缓回落，净出口增长在2015年和2016年出现负增长，出口对经济的拉动作用为负。

由消费和出口情况的分析，可知通辽市的内部消费需求量不足，对外出口增长放缓，经济增长动力不足，增长势头放缓，需重点寻求新的经济增长点。从通辽市的经济结构来看，通过表6-59可知，该市的产业结构是"二三一"的结构形式，其第二产业在该市的产业中所占的比重可达一半以上，是典型的以发展工业、制造业为主的城市。通辽市的第一产业在整个产业中所占比重稳定，维持在14.4%左右，表明农业的基础地位比较稳定，该市为全区重要的玉米种植基地，农业发展对于该市的经济具有重要的作用。但其第一产业比重远高于全自治区和全国的比重水平，农业占比过高阻碍第二、第三产业的发展。对于第三产业，从2013~2015年，其比重是呈逐年上升的趋势，三年间提高了7%，但仍低于全区和全国水平，第三产业的占比过低，表明该市的服务业发展水平不足，现代服务业发展滞后，第三产业并未发挥促进一二产业发展的作用。且"二三一"的产业结构与全国"三二一"的产业结构差异也说明了该市的产业结构不合理，仍然以发展传统工业、制造业为主，战略性新兴产业发展不足。

表6-58　　　　　　　　2014~2016年通辽市进出口额情况

单位：万美元

指标	2014年 进口 本年累计	2014年 进口 同比增长	2014年 出口 本年累计	2014年 出口 同比增长	2015年 进口 本年累计	2015年 进口 同比增长	2015年 出口 本年累计	2015年 出口 同比增长	2016年 进口 本年累计	2016年 进口 同比增长	2016年 出口 本年累计	2016年 出口 同比增长
外贸总额	43000	106	43500	1.3	9100	140	34400	-12.2	41300	-5.2	118800	29.9	29500	-14.2
民营企业	38585	94.2	40189	4.2	6247	768	33942	-10.1	36945	-8.1	7666	22.7	29279	-13.7
国有企业	2059	365	3118	5.4	2819	69.3	299	-76.9	100	-66.6	0	0	100	-66.6
外资企业	1456	800	193	-86.7	34	-97.4	159	18.7	4234	40.6	4134	44.9	121	-23.9

资料来源：2015~2017年通辽统计年鉴。

第六章 内蒙古自治区东部生态经济带建设

表6-59　　　　2013~2015年通辽市与全自治区、
　　　　　　全国三次产业占比　　　　　　　单位：%

年份	地区	第一产业比重	第二产业比重	第三产业比重
2013	通辽市	14.4	57.7	27.9
	内蒙古自治区	9.1	55.4	35.5
	全国	4.3	48.5	47.2
2014	通辽市	14.2	56.5	29.3
	内蒙古自治区	9.5	54	36.5
	全国	4.7	47.8	47.5
2015	通辽市	14.4	50.5	35.1
	内蒙古自治区	9.2	51.3	39.5
	全国	4.6	41.6	53.7

资料来源：2014~2016年中国统计年鉴、内蒙古统计年鉴、通辽统计年鉴。

从表6-60中可以发现，通辽市第一产业就业构成高于50%，三次产业的就业构成为"一三二"，与其产业产值结构"二三一"不一致。其产业比重最大的第二产业吸纳就业的人数却最少，反而是第一产业吸纳就业的人数超过一半，成为就业人数最多的一个产业，服务业退居其次。这表明农村劳动力过剩并且效率低下，难以向第二、第三产业转移，向全国"三二一"的就业结构调整过渡的任务艰巨，向工业强市转变的任务受到阻碍，经济结构与就业结构不匹配，也使得该市的经济发展、产业结构调整受到制约。

表6-60　　2013~2015年通辽市三次产业就业构成　　单位：%

年份	地区	第一产业比重	第二产业比重	第三产业比重
2013	通辽市	52.41	21.13	26.46
	内蒙古自治区	41.25	18.79	39.96
	全国	31.4	30.1	38.5

续表

年份	地区	第一产业比重	第二产业比重	第三产业比重
2014	通辽市	55.38	15.3	29.32
	内蒙古自治区	39.2	18.27	42.55
	全国	29.5	29.9	40.6
2015	通辽市	53.2	15.4	31.4
	内蒙古自治区	39	17.1	43.9
	全国	28.3	29.3	42.4

资料来源：2014~2016年中国统计年鉴、内蒙古统计年鉴、通辽统计年鉴。

从城乡协调发展上来看，由表6-61和图6-11可知，通辽市的城市化率在这6年期间呈上升趋势，增加了8.84%。但与全国和全自治区的城市化率相比较，还具有一定的差距。在2016年，通辽市的城市化率比全自治区低13.66%，比全国低9.81%。这表明通辽市在由传统农业经济向工业经济过渡中，城市化率水平较低，而较低的城市化率使得其工业和服务业发展滞后，农业部门难以输入分工而不能被现代化。同时，较低的城市化率也说明了该市的经济发展水平低。

表6-61　　2010~2016年通辽市、内蒙古自治区与全国城市化率

单位：%

地区	2010年	2011年	2012年	2013年	2014年	2015年	2016年
通辽市	38.7	38.7	38.15	44.28	45.36	46.35	47.54
内蒙古自治区	55.50	56.60	57.7	58.7	59.5	60.3	61.2
全国	49.95	51.27	52.57	53.73	54.77	56.1	57.35

资料来源：2011~2017年中国统计年鉴、内蒙古统计年鉴、通辽统计年鉴。

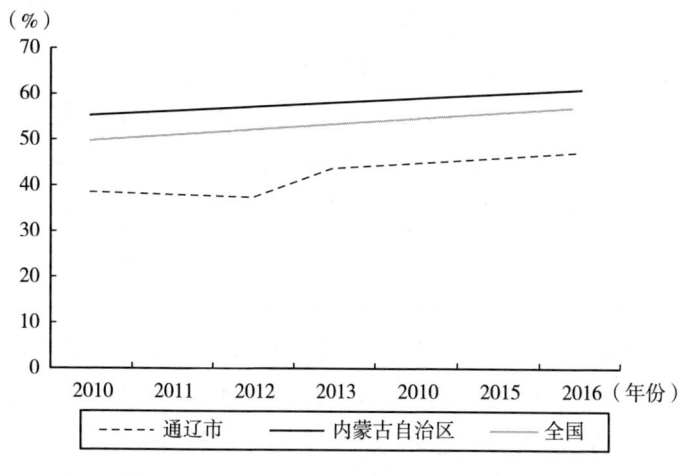

图 6-11　2010～2016 年城市化率变动趋势

资料来源：2011～2017 年中国统计年鉴、内蒙古统计年鉴、通辽统计年鉴。

二、生态环境建设与经济协调发展

在经济发展的过程中，不可忽视其与环境和生态的关系。要正确处理好经济发展和生态环境之间的矛盾，避免走"先污染，后治理"的老路，要做到"既要绿水青山，也要金山银山"，绝不可以牺牲环境为代价促使经济的高速发展。

通辽市地处我国四大沙地中最大的沙地科尔沁沙地腹地，沙土面积4086万亩，占通辽市总土地面积的45.5%，全市草原总面积5129亩，退化、沙化、盐渍化草原面积4217万亩，占草原总面积的52%[①]，是全国土地沙化和水土流失最严重的地区之一，其造林绿化、防沙治沙是其生态建设的重中之重。

对于通辽市沙化土地的治理，从20世纪80年代就已经开始。通过"三北"防护林、退耕还林、公益林保护等国家重点生态工程项目，持续组织实施"5820"工程、"双百万亩"工

---

① 资料来源：2015年通辽年鉴。

程、城郊百万亩森林工程和科尔沁沙地"双千万亩"综合治理工程，对于沙地的治理已经取得显著效果。该市累计完成综合防治治理2000多万亩。在2010~2015年，通辽市的森林覆盖率呈上升趋势。在2015年，其森林覆盖率已经达28%，分别比全国和自治区高6.37%和6.97%[1]。通过2014年科尔沁沙地"双千万亩"综合治理，到目前已完成工程建设任务1200万亩，占总任务的60%。据全国第四次荒漠化和沙化检测数据显示，通辽市通过治沙造林、围封禁牧、搬迁转移人口、建设封禁保护区、防止水土流失等措施，全市荒漠化、沙化土地面积减少了538万亩。建立科尔沁生态科技示范园，促进生态科技成果推广应用。

在通辽市进行生态建设、推行退耕还林、退牧还草的同时，并没有使得该市农牧业发展受到阻碍，反而有力地推动了该市由传统农业向现代农牧业转变。由于通辽市的粮食产量稳中上升，虽然受到耕地面积减少、缺水等方面的约束，但利用科技，建立节水高产高效粮食功能区600万亩，提高了粮食产量，确保粮食总产量稳步提升，如图6-12所示。

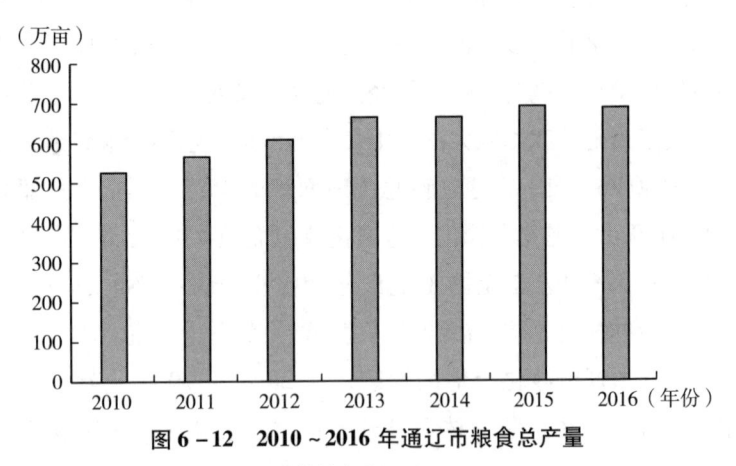

图6-12 2010~2016年通辽市粮食总产量

资料来源：2011~2017年通辽统计年鉴。

---

[1] 资料来源：2011~2016年通辽统计年鉴。

由表6-62可知，退牧还草使得牧区的面积减少，但通辽市的牲畜实有头数呈增长状态，虽然每年的增幅有所放缓，但仍然是增加的态势，高于全自治区水平。而且通辽市的第一产业产值也是呈增长的趋势，其增长速度要高于全自治区和全国水平。可见，生态建设与经济发展之间并不存在矛盾，二者应当是相互促进、共同发展，才能实现生态与经济的共赢。

表6-62　　　　2012~2016年牲畜实有头数增长率　　　单位：%

地区	2012年	2013年	2014年	2015年	2016年
通辽市	10.90	10.00	6.30	5.20	4.30
内蒙古自治区	4.60	4.90	9.30	5.20	0.10

资料来源：2013~2017年内蒙古统计年鉴、通辽统计年鉴。

单位GDP能耗是反映能源消费水平和节能降耗状况的主要指标，其直接反映了经济发展对能源的依赖程度，可了解社会节能量和各项节能政策措施取得的效果。通过单位GDP能源降低率（见表6-63）可以发现，在2012~2016年间，通辽市的单位GDP能源消耗一直是下降的，降低率维持在3%~5%之间，这说明该市在经济发展的同时注重对能源资源利用率的提高，重视对资源的保护。但同时也应注意到，2014年后其低于全国水平，仍需要进一步提高降低率水平。通辽市的空气质量在全国367个监测城市中排名第68位，击败了全国81%的城市，且在内蒙古自治区的12个监测城市中排名第四位。从表6-64中可以看到，2012~2016年间，除2015年以外其他年份的空气质量达标率可达80%以上，其在经济保持上升的同时也注意到对能源、环境的重视和保护。

表6-63　　2012~2016年通辽市单位GDP能源消耗降低率　　单位：%

地区	2012年	2013年	2014年	2015年	2016年
通辽市	4.84	3.94	3.35	4.10	3.24
内蒙古自治区	5.00	4.57	3.94	4.00	4.06
全国	3.60	3.70	4.80	5.60	5.20

资料来源：2013~2017年中国统计年鉴、内蒙古统计年鉴、通辽统计年鉴。

表6-64　　　　2012~2016年通辽市空气质量达标率　　　单位：%

地区	2012年	2013年	2014年	2015年	2016年
通辽市	91.50	91.78	89.90	71.00	83.30

资料来源：2013~2017年通辽统计年鉴。

通过以上数据可以表明，通辽市在经济发展中也注重对生态、能源与环境的建设与保护，但同时也应意识到其与全自治区和全国水平之间的差距，生态发展、绿色发展任务仍十分紧迫。

三、扶贫与共享发展

在宏观经济增速放缓的背景下，低收入群体及贫困群体更容易受到外部冲击的影响，因此为实现全面建成小康社会的目标，必须重点关注贫困人口的脱贫问题，提高人民生活水平，实现共享发展。截至2016年6月末，通辽市有4个集中连片的国贫旗（科左中旗、科左后旗、奈曼旗、库伦旗），2个区贫旗县（开鲁县、扎鲁特旗），建档立卡贫困人口13.5万人，贫困发生率4.33%，与全自治区贫困发生率持平。通辽市管辖的库伦旗、奈曼旗、科尔沁左翼中旗和科尔沁左翼后旗被定为整体脱贫重点地区。如表6-65所示，截至2015年末，4个国贫旗人均GDP为35221元，为全市的58.58%，全自治区的49.53%，全国的70.45%，其脱贫任务十分艰巨。

表 6–65　　　　　2015 年国贫旗人均 GDP 及比较

地区	人均 GDP（元）	占全市比重（%）	占全自治区比重（%）	占全国比重（%）
国贫旗	35221	58.58	49.53	70.45
通辽市	60123	—	—	—
内蒙古自治区	71101	—	—	—
全国	49992	—	—	—

资料来源：2016 年中国统计年鉴、内蒙古统计年鉴、通辽统计年鉴。

从城乡居民人均可支配收入来看（见表 6–66、表 6–67），2010~2015 年，通辽市的城镇和农村居民人均可支配收入都在逐年的上升，但其增速却在逐年放缓，由最初高于全自治区和全国增速到与二者基本接近。其绝对数值低于全国和全自治区水平，城乡居民可支配收入低且增长动力下降。由表 6–68 可知，城乡居民之间的收入差额绝对值在逐年扩大，可支配收入差额的变化速度逐年下降，但仍然高于全自治区和全国水平。城乡居民收入差距扩大，收入水平低，脱贫任务严峻。

表 6–66　　　2010~2015 年城镇居民人均可支配收入及增长速度

地区	指标	2010 年	2011 年	2012 年	2013 年	2014 年	2015 年
通辽市	人均可支配收入（元）	14263.00	16548.00	18828.00	21009.00	23377.00	25364.00
	增长率（%）	11.33	16.00	13.80	11.60	9.50	8.50
内蒙古自治区	人均可支配收入（元）	17698.00	20408.00	23150.00	25497.00	28350.00	30594.00
	增长率（%）	11.70	15.30	13.40	10.10	7.20	7.90
全国	人均可支配收入（元）	19109.40	21809.80	24564.70	26955.10	29381.00	31790.30
	增长率（%）	11.00	14.00	13.00	7.00	9.00	8.00

资料来源：2011~2016 年中国统计年鉴、内蒙古统计年鉴、通辽统计年鉴。

表 6-67　2010~2015 年农村居民人均可支配收入及增长速度

地区	指标	2010 年	2011 年	2012 年	2013 年	2014 年	2015 年
通辽市	人均可支配收入（元）	6002.20	7216.00	8501.00	9621.00	9932.00	10757.00
	增长率（%）	12.93	20.20	17.80	13.20	11.30	8.30
内蒙古自治区	人均可支配收入（元）	5530.00	6642.00	7611.00	8596.00	9976.00	10776.00
	增长率（%）	12.00	20.10	14.60	12.90	9.70	8.00
全国	人均可支配收入（元）	5919.00	6977.30	7916.60	8895.90	9892.00	10772.00
	增长率（%）	13.00	16.00	13.00	12.00	11.00	9.00

资料来源：2011~2016 年中国统计年鉴、内蒙古统计年鉴、通辽统计年鉴。

表 6-68　2011~2015 年城乡常住居民人均可支配收入差额及变化速度

地区	指标	2011 年	2012 年	2013 年	2014 年	2015 年
通辽市	人均可支配收入（元）	9332.00	10327.00	11388.00	13445.00	14607.00
	增长率（%）	12.97	10.66	10.27	18.06	8.64
内蒙古自治区	人均可支配收入（元）	13766.00	15539.00	16901.00	18374.00	19818.00
	增长率（%）	13.13	12.88	8.77	8.72	7.86
全国	人均可支配收入（元）	14832.50	16648.10	18059.20	19489.00	21018.30
	增长率（%）	12.45	12.24	8.48	7.92	7.85

资料来源：2012~2016 年中国统计年鉴、内蒙古统计年鉴、通辽统计年鉴。

为实现 2020 年全面脱贫的任务，通辽市主要从以下两个方面开展扶贫工作，但收效不大：一方面通辽市通过扩大就业以增加居民可支配收入。增加就业人数，提高就业率是增加居民收入最直接的方式。从表6-69可知，通辽市的失业率低于全自治区和全国水平，扩大就业人数、增加就业岗位的政策取得了一定的成效，但从横向来看，该市总体的就业情况并没有显著提高，就业人数的增加并没有带来失业率的明显下降，反而有上升趋势。从表6-70中可以看出，通辽市的新增就业人数的增长是比较迅速的，除2012年以外，其他年份都达11%以上，但低于全区的增长速度。

表6-69　　　　2010~2015年通辽市全自治区和
全国城镇登记失业率　　　　　　　　单位：%

指标	2010年	2011年	2012年	2013年	2014年	2015年
城镇登记失业率	3.93	3.89	3.8	3.6	3.54	3.62
全自治区失业率	3.9	3.8	3.7	3.66	3.59	3.65
全国失业率	4.2	4.1	4.1	4.05	4.09	4.05

资料来源：2011~2016年中国统计年鉴、内蒙古统计年鉴、通辽统计年鉴。

表6-70　　　2011~2014年城镇新增就业人数增长率　　单位：%

地区	2011年	2012年	2013年	2014年
通辽市	11	5	14	11
内蒙古自治区	11.2	8.8	18	11

资料来源：2012~2015年内蒙古统计年鉴、通辽统计年鉴。

另一方面，通辽市通过增加公共服务的供给来保障人民生活水平的提高。由表6-71、表6-72可以看出，该市对公共服务的投入比重是高于全自治区和全国水平的。2015年对社会保障和就业的支出占财政支出达15.34%，高于全自治区1.24个百分点、高于全国4.53个百分点；对医疗卫生支出达7.23%，高于全自治区 1.23 个百分点、高于全国 0.43 个百分点。但应注意其民生社会刚性支出的增加，导致了该市财政收支矛盾的突出。

表 6-71　　　2013~2015 年通辽市社会保障和就业支出占财政支出的比重　　　单位：%

地区	2013 年	2014 年	2015 年
通辽市	11.71	13.71	15.34
内蒙古自治区	9.63	13.7	14.1
全国	10.33	10.52	10.81

资料来源：2014~2016 年中国统计年鉴、内蒙古统计年鉴、通辽统计年鉴。

表 6-72　　　2013~2015 年通辽市医疗卫生支出占财政支出的比重　　　单位：%

地区	2013 年	2014 年	2015 年
通辽市	5.02	6.4	7.23
内蒙古自治区	3.85	5.86	6
全国	5.9	6.7	6.8

资料来源：2014~2016 年中国统计年鉴、内蒙古统计年鉴、通辽统计年鉴。

基于上述措施中存在的问题，通辽市不仅要通过具体方法解决上述问题，同时还应重点加强对民生工程的建设，来加快其脱贫的步伐，加大金融扶贫、产业脱贫、生态扶贫等工作，帮助该市更好地完成脱贫任务。利用通辽市南部 4 个国贫旗地域相连、人口不多、资源丰富、水、土、空气零污染的优势，可以发展安全、有机、放心的绿色产业，构成通辽市特色农畜产品产业带。加快发展"四点一带"绿色经济产业带建设，大力发展玉米、肉牛、生猪、禽类、水稻、驴、荞麦、中药材、有机水果、有机蔬菜十大优势特色产业，通过扶持产业帮助当地居民实现脱贫；加大金融扶贫力度。实施"金融扶贫富民工程"以解决扶贫资金投入不足和贫困户担保难、贷款难问题。如图6-13所示，贫困旗（县）每年的贷款增速逐年上升，2015年的贷款增速达32%，高于全市的贷款增速，贫困地区资金需求巨大，要加快解决贫困地区资金难的问题；开展生态扶贫，由于贫困人口多在沙区，应将对科尔沁沙区的治理与扶贫开发结合起来，把沙地治理成人们可以利用的土地，使沙区的农林牧副业得到发展，可以使一部分人脱贫致富。

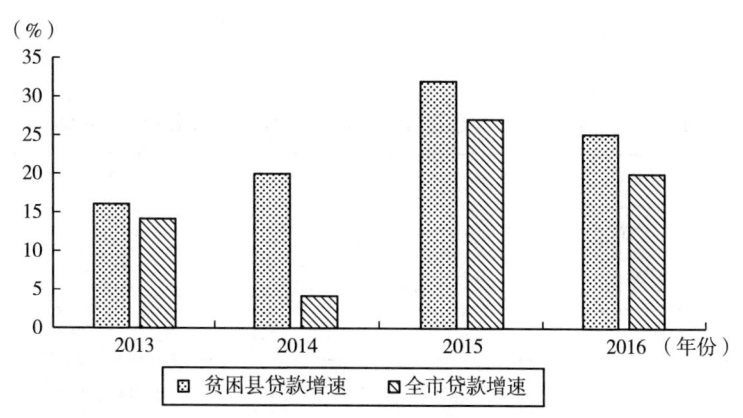

图6-13 2013~2016年通辽市贫困旗（县）贷款增速

资料来源：2014~2017年通辽年鉴。

四、创新与发展潜力

科技、人才与创新能力是目前提高一个地区发展力的重要因素，是衡量一个地区发展潜力的重要指标。目前，通辽市存在着科技创新能力不强，人才缺乏的问题。首先，该市对科技、教育的投入不够。由表6-73可以得知，通辽市的科技支出在财政支出中所占比例严重偏低，普遍低于全自治区水平和全国水平；在2015年的科技支出仅占财政总支出的0.54%，低于全国水平2.79个百分点；在表6-74中，科技支出占比高于全自治区水平但低于全国水平。

表6-73　2013~2015年通辽市科技支出占财政总支出比重　单位：%

地区	2013年	2014年	2015年
通辽市	0.7	0.5	0.54
内蒙古自治区	0.97	0.85	0.32
全国	3.64	3.4	3.33

资料来源：2014~2016年中国统计年鉴、内蒙古统计年鉴、通辽统计年鉴。

表6-74　2013~2015年通辽市科技支出占财政总支出比重　单位：%

地区	2013年	2014年	2015年
通辽市	14.08	13.6	14.08
内蒙古自治区	12.43	12.24	12.5
全国	15.74	15.1	14.9

资料来源：2014~2016年中国统计年鉴、内蒙古统计年鉴、通辽统计年鉴。

其次，人才总量不足，素质较低。通辽市科技人员总数为46636人，每万名劳动者中拥有专业技术的人员约64人，低于自治区平均水平，比全国平均水平更低，科技人员数量难以满足经济社会发展的需要。人才总体素质低，通辽市科技人员中具有研究生学历的仅占0.2%；具有大专以上学历的仅占27.67%；中专学历的占42.25%；高中文化程度的占8.55%[1]。

以上两点，使得通辽市的科技创新能力不强，人才缺乏问题突出。要想让经济有进一步长足的发展，该市必须提高对科技创新的重视。2016年通辽市被列入首批老工业基地产业转型技

---

[1] 资料来源：2016年通辽统计年鉴。

技能人才双元培育改革试点城市，作为改革试点可优先利用国家给予的优惠政策，推进科技创新，提高区域创新、企业创新和科技成果转化能力，加强对人才的吸引和培育。强化财政支持，发挥好财政科技投入的引导和激励作用，引导、鼓励企业加大研发投入强度。

专栏 6-9

2016 年通辽市的创新举措

● 围绕优势主导产业开展科技攻关，建立蒙医药工程技术研究院、铝新材料工业技术研究院、通辽国家农业科技园区。

● 实施"互联网+"行动计划，发展互联网经济，建设"智慧通辽"。

● 与内蒙古民族大学签署全面战略合作协议，深化与中科院、清华大学的合作。

● 建立人才信息化服务平台。

资料来源：《通辽市 2017 年政府工作报告》，通辽市人民政府门户网，2017 年 3 月 16 日。

通辽市目前属于经济欠发达地区，为了实现该市经济的快速发展，可以从内部自身发展和外部经济环境分析该市经济发展的潜力。

从自身内部发展来看，重视生态与经济互动发展模式，把生态建设与当地自然条件和经济发展结合起来，促使生态与经济互动发展，以较低的资源代价换取较高的经济效益。同时也可以促进该市产业结构的调整，发展现代服务业和战略新兴产业，如图 6-14 所示。

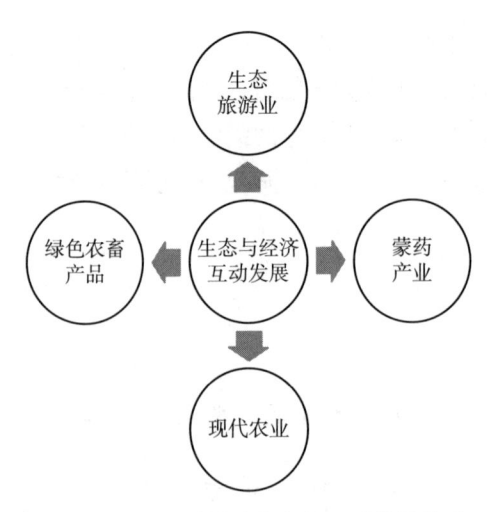

图 6-14　通辽市生态与经济互动发展关系

  一是发展绿色农畜产品。生态建设中发展林草产业促进了生态畜牧业的发展，突出发展肉牛产业，由"肉牛大市"向"肉牛强市"转变。依托牲畜交易市场，注重发展奶制品产业。同时做好畜群防疫和品种改良工作，推动畜牧业持续、健康的发展。二是发展生态旅游业。利用其自身草原旅游的特色，培育"东北看草原，自驾游通辽"品牌，依靠的沙地、湿地、山地、草地等科尔沁草原的自然风光，发挥科尔沁文化旅游资源，依托华北、东北地区消费型大市场，促进现代旅游业的发展。三是发展蒙药产业。现代蒙药生物制药产业，是通辽市重点培育的工业十大支柱产业之一。利用蒙医药工程技术研究院，围绕新技术、新工艺，开发新品种、研发新药、建设现代蒙药种植基地等方面引进项目，促进现代蒙药产业升级和结构调整，建成全国最大蒙药生产基地。发展现代中蒙药等特色产业集群，建立通辽—赤峰蒙药产业集群、通辽—赤峰生物制造产业集群。四是发展现代农牧业。在稳定粮食产量的基础上，加快转变玉米"一粮独大"的种植结构，积极发展中药材、杂粮杂豆、红干椒、荞面等特色种植业。培育新型农牧业经营主体，发展多种形式的适度规模经营，促进农牧业节本增效。推行农牧业清洁生产方式，深入发展化肥农药零增长行为，发展绿色种植、循环种养、休耕轮作，实现农牧业绿色可持续健康发展。五是在对外层面上，利用与蒙古国相近的区位优势、国家"一带一路"倡议、"向北开放"发展战略等政策上的优势，打造沿边经济带。利用蒙古国零关税政策，促进通辽市融入"草原丝绸"之路经济带，拓展发展空间，加强与俄罗斯和蒙古国多领域合作，推进"锡赤通朝锦"中俄蒙国际海陆经济合作示范区建设。主动融入京津冀协同发展，东北一体化战略，利用与华北地区毗邻的区位优势开拓市场发展通辽市经济。

第七章

东北老工业基地区域政策创新

第一节 东北老工业基地产业和财政政策

一、东北老工业基地产业政策的根源与取向

当前我国经济进入发展新常态,面临全球金融危机的持续影响和日益激烈的国际竞争,经济结构调整、产业转移中的新情况新问题不断凸显。作为老工业基地,尽管以东北三省2015年为例,经济总量接近6万亿元,但全面振兴目标尚未完全实现,特别是"新东北现象"已经引发广泛关注,现阶段表现为经济增长率明显下滑、在全国各省区市中的排名大幅降低、老工业基地经济增长严重滞后等。这些困难局面的出现,既和地区经济进入调整"阵痛期"密切相关,也和老工业基地的市场和体制环境不佳、创新水平不高、激励机制不完善有关。体现为市场化程度低、经济发展活力不足;产业结构调整缓慢、企业设备和技术老化;资源型城市主导产业衰退、接续产业亟待发展等。"新东北现象"产生的主要原因是传统产业需求不足导致投资拉动减弱,表现为国内投资和利用外资增长率大幅下降,在投资构成中比例降低。以辽宁省为例，工业和房地产业的增长速度明显降低，工业总产值增长速度由 2009 年的 23.9% 降低至 2015 年的 -33.1%[①]；房地产投资增长速度由 2009 年的 28.1% 降低至 2015 年的 -32.9%。东北地区的经济增长率远远落后于全国的平均水平，甚至辽宁省首次出现了经济负增长。可见其严重性，亟待针对发展中存在的问题，找到破解的有效手段。

2016 年底国家出台新一轮深化东北老工业基地振兴的战略部署，以加快推进传统产业转型升级，培育和发展基于"互联网+"的新产业新业态等为主要目标，深化体制改革，培育发展新动力。其中特别强调了传统产业转型升级和加强创新载体平台建设的必要性，在保障措施上突出了加大财政金融投资支持力度对东北老工业基地转型升级的重要性。上述政策措施的制定与实施是与当前东北老工业基地面临的主要矛盾相契合的，深入剖析制约东北地区经济持续发展的深层次矛盾，是东北老工业基地积极应对经济下行压力、推动地区经济企稳向好，实现新一轮的全面振兴的客观需要。

造成"新东北现象"产生的原因可以用俱乐部收敛理论来解释，俱乐部收敛用来说明区域经济增长的长期趋势和造成不同区域经济长期存在差异的原因。俱乐部收敛理论是在收敛假设基础上发展形成的，经济收敛假设来源于新古典经济学中的经济增长理论，认为从长期来看具有相同技术水平的不同区域将收敛到均衡的经济发展路径，该发展路径是由内生的技术进步率决定的，并相应地影响劳动生产率，因此具有相同生产水平的区域将收敛于同一均衡状态。由此满足上述条件的不同地区收入水平的差异是暂时的，欠发达地区将逐渐提高收入水平接近发达地区的收入水平。俱乐部收敛理论在此基础上认为上述收敛仅能在具有相同经济条件的区域之间实现。具体来看，在市场经济条件下，

---

① 根据《辽宁统计年鉴 2016》相关数据计算得到。

区域要素会流向边际报酬较高的地区，从而使经济结构相似的地区出现收敛趋势。与绝对收敛和条件收敛相比，俱乐部收敛强调造成以人均收入水平衡量的经济增长速度减慢，趋于收敛的根源在于地区的人力资本、市场开放度和政策条件等因素。收敛的原因可以用拥挤效应来解释，在区域经济发展水平较高的地区，由于外部环境在不断变化，一旦土地资源与能源等稀缺生产要素价格上涨幅度超过产业配套带来的生产成本下降幅度，将产生拥挤效应，由规模经济转向规模不经济。成熟期内企业的创新惰性也有可能使产业陷入技术和渠道锁定，导致竞争优势逐渐下降乃至丧失。而知识外溢、资本和劳动力在相邻区域的流动促进这些地区经济发展水平的收敛。

经济收敛假设在实证研究中可以解释为表示不同区域收入差距或劳动生产率差距的时间序列数据是否存在差距逐渐缩小并收敛于稳定状态的变化趋势，即是否收敛于均衡水平。与此相对，如果存在固定或增长的资本收益，则可能存在稳态的多样性或不存在稳态，地区的初始条件将决定该地区向哪些地区收敛，也就是若存在稳态均衡水平，则无论该地区收入水平如何，从长期来看均将不可避免地收敛到一个富裕的均衡水平，若不存在稳态均衡水平，则该地区将收敛到与其相同收入水平的均衡状态。在此基础上，对俱乐部收敛的解释以及聚类理论形成了不同的实证研究方法来检验是否存在收敛状态。早期关于俱乐部收敛的实证研究多采用截面数据，但由于涉及内生性、异方差以及非线性等问题，导致近年来关于俱乐部收敛的实证研究多采用时间序列数据，而以时间序列数据来解释收敛假设问题可以引入单位根检验和协整分析，即检验过程中需要应用单位根来检验人均收入这个时间序列数据的差距，在进行俱乐部检验时，可以采用成对收敛检验（pairwise method）来判断两个地区是否存在收敛。该方法要求被归入研究的给定地区的人均收入数据的所有可能的成对组合差异均要通过单位根检验，并通过检验两者的收入水平差距或劳动生产率差距是否是稳定的来判定两个经济体是否收敛,而不需考虑这两个经济体数据本身是否是稳定的或存在单位根。除成对收敛检验外,俱乐部收敛的实证研究方法还主要包括基于最大团算法(maximal clique algorithm)的检验以及 HF 检验法,与其他方法相比,成对收敛检验不需要确定其他检验方法中需要的符合条件的基准国家来界定收入水平差异或劳动生产率差异,因此更便于实证检验,研究中主要采用成对收敛检验,成对收敛检验仅需要考虑收敛的二元化过程,可以将多目标研究对象分为多组双变量进行检验,并保证目标中的全部变量均被作为一对变量进行检验。从理论上看,对收入差距或劳动力生产率差异的成对收敛检验分析中若得到结果均为收敛状态,则可以认为这些研究对象共同构成了俱乐部收敛。在研究中需要构建模型为:

$$\log GDP/capita_t^i - \log GDP/capita_t^j = \alpha + \varepsilon_t \quad (7-1)$$

其中,α 表示常数项,ε_t 表示随机扰动项,若 $\varepsilon_t \sim I(0)$,则两个地区具有收敛性,若 $\varepsilon_t \sim I(1)$,则两个地区不具有收敛性,检验结果如表 7-1 所示。

表 7-1　　　　　　　　　成对收敛检验结果

ADF 检验		t – Statistic	Prob. *
		-6.259366	0.0038
检验临界值	1% 水平	-5.119808	
	5% 水平	-3.519595	
	10% 水平	-2.898418	

以吉林省和辽宁省 2004~2015 年人均 GDP 数据除以价格指数,以消除通货膨胀因素影响,对数处理后进行成对收敛检验,结果显示 $\varepsilon_t \sim I(0)$,表明具有收敛性。黑龙江省和辽宁省数据进行上述同样处理后进行成对收敛检验,结果显示在 10% 水平上

$\varepsilon_t \sim I(0)$，具有收敛性。黑龙江省和吉林省的数据进行上述同样处理后进行成对收敛检验，也显示在 10% 水平上 $\varepsilon_t \sim I(0)$，具有收敛性。综合上述成对收敛检验结果可判定东北三省处于俱乐部收敛状态。

上述实证分析结果可见，东北三省在成对收敛检验中，消除通货膨胀等因素的影响，无论是吉林省和辽宁省、黑龙江省和辽宁省、还是黑龙江省和吉林省均显示为收敛状态，因而满足俱乐部收敛的条件，即研究对象的全部变量均被作为一对变量进行检验，均通过收敛检验。理论和实证研究证明成对收敛检验可以被应用于任意给定的一组地区，如果符合收敛条件，则可以判定该组地区存在俱乐部收敛。相关研究证明成对收敛检验结果与检验地区的地理特点无关，即地理位置的临近并不会影响俱乐部收敛检验的结果。

对于东北老工业基地，通过 δ 收敛值的变化可以更直观地发现俱乐部收敛的变化趋势，如图 7-1 显示，δ 收敛值呈现逐年降低趋势。从产业现状及产业结构来看，重化工业比重较大，低效益、高耗能、低附加值的企业相对较多，而高新技术产业尚未形成明显优势，资本密集、资源依赖的性质并未发生根本改变。当外部需求减少时，产能过剩就显现出来。东北老工业基地原来是以重工业为主，第一产业发展较好，第三产业相对较弱。经过改造，第二产业得到强化，第三产业虽进步但未能与产业发展的基本规律保持一致。因此，其产业结构总体上还属合理，产业结构刚性强。例如，2012 年辽宁省第一、第二、第三产业增加值占 GDP 的比重分别为 12.4%、50.7%、36.9%，2014 年为 11.7%、53.0% 和 35.3%，可见其与产业比重由"一二三"到"三二一"的演进规律不一致。2014 年辽宁省第三产业增加值占 GDP 的比重低于全国 4.8 个百分点，与此相比第二产业增加值占 GDP 的比重却高出全国 4.4 个百分点[①]。新兴产业如通信设备、

---

① 资料来源：2013 年和 2015 年辽宁统计年鉴。

计算机软件、电子设备、仪器仪表等产值远低于全国的平均值。从东北老工业基地内企业的构成来看，主要仍以大企业为主，中小企业数量相对较少，且竞争力不强，产业分工合作的水平较低，即企业的组织结构不合理。老工业基地内企业在核心技术的自主创新上能力不足。通常老工业基地的产业升级会经历以市场换技术的阶段，即先引进外国的先进生产技术，然后通过消化吸收实现独立创新。但在该问题上，东北老工业基地引进技术时间相对过长，企业对研发资金的投入不足，尤其是国有企业更显不足。因此东北老工业基地创新能力不强，如汽车制造、装备业、航空技术产业、精密仪器等产业仍处于为跨国公司进行终端产品的分包加工阶段。而同一时期，经济发达地区已经迈入自主创新的建设阶段，如表7-2所示，东北三省规模以上工业企业产品和工艺创新企业占全部企业比重均低于全国平均值。

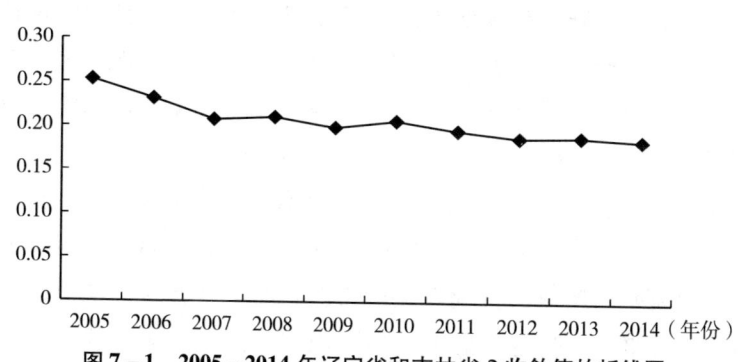

图7-1　2005～2014年辽宁省和吉林省δ收敛值的折线图

资料来源：2006～2015年辽宁统计年鉴、吉林统计年鉴。

表7-2　2013～2014年东北三省和全国规模以上工业企业产品和工艺创新的比较

单位：%

地区	产品创新企业占全部企业比重	工艺创新企业占全部企业比重	产品或工艺创新企业占全部企业比重
全国	24.6	25.1	34.1

续表

地区	产品创新企业占全部企业比重	工艺创新企业占全部企业比重	产品或工艺创新企业占全部企业比重
辽宁省	11.8	11.3	16.9
吉林省	11.6	13.0	18.3
黑龙江省	12.9	13.8	19.4

资料来源：2015年中国统计年鉴。

对于东北老工业基地来说，需要实现传统产业结构的高度化以打破收敛状态。产业升级成为摆脱原有发展桎梏、促进地区经济持续快速增长的主要动力，产业升级之所以能推动经济持续快速增长，主要是通过引入创新，获得与新技术相关的新的生产函数来实现的，即产生生产率增长效应和技术进步效应。从宏观层面来看，产业升级能够使要素和资源从低效率的生产部门转移到高效率的生产部门，从而提高资源和要素配置效率，即产生静态结构变迁效应。同时由于产业升级使要素和资源由生产率增长较慢的生产部门转移到生产率增长较快的生产部门，也会产生动态结构变迁效应。除此之外，产业升级不仅能够带动新工艺、新材料等新兴产业的发展，而且为其他产业建立起新平台，获得超出国民经济平均增速的持续高速增长率和产生显著的关联带动效应。东北老工业基地产业升级并不是要在技术、企业规模、资金密集度等方面实现赶超，也并不是要在全部高端技术和资本密集部门进行竞争，而是有所选择，有所侧重，在少数关键领域，集中力量，寻求突破。由于产业升级通常涉及一些需要政府关注的基础性、长期性、前瞻性战略领域，在现阶段这些产业还非常幼小，有的还处于萌芽阶段，市场机制不能有效发挥作用，需要政府出台相关财政政策进行积极干预。

二、东北老工业基地的财政政策选择

东北老工业基地经济增长乏力,主要源于原有主导产业发展的不可持续性。若传统产业中的多数企业效率持续降低,即使通过财政政策对这些企业给予扶持,帮助这些企业维持经营,这些企业也会出现增长持续乏力的问题,这是市场选择作用的结果。因此政府要打破当前的收敛状态,需要促进传统产业的转型升级和整体产业结构的优化,推动东北老工业基地的全面振兴,在这一过程中,财政政策通过提高资本收益率有利于资金进入效率更高的产业,产生更高的社会经济效益,而经济发展和产业升级反过来可以促进财政收入的提高,进而扩大财政政策的支持力度,由此财政政策在产业升级过程中可以发挥关键的引导和激励作用。

从微观层面来看,财政补贴和税收优惠可以使高科技企业的收益和成本趋于合理。因为高技术产品一旦被应用,就会产生极为可观的经济效益和社会效益,为其他企业和行业所分享,并迅速转化成公共产品,企业或个人并不能控制与获得其研发投资的全部收益,获得的利益小于其合理收益,就会导致资源的配置失当。同时技术创新需要大量长时间的前期应用和开发性研究,甚至以基础性研究为前提,而开发者得到的收益只是所有收益中的极小一部分,社会收益率远高于开发者的个人收益率。因此需要政府通过财政支持政策发挥一个强有力的引导作用,使企业更多地投资于研究与开发活动。从国内经验来看,完全依赖市场运作并不能使科研活动的数量、品质与方向达到符合经济效率的要求程度,需要通过财政政策来消除上述外部性问题。

从中观层面来看,促进传统产业转型升级,加快新兴产业发展的过程同时是相关产业的规模化、集群化的过程,从事相同或相似产业的企业由于产品差异性与互补性共存,逐步具有产业组织、产业结构和产业管理等产业各要素的成熟特征。同时应该强调的是东北老工业基地产业集群的形成和发展受国家各种制度的制约，特别是财政支持政策的影响。在市场规律和政策两要素的不断影响下，产业集群成为东北老工业基地产业升级的主要力量，通过建立新的、更有效激励人们行为的政策来实现产业结构优化调整。财政支持政策的核心是通过革新改变支配企业之间关系的规则及组织与其外部环境相互关系的变更，从而最大化集群内企业的创造性和积极性，最优化资源的配置。

从宏观层面看，财政制度和政策作用于老工业基地，可以通过技术创新的引导作用加速东北老工业基地产业结构优化升级。技术创新是技术所涵盖的各种形式知识的积累与改进，包括新设想的产生、研究、开发、商业化生产到扩散这样一系列活动，本质上是一个科技、经济一体化过程，是技术进步与应用创新共同作用催生的产物，包括技术开发和技术应用这两大环节。在开放经济中，技术创新包括从产生新产品或新工艺的设想到市场应用的完整过程，是从科技与经济一体化过程，技术进步与应用创新"双螺旋结构"的产物。财政制度和政策对技术创新的作用表现在通过高新技术园区政策设计实现产业的集聚、技术的集聚和人才的集聚，在政策上促进解决技术的应用、转化以及以用户需求为中心的应用创新，为科技支撑经济社会发展、特别是公共服务业的一线管理与服务方面提供动力。由于经济规模的不断扩大，越来越需要财政制度和政策对东北老工业基地产业升级进行干预。高水平的制度干预就成了产业结构能否更好调整升级的重要制约条件，如图 7-2 所示。

不仅如此，还可以通过财政制度和政策本身的创新来实现产业结构优化升级。这些政策既包括对主导产业、战略新兴产业的保护扶持政策；也包括对传统产业改进升级、推动供给侧结构性改革的调整援助政策。具体来看，一是对主导产业实施适度保护的政策。在保护方面，主要包括研究制定符合国际通行规则、有明确时间期限和内容规定、依法对敏感产业、对同类产业可能产

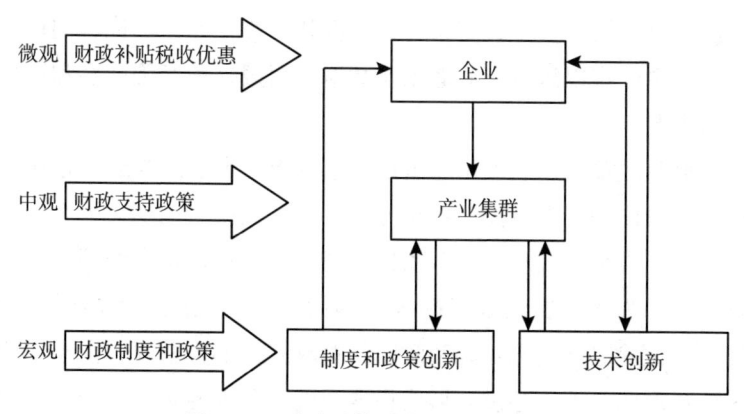

图 7-2　财政政策对产业升级的影响

生严重损害或市场扰乱的国外同类产品的进口、正处于幼稚发展阶段的新兴产业等采取适应性保护措施。二是对主导产业的扶植政策，主要有财政投资、金融倾斜、税收优惠以及必要的其他行政性干预等政策。三是促进创新，推动传统产业改造和新兴产业发展的政策手段。地方政府在运用上述工具支持老工业基地振兴时，由于受到制度、权力和中央补偿限额的影响，会降低政策工具的效果，导致财政政策对老工业基地振兴的扶持力度不够。例如，现行财政体制按"基数法"进行税收返还和体制补助，不能有效解决由于历史原因导致的地区财力分配不均的问题，加大了公共服务水平差距。东北老工业基地受历史原因影响，基数的增量有限。与新兴工业区相比，基数扩张的能力明显较弱，财力基数小，增长慢，获得的税收返还量也就小，导致东北老工业基地可用的财政资金受限。又如，现行以分税制为主的税收管理体制将营业税划归地方政府，作为其主要的固定收入，营业税是以第三产业为主要的税源，由于东北地区与东南沿海地区相比第三产业发展相对滞后，造成营业税税源相对有限，导致地方收入不足，难以满足财政支持政策的需要。特别是现行的政府采购制度和补助制度对促进传统产业升级、支持新兴产业发展、发展民营经济、解决历史负担、完善保障制度和发挥区域比较优势的优惠政策较少，难以满足东北老工业基地全面振兴和经济社会和谐发展的需要。

财政政策对东北老工业基地产业升级的影响还与老基地所处的不同阶段的特点有关。在东北老工业基地振兴初期，因为产业集群的产生和形成难以完全依靠市场力量，特别是在经济全球化背景下，资本和要素处于高度流动中，一个地区能不能吸引投资，区位优势、资源优势和政府的财政支持都很重要。由于产业集群在形成初期，还没有形成集聚效应，合理的制度安排与有效的政策措施非常关键。在促进产业集群形成这一复杂的过程中，适当的财政投入往往能够起到"催化剂"的作用。尤其是嵌入式的产业集群。因此在政策上，政府应以优惠的财税政策引进关键企业和利用财政营造良好的外部环境。政府应根据自己的财政收支情况和经济社会发展条件，制定有利于产业集群形成的政策和制度，以促进各地区产业集群的形成和骨干企业的发展，这也是发达国家和地区促进产业集群发展的成功经验。

在东北老工业基地发展中期，因为随着原有主导产业发展进入成熟期，产业规模呈现快速扩张态势，出现诸如发展层次不高、专业化程度低等问题，产业集群的发展环境也会出现更多新问题，这在辽宁老工业基地进入新常态阶段时已经凸显。同时，企业空间集聚的结果，在带来生产成本和交易费用下降等正外部性的同时，也带来负外部性。如一些企业在逐利的驱动下，出现假冒伪劣等不当行为，这对老工业基地振兴产生消极作用。而这些问题的解决不能仅仅依靠市场的力量。必须有政府的规范和管理，通过财政政策，对老工业基地内产业群的发展不断引导，确保企业沿着良性的轨道向前发展，因此财政支持政策可以加速传统产业转型。同时财政政策还可以加速新兴产业的发展，从世界各国的经验来看，财政支持政策是加速新产业发展和传统产业转型的主要手段。由于政府的财政参与，印度班加罗尔软件产业群仅用10年时间就发展成为具有国际竞争力的产业基地。在西班牙加泰罗尼亚自治区政府财力的积极参与下，该区内100多个小型产业群很快就取得了令人瞩目的成就。

在东北老工业基地发展后期，因为产业结构的调整优化和主导产业的升级主要依靠产业基地内企业的自组织和自增强能力来进行，但是受条件制约，中小企业大多还缺乏自我升级的能力，需要政府部门的财税政策配合扶持。同时外部环境在不断变化，一旦土地资源与能源等稀缺生产要素价格上涨幅度超过产业配套带来的生产成本下降幅度，将产生拥挤效应，由规模经济转向规模不经济。成熟期内企业的创新惰性也有可能使产业陷入技术和渠道锁定，导致竞争优势逐渐下降乃至丧失。解决上述问题，单纯依靠市场机制难以完成，政府实施合理的财政支持政策可以创造良好外部环境，促进企业形成自我升级能力。为此，在东北老工业基地振兴过程中，财政政策为产业升级创造良好外部环境，可以调节人力资本、技术、资金等集群所需生产要素的供给，并作为产品标准的制定者、消费政策的制定者以及产品购买者（政府采购），适时调整需求条件。另外财政政策还可以调节市场结构、竞争强度和企业战略，并通过对外贸易政策和产业政策内的财税支持内容发挥作用，影响东北老工业基地内上下游产业。

三、东北老工业基地财政政策优化目标与措施

根据东北老工业基地振兴的发展要求和财税政策的优化目标，从促进传统产业转型升级和整体产业结构优化出发，在财税政策上应出台促进东北地区研究开发投资、加速技术引进和技术改造的相关政策，具体来看，政府可以对老工业基地的企业技术开发及人才培养支出给予特别的税收减免，对参与东北老工业基地建设的外国技术人员给予一定期限的所得税减免等。在财政投资和财政补贴政策上，政府为促进东北老工业基地的技术进步可以直接或通过其他公共机构或机制给予企业财政资助。公共财政

部门可以向东北老工业基地内企业的技术进步活动直接提供财政援助，以实现财政政策目标，这些活动包括支持东北老工业基地的产业基础研究、应用研究、产业开发、实验测试、技术引进、技术改造等。从政策实施的效果来看，直接补贴的效果要好于财政贴息方式，因此对东北老工业基地企业的财税支持政策应以直接补贴为主，加强政策的针对性和可操作性，提高政策的实施效果。东北老工业基地政府对企业技术改造的财税支持政策还可以由政府通过财政收入或发行财政债券的收入来帮助东北老工业基地内企业支付因技术进步而发生的银行贷款利息。在新一轮振兴东北老工业基地的措施中，强调了政府用公共财政资金设立产业技术进步基金的重要性，通过产业技术进步基金等形式可以为东北老工业基地内企业的技术进步提供资助，或政府以财政资金为东北老工业基地企业因技术进步所发生的借贷活动提供经济性担保等。从国内外经验来看，支持研究开发的财税政策工具包括鼓励产学研一体化的研究开发合作机制，并以企业为龙头予以资金、信息、咨询推介等配套性服务；扶持东北老工业基地产业园区内企业做大做强，形成东北老工业基地内科研创新的领导者，以大企业带动东北老工业基地的自主创新能力；建立信息、技术共享平台，推进技术传播扩散，为中小企业提供低成本的研发、咨询服务渠道；从资金上大力支持大学科技园区与专业孵化器的建设；依托东北区域已有的科技实力，建立高技术人才、企业吸纳机制，实现"科技招商"，并不断提高产业基地内的自主创新能力，实现东北老工业产业基地的技术创新自我繁衍。

  政府也可以通过财政科技支出政策来实现促进东北老工业基地创新的政策目标，如政府通过运用筹集到的资金以财政支出的形式直接投向政府认定的科技先导部门和项目，是直接促进科技进步与发展有效的政策工具。采用财政科技支出政策的原因：一是由于整体科技意识较差，特别是老工业基地企业对自主技术开发创新活动不够重视，从而导致技术开发与创新能力薄弱。因此，构建政府、企业、高校之间的合作伙伴关系，致力于培养以企业为主体的技术开发与创新体系，成为政府的重要目标。二是由于高技术开发活动具有高风险、高投入、外部效应强等特征，如果没有足够的利益刺激与充分的风险规避机制、产权保护制度，东北老工业基地内企业一般不愿意进行科技创新投资。政府可以使用直接资助、财政补贴、担保等政策工具引导企业增加对科技的投入，提升东北老工业基地企业的科技创新能力。

除此之外，改善东北老工业基地微观经济环境也有助于政策目标的实现，如完善税收政策及各种规则、降低服务费用、简化管理以及保持良好的企业氛围；提供东北老工业基地企业和经济发展的信息和数据，有关市场、消费者、竞争对手和技术发展趋势的信息数据，以及有关对东北老工业基地产业集群参与者的建议与咨询报告；提供良好的基础设施以及教育和培训；促进东北老工业基地企业网络化和公司间的合作，通过推介、产业协会和其他机制制订一些非正式的网络计划；政府通过投资为东北老工业基地企业特别是中小企业提供服务，支持研究与开发合作、市场研究、原材料试验，提供咨询、会计以及先进的企业管理服务；加强社区建设，促进经济、社会的协调发展，及时评估和改进政府的政策和计划。财政支持政策应通过分享基础设施、规模经济、范围经济、知识技术创新与传播等路径，影响老工业基地内企业的收益，来实现促进企业技术进步，从而带动产业升级和传统产业改造的目标。政府的财政支持政策应着力促进形成良好的外部环境，如引导和监督企业及时发布创新信息，提出指导性意见，供企业决策参考。对东北老工业基地的企业技术创新来说，财税政策可以激励、引导社会组织和个人从事创新活动。由于信息不对称导致两难处境使得许多有前景的项目因资金支持的缺乏而终止，最终影响老工业基地内企业的技术创新能力和全社会的创新活动水平，政府可以运用财税政策激励、引导东北地区社会资金进入创新投资领域，解决由于获取信息的不对称性，引发的逆向选择、道德危害和委托—代理等问题。财税支持政策应促进东北老工业基地企业能够承担科技投资的风险，从而获得科技投资的高效回报，特别是对一些大型科技创新项目，企业往往无力满足科技投资的要求，需要政府运用财税手段给予资金扶助，为老工业基地内企业创新活动提供必要的资金保障。

第二节 东北贫困地区金融和教育扶贫政策

一、东北集中连片贫困区的金融扶贫政策

在《中国农村扶贫开发纲要（2011~2020）》中，我国明确将集中连片特困区的全面脱贫作为扶贫政策的重点，提出到2020年实现全面脱贫的目标。连片特困区是中国14个发展相对滞后，扶贫开发任务艰巨的集中连片特殊困难地区，包括大兴安岭南麓山区、六盘山区、秦巴山区、武陵山区、乌蒙山区等区域和明确实施特殊扶贫政策的四省藏区[①]、新疆维吾尔自治区南疆三地州和西藏自治区等，是中国扶贫攻坚的主战场。这些区域的农民人均纯收入低于全国平均水平的一半，在全国收入最低的600个县中，有521个县在这一区域内，约占86.8%[②]。其中大兴安岭南麓山区覆盖了黑龙江省、吉林省和内蒙古自治区的19个地区，包括兴安盟、白城市、齐齐哈尔市和大庆市的部分地区。其中，内蒙古自治区的兴安盟，2016年贫困人口8.1万人，占全区贫困人口的15%，少数民族贫困人口占80%。是内蒙古自治区贫困面积最广、贫困人口最集中、贫困程度最深、脱贫难

[①] 四省藏区是指除西藏自治区以外的青海、四川、云南、甘肃四省藏族与其他民族共同聚居的民族自治地方。分为青海藏区、四川藏区、云南藏区、甘肃藏区。

[②] 资料来源：《中国农村扶贫开发纲要（2011~2020）》，人民出版社2011年版。

度最大的地区。白城市于 2012 年被整体纳入大兴安岭南麓片区，是吉林省最贫困地区之一。2016 年白城市贫困发生率为 8.9%，是吉林省平均水平的 2.7 倍，全国平均水平的 1.6 倍。大兴安岭南麓片区还包括齐齐哈尔市的龙江县、泰来县、甘南县、富裕县、克东县、拜泉县和大庆市的林甸县。其中，齐齐哈尔是黑龙江省重点扶贫地区，2016 年有贫困村 310 个，共有贫困人口 25.6 万[①]。

"十三五"时期既是全面建成小康社会的决胜期，也是连片特困区全面脱贫的攻坚期。自 2011 年实施连片特困区扶贫政策以来，宏观层面的扶贫开发政策与微观层面的精准扶贫实践相结合，取得了重要的成果，扶贫由靶向干预转变为系统推进，由碎片化扶贫转变为系统化扶贫，在这一过程中，包容性金融发挥了重要作用。包容性金融又被称为普惠金融，以实体经济中的每一位成员为服务对象，尤其以贫困群体为服务重点，使其在可接受的成本下，高效、快捷地获得金融产品和服务，从而为其自身发展提供更多的资金支持，有助于其摆脱贫困。包容性金融对扶贫重要性的根源在于，尽管我国的金融体系已相对完善，但仍存在局部贫困地区金融供需不平衡、金融发展不可持续等问题，部分贫困群体受到了金融排斥，无法满足自身的金融需求。而包容性金融使金融扶贫实现从"输血式"扶贫到"造血式"扶贫的飞跃，而产业扶贫、异地扶贫、科技扶贫的推行，都离不开包容性金融的发展。因此，研究包容性金融的减贫效应及其演化特点，对实现连片特困区的扶贫具有重要意义。

目前国内外学者对于包容性金融（inclusive finance）减贫效应的研究主要有两种观点：一是认为包容性金融与贫困减缓之间的关系是变化的，表现为发展初期与减贫之间存在负向关系，即

---

① 资料来源：2017 年内蒙古统计年鉴、吉林统计年鉴、黑龙江统计年鉴。

"贫困化增长"（immiserizing growth），该阶段经济增长对减贫的影响超过收入分配对减贫的影响，皮凯蒂（Piketty，2015）认为随着金融系统的不断完善，不平等情况的减少，其与减贫之间的关系将转化为正向关系。阿松古（Asongu，2016）分析发现金融发展与收入分配之间呈库兹涅茨"倒 U 型"关系。即在金融发展初期，将更有利于富人增加其财富，从而拉大收入差距，而随着金融发展的目标由增长向公平转化，更全面、快捷的金融产品和服务将会使穷人逐渐享受到金融发展所带来的便利，从而使得贫困减缓。汤森和植田（Townsend and Ueda，2010）对格林伍德和约万诺维奇（Greenwood and Jovanovic）的模型进行了深化，认为金融发展通过影响经济增长，从而使贫富差距先拉大后减小。随着金融发展的深化，当穷人的财富积累到一定程度，他们也会进行风险投资。

二是认为包容性金融和贫困减缓之间的关系是不变的，两者保持正向关系。贾利安和柯克帕特里克（Jalilian and kirkpatrick，2005）运用 26 个国家的数据进行了研究，得出了包容性金融发展与贫困减缓之间呈正相关关系的结论。在此基础上，他们认为包容性金融发展通过促进经济增长这一渠道使贫困减缓。珍妮和科波达（Jeanneney and Kpodar，2011）分析得出包容性金融的减贫有两种途径：一种是麦金农渠道效应，贫困阶层会因获得金融服务的渠道被改善而获益，特别是信用服务和保险服务，会通过增加贫困阶层的生产性资产，提高其生产力和潜在的自我发展能力；另一种是经济增长渠道效应，包容性金融的进一步深化会通过促进经济增长使得贫困减缓。普拉萨德和拉杰（Prasad and Rajan，2008）认为包容性金融是否能减缓贫困取决于相关金融体系的性质。开放、包容的金融体系能够使得贫困阶层高效快捷的享受到金融服务，有利于贫困减缓，而封闭、非竞争的金融体系则更有助于富裕阶层的财富增加，贫困阶层虽然也能从中获得信贷等金融服务，但成本较大，对于其贫困状况的改善没有太大帮助。福苏（Fosu，2015）对来自世界银行的 353 个面板数据进行研究，其中 51 个来自撒哈拉沙漠以南的非洲国家（SSA），其余 302 个面板数据来自非 SSA 国家，研究中分别采用随机效应面板数据模型和固定效应面板数据模型估计，根据 Hausman 检验判断，采用随机效应面板数据模型，研究发现包容性金融对撒哈拉以南非洲国家的减贫效应与对其他国家的减贫效应存在明显区别。

我国学者在分析包容性金融的减贫效应时，大多是以经济增长和收入分配为切入点，许庆等（2016 年）基于 2010 年和 2012 年的中国家庭追踪调查（CFPS）数据进行了实证研究，发现民间借贷的发展有利于降低贫困发生率，对于农村贫困状况地减缓起到了促进作用。徐强等（2017 年）运用组合赋权的方法建立了中国各省区市的金融包容指数，用以评测各省区市的包容性金融发展的水平，并在此基础上，运用省级面板数据进行了实证研究，得出包容性金融发展与贫困减缓之间呈正向关系的结论。张彤进等（2017）采用 2011~2015 年中国省级面板数据，运用系统 GMM 模型和面板数据模型研究包容性金融发展与收入分配之间的关系，研究发现包容性金融发展对缩小居民收入差距具有明显的促进作用，主要是通过降低金融服务成本实现。苏基溶等（2009）探究了包容性金融减贫效应的作用路径，认为包容性金融对贫困阶层收入水平增长的影响，31% 归因于收入分配、69% 则是通过经济增长这一途径实现的。赵武等（2015）提出实现包括金融在内的包容性发展是解决扶贫开发工作长期存在的低质低效、造血功能差等问题的有效方法。通过向贫困者提供公开参与、公平享受的机会，有利于形成可持续的扶贫长效机制。

国内外学者对于包容性金融的减贫效应的大量研究认为包容性金融发展是有利于贫困减缓的。但也有个别研究从金融体系的正规性、金融服务的可获得性角度对二者的正相关关系提出了质疑。因此需要结合研究区域的特点对两者之间的关系进行实证研究。

二、金融扶贫政策效果的实证研究

（一）资料来源

本书以大兴安岭南麓集中连片特困区的19个县（市、区、旗）为研究对象，运用2005~2016年的统计数据，探究了包容性金融对贫困减缓的影响。样本资料来源于《中国统计年鉴》《中国金融年鉴》，内蒙古、黑龙江、吉林三省区的统计年鉴及金融年鉴、《中国区域经济统计年鉴》《中国县市社会经济统计年鉴》。

（二）变量选取

1. 贫富差距（wpg）

贫富差距问题一直是各国研究者关注的热点，其测度指标有基尼系数和贫富差距比值，但此二指标都忽略了城乡人口数量对贫富差距的影响，且基尼系数主要对中等阶层的收入变化敏感，对两极阶层的收入变化较迟钝，这与贫富差距这一指标的测量本意有出入。泰尔指数恰恰弥补了这一不足，泰尔指数主要反映两极阶层的收入变化，故此处选择泰尔指数测度贫困减缓指标。具体计算公式如下：

$$WPG_{i,t} = \sum_{m=1}^{2} \left[\frac{G_{i,m,t}}{G_{i,t}}\right] \times \ln\left[\frac{G_{i,m,t}}{G_{i,t}} \bigg/ \frac{S_{i,m,t}}{S_{i,t}}\right] \quad (7-2)$$

其中，$m=1$代表城镇，$m=2$代表农村。$WPG_{i,t}$为第i个省份在t时期的泰尔指数。$G_{i,m,t}$为第i个省份在t时期的城镇或农村总收入。$G_{i,t}$为第i个省份在t时期的城乡收入总额。$S_{i,m,t}$为第i个省份在t时期的城镇或农村总人口数。$S_{i,t}$为第i个省份在t时期的城乡总人口数。该指标越大，说明贫富差距越明显。

2. 包容性金融发展（fin）

国外相关文献早前提出过一些测度方法（Honohan，2006），用开办银行账户的家庭数占总家庭数的比率来测度这一指标。考虑到大兴安岭南麓片区的实际情况，本书引入金融发展深度（fd）和金融发展宽度（fs）这两个子维度。其中，金融发展深度以银行业务的利用度表示，即用存贷款总额/GDP 来计算；金融发展宽度以非银行业务的覆盖率表示，即（国内债券余额 + 股票市值 + 保费收入）/金融总资产来计算。

3. 控制变量

（1）贸易开放度（open）：用各县（市、区、旗）对外进出口总额/各县（市、区、旗）GDP 总额来计算。

（2）产业结构（ind）：用第二、第三产业增加值占 GDP 的比值来计算。

（3）教育水平（edu）：从教育水平这一指标可以看出，各地区的人力资本差异。鉴于我国已普及九年义务教育，且财政拨款是筹集教育经费的主要途径，因此以教育支出/财政支出来计算。

（4）农业收入水平（agr）：我国集中连片的贫困地区仍然以农村为主，贫困群体的经济来源仍以农业收入为主，因此，以农业总产值/GDP 来计算此指标。

各指标的描述性统一，如表 7-3 所示。

表 7-3　　　　　　各指标变量的描述统计量

指标	观测值	平均值	标准差	最小值	最大值
贫富差距（wpg）	228	0.5771	0.1652	0.1141	0.7592
金融发展深度（fd）	228	4.8791	0.3121	4.1322	5.4552
金融发展宽度（fs）	228	1.7768	0.6452	0.7891	2.8946
贸易开放度（open）	228	0.3297	0.2938	0.0312	1.3126
产业结构（ind）	228	0.7793	0.0624	0.5886	0.894
教育水平（edu）	228	2.4327	0.2983	1.7669	3.1102
农业收入水平（agr）	228	3.2251	0.2593	2.7782	3.7923

（三）PVAR 估计原理及模型设定

1. PVAR 模型原理

向量自回归模型（VAR）在时间序列数据的分析中应用广泛，模型的内生变量即为设置的各个变量，解释变量为设置的各个变量的滞后项。VAR 模型的应用要求数据的年限跨度较长，而由于数据搜寻上的限制，往往无法满足 VAR 模型的使用条件。而面板向量自回归模型（PVAR）则恰恰放宽了这一限制。PVAR 模型在分析研究时综合了时间序列和面板数据的优点：第一，PVAR 模型对数据跨越年限的长度要求较低，只需 T≥m+3（T 为时间序列的年限长度，m 为滞后项的年限长度）即可；第二，PVAR 模型将模型设置的各个变量的滞后项全部考虑在内，避免了内生性问题；第三，通过后续的方差分解，可深入剖析变量间的相互作用。

2. PVAR 模型设定

为探究贫困减缓、金融发展深度、金融发展宽度和金融服务广度的关系，可将 4 变量 PVAR 模型设定如下：

$$y_{i,t} = \alpha_i + f_t + \sum_{j=1}^{p} A_j y_{it-j} + \varepsilon_{i,t}; \ i = 1, \cdots, 19; \ t = 1, \cdots, 12 \tag{7-3}$$

其中，i 和 t 分别代表贫困县和年份。

$y_{it} = (wpg_{it},\ fd_{it},\ fs_{it},\ open_{it},\ ind_{it},\ edu_{it},\ agr_{it})$ 为 7×1 维向量。A_j 为 7×7 维系数矩阵，α_i 为 7×1 维个体效应向量，f_t 为 7×1 维时间效应向量，ε_{it} 为随机扰动项，满足均值为零的条件，即 $E(\varepsilon_{it} | \alpha_i,\ f_t,\ y_{it-1},\ y_{it-2},\ \cdots) = 0$。

对于模型中的时间效应向量 f_t，应运用横截面均值差分消除时间效应，避免自相关造成的估计偏差；对于模型中的固定效应向量 α_i，应运用"前向均值差分法"消除固定效应，并运用广义矩估计方法获取的 A_j 一致估计量。

(四) 单位根检验与格兰杰因果检验

1. 单位根检验

面板数据非平稳将会产生伪回归，进而影响到后续步骤结果的准确性。因此，首先对数据的平稳性进行检验，本书分别运用 LLC 检验、IPS 检验和 ADF – Fisher 检验这三种方法对面板数据进行单位根检验，结果如表 7 – 4 所示。

表 7 – 4　　　　　　　面板数据单位根检验结果

变量	LLC 检验	IPS 检验	ADF – Fisher 检验
wpg	– 29. 3327 ***	13. 1229	15. 3483
	0. 0000	– 1. 0000	– 1. 0000
fd	– 9. 2237	– 0. 8824	142. 7713 ***
	0. 0000	– 0. 2563	0. 0000
fs	– 5. 3823	– 0. 7782	136. 9938 ***
	0. 0000	– 0. 3141	0. 0000
open	– 7. 6769 ***	– 0. 7714	74. 9923 *
	0. 0000	– 0. 1889	– 0. 0241
ind	– 4. 9838 ***	4. 2236	65. 3832
	0. 0000	– 0. 1128	– 0. 6251
edu	– 3. 4467 ***	4. 2256	14. 8924
	0. 0000	– 1. 0000	– 1. 0000
agr	– 1. 2318 *	7. 3342	12. 8931
	0. 0586	– 1. 0000	– 1. 0000
D. wpg	– 13. 4649 ***	– 5. 7795 ***	– 250. 6781 ***
	0. 0000	0. 0000	0. 0000
D. fd	– 3. 2247 ***	– 5. 6562 ***	187. 9231 ***
	0. 0014	0. 0000	0. 0000

续表

变量	LLC 检验	IPS 检验	ADF – Fisher 检验
D. fs	-5.4492 *** 0.0000	-4.8758 *** 0.0000	167.3325 *** 0.0000
D. open	-15.2315 *** 0.0000	-3.4482 *** 0.0000	170.3346 *** 0.0000
D. ind	-14.2931 *** 0.0000	-4.8892 *** 0.0000	289.6761 *** 0.0000
D. edu	-9.3932 *** 0.0000	-3.9724 *** 0.0000	210.6712 *** 0.0000
D. agr	-11.4773 *** 0.0000	-4.5692 *** 0.0000	189.7735 *** 0.0000

注：*** 表示在1%的水平下显著。

由表7-4可知，不同的检验方法得出的变量平稳性检验结果有所不同。在1%的显著性水平下，wpg、open、ind、edu只在LLC检验中平稳，在另外两种检验方法中均显示非平稳。fd、fs也仅在ADF-Fisher检验下平稳。而7个变量一阶差分后，在三种检验方法下均呈现出平稳性特征，故模型中的各个变量满足一阶单整。

2. 格兰杰因果检验

研究包容性金融与城乡收入差距之间的作用关系时，首先应厘清金融包容发展水平是否是影响贫富差距的原因，或者贫富差距是否会导致包容性金融水平的变化，并判断相关控制变量的选取是否合理，是否真正影响贫富差距。格兰杰因果检验可以用于解决上述问题，检验结果如表7-5所示。

表7–5　　　　　　　　格兰杰因果检验结果

序号	自变量	因变量	F值	P值	序号	自变量	因变量	F值	P值
1	D.wpg	D.fd	1.1570	0.316	15	D.fs	D.edu	0.0340	0.853
2	D.wpg	D.fs	0.0089	0.924	16	D.fs	D.agr	2.6136	0.095
3	D.wpg	D.open	2.4587	0.141	17	D.open	D.wpg	1.1516	0.334
4	D.wpg	D.ind	4.2520	0.044	18	D.ind	D.wpg	4.1953	0.045
5	D.wpg	D.edu	0.6117	0.434	19	D.edu	D.wpg	5.5122	0.025
6	D.wpg	D.agr	0.6910	0.409	20	D.agr	D.wpg	4.6362	0.031
7	D.fd	D.wpg	6.1533	0.021	21	D.open	D.fd	0.1000	0.750
8	D.fd	D.open	2.0646	0.183	22	D.ind	D.fd	0.9122	0.340
9	D.fd	D.ind	3.6579	0.056	23	D.edu	D.fd	0.1527	0.698
10	D.fd	D.edu	1.4360	0.230	24	D.agr	D.fd	3.4417	0.066
11	D.fd	D.agr	3.7617	0.052	25	D.open	D.fs	0.0184	0.892
12	D.fs	D.wpg	3.9585	0.047	26	D.ind	D.fs	0.1889	0.664
13	D.fs	D.open	0.8166	0.366	27	D.edu	D.fs	0.0572	0.812
14	D.fs	D.ind	4.5572	0.036	28	D.agr	D.fs	3.5662	0.059

由表7–5可知，接受wpg不是fd、fs的格兰杰原因这一假设，拒绝fd、fs不是wpg的格兰杰原因这一假设。即fd、fs均是wpg的格兰杰原因，而wpg不是fd、fs的格兰杰原因。因此，包容性金融水平会影响贫富差距，而贫富差距则不会对包容性金融水平产生影响。而贫富差距（wpg）与产业结构（ind）两者间互为格兰杰因果关系，教育水平（edu）和农业收入水平（agr）均是贫富差距（wpg）的格兰杰原因。包容性金融水平（fd、fs）与农业收入水平（agr）两者之间互为格兰杰因果关系，其他控制变量均不能引起包容性金融水平（fd、fs）的变动，而包容性金融水平（fd、fs）能够解释产业结构（ind）的变动。

(五) 阶数选择和参数估计

运用建立的 PVAR 模型来推断最佳滞后阶数,并通过广义矩估计得出回归系数。根据赤池信息(AIC)准则、贝叶斯信息(BIC)准则和汉南—奎因信息(HQIC)准则,此处试探性地分析了滞后 1 阶、滞后 2 阶和滞后 3 阶的情况,如表 7-6 所示。

表 7-6 各准则下的滞后阶数

滞后阶数	AIC	BIC	HQIC
1	22.5761	25.8782*	23.3421*
2	21.8214	26.0768	23.7585
3	21.0312*	26.9218	24.4658

注:*表示对应的阶数为该准则下应选取的阶数。

表 7-6 给出了 AIC、BIC 和 HQIC 准则下滞后 1~3 阶的对应值,标记*号的值对应的阶数即为该准则下应选取的阶数。由表 7-6 中数据可知,BIC 和 HQIC 准则下应选取滞后 1 阶,而 AIC 准则下偏向于选取滞后 3 阶。根据模型选取的简练性原则,BIC 和 HQIC 选择的模型优于 AIC 下的模型选择,故最优滞后阶数为 1 阶。PVAR 模型方程为:

$$y_{i,t} = \alpha_i + f_t + A_1 y_{i,t-1} + \varepsilon_{i,t}; \quad i=1,\cdots,19, \quad t=1,\cdots,8$$

(7-4)

$y_{it} = (D.wpg, D.fd, D.fs, D.open, D.ind, D.edu, D.agr)^T$ 是贫富差距、金融发展深度、金融发展宽度、贸易开放度、产业结构、教育水平、农业收入水平的 1 阶差分值这 7 个变量组成的列向量。由于 1 阶差分后会损失一个自由度,故 t 由 1 取至 8。

而后,通过 GMM 方法估计出各变量对 wpg 的回归结果如表 7-7 所示。

表7-7　　　　　　　　PVAR 模型 GMM 统计结果

变量名称	D. wpg
L1 h_D. wpg	0.4524*** (2.69)
L1 h_D. fd	-0.0812** (-2.13)
L1 h_D. fs	-0.0041** (-2.26)
L1 h_D. open	0.0116 (1.32)
L1 h_D. ind	0.1614* (1.72)
L1 h_D. edu	-0.1192 (-1.65)
L1 h_D. agr	-0.1473** (-2.50)

注：L 表示滞后一期的变量，括号内数值为 T 检验值。***、**、* 分别表示在1%、5%和10%水平下显著。

本书主要探讨包容性金融与贫富差距之间的作用关系，并不研究其他变量之间的关系。且由前述格兰杰因果检验结果可知，包容性金融能够影响贫富差距的变化，而贫富差距并不是导致包容性金融水平变化的原因，故此处也略去了贫富差距对包容性金融水平的回归结果。

由表7-7可知，在1%的显著性水平下，贫富差距的1阶滞后项对当期贫富差距的作用系数为0.4525，即贫富差距的1阶滞后项每增大1个单位，会使当期贫困差距增大45.25%。所以，贫富差距作用的持续性较强，其滞后项会对当期值产生显著的影响。

在5%的显著性水平下,包容性金融水平的两个子维度(金融发展深度 fd、金融发展宽度 fs)的1阶滞后项均对贫富差距产生了负向作用,即包容性金融水平的不断深化会使得贫富差距有所减小。其中,金融发展深度对贫富差距的作用系数为 -0.0812,即金融发展深度每增大1个单位,会使贫富差距减少8.12%。而金融发展宽度的影响贫富差距的系数为 -0.0041,即金融发展宽度每增大1个单位,仅仅会使贫富差距缩小0.41%,影响效果较低。所以,包容性金融对贫富差距的负向影响主要是通过金融发展深度这一维度实现的,金融发展宽度的作用还有待加强。

其他控制变量中,贸易开放度(open)和产业结构水平(ind)对贫富差距的作用系数为正,教育水平(edu)和农业收入水平(agr)对贫富差距的作用系数为正,即进出口总额与GDP的比值、第二、第三产业增加值与GDP的比值增大会使得贫富差距拉大,教育支出与财政支出的比值、农业总产值与GDP的比值增大会使贫富差距有所减小。

(六)方差分解

要测度各个变量对贫富差距作用的相对贡献,则需要进行方差分解。由上述分析可知本书研究方向为包容性金融对贫富差距的影响,故此处表7-8仅列出了对 wpg 的方差分解结果。

表7-8　　　　　　　　wpg 的方差分解结果

滞后期数	D. wpg	D. fd	D. fs	D. open	D. ind	D. edu	D. agr
1	1.0000	0	0	0	0	0	0
2	0.903	0.012	0.002	0.009	0.029	0.020	0.025
3	0.875	0.025	0.002	0.010	0.033	0.023	0.031
4	0.862	0.029	0.002	0.010	0.035	0.025	0.034

续表

滞后期数	D. wpg	D. fd	D. fs	D. open	D. ind	D. edu	D. agr
5	0.854	0.031	0.002	0.010	0.035	0.025	0.040
6	0.851	0.031	0.002	0.010	0.035	0.025	0.042
7	0.851	0.031	0.002	0.010	0.035	0.025	0.042
8	0.851	0.031	0.002	0.010	0.035	0.025	0.042
9	0.851	0.031	0.002	0.010	0.035	0.025	0.042
10	0.851	0.031	0.002	0.010	0.035	0.025	0.042

由表7-8结果可得，贫富差距对自身的作用很强，第一期时wpg的变动均由自身变动所致，随着期数的增加，其影响逐渐分解到其他的变量，至第六期稳定时仍对自身有85.1%的影响，故贫富差距对其自身的作用具有很大的惯性。金融发展深度对贫富差距的贡献作用至稳定时达3.1%；金融发展宽度对贫富差距的贡献作用仅为0.2%，即综合起来的包容性金融水平对贫富差距的贡献作用为3.3%，所以包容性金融水平的分解程度并不大，这一数值大于对外开放程度和教育水平的影响，小于产业结构水平和农业收入水平的影响。此结果表明，大兴安岭南麓集中连片特困区的包容性金融水平仍处于初级阶段，金融发展深度和金融发展宽度的作用力度远远达不到应有的效果，包容性金融体系有待进一步建立和健全，以进一步激发包容性金融的减贫效应。

（七）稳健性检验

由上述分析可知，所有数据均为1阶平稳序列，且以上分析探究了滞后1阶的变量对当期变量的作用，并没有涉及当期值对当期变量的影响，故此处运用相关数据进一步作出静态面板估计，用以检验上述结论的稳健性。

1. 静态模型的设定

基于静态面板的回归模型设定如下：

$$wpg_{it} = \alpha_1 fd_{it} + \alpha_2 fs_{it} + \alpha_3 open_{it} + \alpha_4 indu_{it} + \alpha_5 edu_{it} + \alpha_6 agr_{it} + \beta_i + \alpha_t + \varepsilon_{it} \quad (7-5)$$

其中，i 代表大兴安岭南麓片区的各贫困县（市、旗、区）（为方便论述以下简称贫困县），t 为各时期。wpg_{it} 为第 i 个贫困县在第 t 时期的贫富差距、fd_{it} 为第 i 个贫困县在第 t 时期的金融发展深度、fs_{it} 为第 i 个贫困县在第 t 时期的金融发展宽度、$open_{it}$ 为第 i 个贫困县在第 t 时期的贸易开放度、$indu_{it}$ 为第 i 个贫困县在第 t 时期的产业结构水平、edu_{it} 为第 i 个贫困县在第 t 时期的教育水平、agr_{it} 为第 i 个贫困县在第 t 时期的农业收入水平。各变量的具体计算方法同上。β_i 为不随时间变化的各贫困县的地区固定效应，α_t 为不随各贫困县变化的时间固定效应，ε_{it} 为随机误差项。

2. 静态模型估计结果

此处分别运用混合面板模型、固定效应模型、随机效应模型这三种方式对数据进行回归，具体结果如表 7-9 所示。

表 7-9　　　　　　　　静态面板选择结果

解释变量	混合面板模型	固定效应模型	随机效应模型
fd	0.4729391 *** 0	-0.0865213 ** (-0.014)	-0.0389264 (0.489)
fs	0.0038291 (-2.57)	-0.0037424 ** (-0.023)	-0.0035592 (-0.247)
open	0.0098268 (-2.13)	-0.0102391 (0.483)	-0.0113617 (-0.216)
ind	0.3079113 ** (0.039)	0.3281172 ** (0.029)	0.3356185 * (0.098)

续表

解释变量	混合面板模型	固定效应模型	随机效应模型
edu	0.2968217 (-2.86)	-0.1241285* (-0.096)	-0.1092863 (-0.295)
agr	-0.1902797*** 0	-0.1792832*** 0	-0.1811293*** (-0.008)
常数项	0.5112946*** 0	0.8113792*** 0	0.7968287*** 0
调整 R^2	0.8921	0.8892	0.8779
F 统计量	386.79	332.18	1247.79
P 值	0	0	0
Hausman 统计量	84.57		

注：***、**、*分别表示在1%、5%和10%的水平下显著。

由表7-9可以看出，固定效应模型F检验的P值为0，拒绝零假设，结果表明固定效应模型优于混合面板模型，各个贫困县的截距项各不相同。然而，此处并没有使用聚类稳健标准差，故这里F检验无效。同样，随机效应模型的F检验的P值也为0，也可得出拒绝混合面板模型这一结论。此时，运用Hausman检验来判定使用固定效应模型还是随机效应模型，因为P值为0，拒绝原假设 $H_0: u_i$ 与 x_{it}、z_{it} 不相关，检验结果表明应选择固定效应模型，故拒绝随机效用模型。

由表7-9的第三列数据可知在固定效应模型下各变量的系数。在5%的显著性水平下，金融发展水平的两个子维度（金融发展深度和金融发展宽度）都对贫富差距产生了负向作用。其中，金融发展深度的作用系数为-0.0865213，即金融发展深度每增大1个单位，会使得贫富差距缩小8.65%；金融发展宽度的作用系数为-0.0037424，即金融发展宽度增加1单位仅会使贫富差距缩小0.37%。所以综合来看，包容性金融水平与贫富差距是负相关关系，即包容性金融水平的深化有利于贫富差距的缩小，这与前述 PVAR 模型的结果是一致的。

研究中选取大兴安岭南麓集中连片特困区的 19 个贫困县作为研究对象，运用 2005～2016 年的相关数据进行了实证研究，主要得出以下结论：（1）在 2005～2016 年间，随着包容性金融发展水平的提高，贫困程度有所降低，而且具有 19 个县贫困水平普遍降低的特征，可见包容性金融发展有利于实现扶贫由靶向干预逐渐转化为系统推进，由碎片化扶贫转变为系统化扶贫。（2）包容性金融水平能够对贫富差距产生负向作用，而贫富差距的变化对包容性金融水平的影响并不显著。且包容性金融水平的两个子维度的 1 阶滞后项对贫富差距的影响均为负，其中，金融发展深度的影响系数远大于金融发展宽度的影响系数，即包容性金融水平对贫富差距的影响主要是通过金融发展深度这一渠道来实现的，金融发展宽度的作用较低。（3）从横向来看，在各类影响贫富差距的因素中，除包容性金融对贫富差距产生影响外，贫困自身持续性、产业结构水平、教育水平和农业收入水平均对贫富差距产生较显著的影响。与之相比，包容性金融的减贫作用尚未得到充分发挥。

从上述结论中可以得出以下政策启示：

一是相比金融发展宽度，金融发展深度的减贫效应更加显著。所以，特困区在大力发展银行类金融业务的同时，也应弥补非银行金融业务缺失这一短板，解决金融发展的均衡性、金融服务的公平性和金融产品的可靠性，围绕非银行金融服务的覆盖面、可得性和满意度等目标，充分发挥非银行金融业务在资金融通、机制创新和经济补偿等方面的功能。这就需要政府出台相关政策，针对非银行金融机构信用业务形式不同、业务活动范围取决于国家金融法规的特点，引导和支持非银行金融业务在特困区的发展，加大财政对合作金融、小微金融和商业保险的支持力度，并鼓励金融机构对贫困地区的金融产品创新，特别推动小额信贷、合作金融和农业供应链金融发展，降低投资的单位成本，通过多样化降低投资风险，充分发挥金融工具的杠杆作用，使广大的市场主体和包括贫困群体在内的各阶层人群能够得到公平、合理的金融服务，从而更有效地实现包容性金融发展的减贫效应。

二是虽然包容性金融发展的减贫效应较为明显，但作用力度有限，因此，政府应保持金融政策的持续性，为特困区提供一个稳健的金融环境，解决金融资源配置集中在城市地区，而小微企业、贫困地区和低收入群体人均金融服务资源配置不足的问题。防范金融服务上的"精英俘获"，缓解贫困群体由于缺少抵押物或有效担保而形成的"融资难、融资贵"的问题和长期存在的对集中连片贫困地区的金融排斥问题，并整合财政、金融等多方力量，建立健全集中特困贫困区的包容性金融发展体系，优化信贷结构和方式，提高贫困人口的信贷可获得性，使包容性金融的减贫效果进一步得到释放。

三是包容性金融发展应有效地促进宏观层面的扶贫开发政策与微观层面的精准扶贫实践的有效结合，解决由于集中连片贫困地区的金融市场相对滞后造成的资源配置效率低、道德风险高等问题和扶贫过程中存在的目标偏离问题，增强包容性金融的覆盖面，加大金融知识在贫困地区的普及力度，积极创造和诱发金融需求。由于金融扶贫对单个贫困家庭的效果有限，需要与集中连片贫困区贫困家庭的规模化和组织化相结合，推动扶贫由靶向干预转变为系统推进，由碎片化扶贫转变为系统化扶贫。

四是发展数字金融和互联网金融等新金融形式，与传统银行相比，新金融在包容性金融服务效率方面具有一定优势，在贫困地区的减贫中具有显著的影响。主要是因为部分传统金融模式存在过度逐利倾向，从而加重了消费者的融资成本，在贫困地区难以激发有效需求，新金融方式通过互联网、大数据等新技术手段的使用有利于提升金融服务的可得性。由于贫困户普遍存在对数字金融和互联网金融等新金融形式认知不足的问题，以及外部环境因素和政策制度因素对互联网金融精准扶贫的影响，需要提高贫困户对互联网金融精准扶贫的认知，建设农村金融综合信息服务平台，实现线上线下的精准识别与风险规避。需要结合贫困地区的特点，对互联网金融等新金融的组织结构、资金来源和信贷模式方面进行创新，实现公益性与商业性的有效结合。

五是加强与金融扶贫相关的制度建设，提高金融机构的服务质量和管理水平。一方面，重视政策性金融在集中连片贫困地区扶贫中的作用，增加政策性金融机构在集中连片贫困地区的业务范围，扩大政策性信贷对贫困地区和贫困家庭的覆盖面；另一方面，发挥小微金融在集中连片贫困地区的优势，重视小微金融的机制创新，建立小微金融的互联网金融服务平台，降低小微金融机构在贫困地区的运行成本。同时，注重贫困地区金融服务过程中的风险防控，针对包容性金融在贫困地区发展中存在的缺少信用证明、缺少有效信息、缺少担保和缺少风险分担方式等问题，政府应完善法律和监管体系，推动贫困地区的信用环境建设，提升贷款质量，弥补包容性金融的制度短板和业务短板，明确建立包容性金融的业务边界，完善对包容性金融的监管，落实风险防范的主体责任。实现包容性金融服务的可持续性和金融扶贫的良性发展，从而形成包容性金融减贫增收的长效机制。

三、辽西北地区[①]教育扶贫政策

（一）辽西北地区发展现状和精准扶贫的总体评价

1. 辽西北地区经济发展的总体评价

从经济存量的角度来看，通常将生产总值和人均生产总值作为判断城市经济发展阶段的指标。从经济总量的角度，由辽西北三市的国内生产总值的变化趋势来看，2012~2016年这5年间，辽西北

---

① 指辽宁省的朝阳、铁岭和阜新三个市。

三市的生产总值总体呈现出稳定且略有下降的趋势。由表7-10和图7-3中的趋势线可以看出,从2013年开始,阜新、铁岭、朝阳三市分别呈现下降趋势,尤其是铁岭市和朝阳市下降幅度较大。2015年,铁岭市全市生产总值740.9亿元,按可比价格计算,下降了6.2%[①]。朝阳生产总值(GDP)862.7亿元,按可比价格计算同上一年相比较,下降6.1%[②]。2016年,铁岭市生产总值为588亿元,按可比价格计算,下降了4.6%,朝阳市下降6.7%。由此可判断出,辽西北三市近年来生产总值增长速度不仅缓慢,甚至出现大幅下滑,因此,促进地区快速发展的任务迫在眉睫。

表7-10　　2012~2016年辽西北三市GDP变化情况　　单位:亿元

城市	2012年	2013年	2014年	2015年	2016年
阜新	553.5	615.1	606.2	542.1	406.2
铁岭	981.4	1031.3	867.5	740.9	588.0
朝阳	921.3	1002.9	990.0	862.7	708.9

资料来源:2013~2017年阜新统计年鉴、铁岭统计年鉴、朝阳统计年鉴。

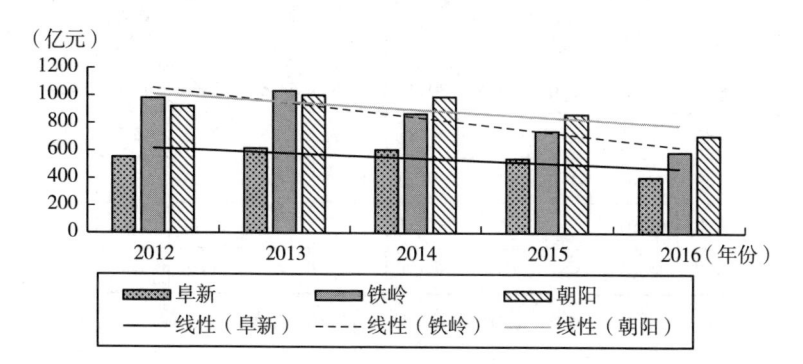

图7-3　2012~2016年辽西北三市GDP变化趋势

资料来源:2013~2017年阜新统计年鉴、铁岭统计年鉴、朝阳统计年鉴。

[①] 资料来源:《2015年铁岭市国民经济和社会发展统计公报》,www.tieling.gov.cn,生产总值降幅按可比价格计算。
[②] 资料来源:《2015年朝阳市国民经济和社会发展统计公报》,中国统计信息网,www.tjcn.org。

表 7-11 分别列出了 2014~2016 年辽西北三市的人均生产总值占全省平均值的比重和全国平均值的比重。2014 年三市人均生产总值占全省平均值的 49.0%，占全国平均值的 62.5%，占比重较低，说明辽西三市的平均人均生产总值仅仅达到全省平均值和全国平均值的一半左右。而 2016 年三市的人均生产总值占全省平均值的 45.33%，占全国平均值的 42.68%，未达到一半，其中，阜新市的人均生产总值为 22866 元，按可比价格计算，比上年下降 11.9%[1]，朝阳市的人均生产总值下降了 6.3%[2]。可见，辽西北三市经济生产总量较小，人均生产总值较低，下降幅度较大，属于欠发达地区。

表 7-11　　　2014~2016 年辽西北三市人均生产总值及与全省和全国平均水平的比较

地区	2014 年 人均生产总值（元）	占全省平均比重（%）	占全国平均比重（%）	2015 年 人均生产总值（元）	占全省平均比重（%）	占全国平均比重（%）	2016 年 人均生产总值（元）	占全省平均比重（%）	占全国平均比重（%）
阜新市	33883	52.0	71.8	30420	46.5	64.5	22866	45.0	42.4
铁岭市	28727	44.1	60.9	27885	42.7	55.5	22178	43.7	41.1
朝阳市	33261	51.0	62.9	29120	44.6	57.8	24025	47.3	44.5
全省平均	65201	—	—	65355	—	—	50791	—	—
全国平均	47203	—	—	50251	—	—	53935	—	—

资料来源：2015~2017 年中国统计年鉴、辽宁统计年鉴。

从三次产业增长速度来看，辽西北三市的第一产业、第二产业和第三产业的增长速度缓慢，低于全国平均水平。尤其是

---

[1] 资料来源：《阜新市 2016 年国民经济和社会发展统计公报》，www.fuxin.gov.cn。

[2] 资料来源：《朝阳市 2016 年国民经济和社会发展统计公报》，www.tjcn.org。

2015年和2016年，第一产业、第二产业的增长速度基本为负值，且远低于辽宁省平均值和全国平均值，说明该地区处于产业结构调整阶段，但农业和工业发展水平过低，而服务业发展严重不足，如表7-12所示。

表7-12　　　　2012～2016年辽西北三市
三次产业的增长速度　　　　单位：%

产业	地区	2012年	2013年	2014年	2015年	2016年
第一产业	阜新市	5.4	4.9	-2.2	-3.5	-15.8
	朝阳市	5.4	4.9	2.9	3.0	-13.2
	铁岭市	5.3	4.9	3.0	-3.4	-7.7
	辽宁省	5.1	4.8	2.2	3.8	-4.6
	全国	4.5	4.0	4.1	3.9	3.3
第二产业	阜新市	13.4	10.9	4.6	-9.3	-25.5
	朝阳市	12.6	11.1	2.3	-17.7	-17.2
	铁岭市	9.1	5.9	0.9	-12.7	-1.0
	辽宁省	9.8	8.9	5.2	-0.2	-7.9
	全国	8.1	7.8	7.3	6.0	6.1
第三产业	阜新市	9.0	8.4	6.7	0.4	0.1
	朝阳市	11.6	7.4	6.3	4.5	3.1
	铁岭市	11.5	8.5	1.3	0.1	-4.9
	辽宁省	9.9	9.2	7.2	7.1	2.4
	全国	8.1	8.3	8.1	8.3	7.8

资料来源：2013～2017年中国统计年鉴、辽宁统计年鉴。

2014年阜新市由于旱灾带来的影响，总产量186.3万吨，比2013年减少90.2万吨，下降了32.6%。2015年，阜新市的农作物总播种面积为792.1万亩，同比下降了0.6%。粮食作物播种面积为545.5万亩，比上年增长3.37%。由于当年阜新市受到了严重的旱灾，粮食总产量仅仅为141.3万吨，比上年减少了45万吨，下降幅度达24.15%，如表7-13所示。

表7-13　2014~2016年辽西北三市粮食作物播种面积和粮食产量

城市	2014年 播种面积（万亩）	2014年 粮食产量（万吨）	2015年 播种面积（万亩）	2015年 粮食产量（万吨）	2016年 播种面积（万亩）	2016年 粮食产量（万吨）
阜新	527.7	186.3	545.5	141.3	545.1	205.4
朝阳	374.3	176.8	377.6	196.6	379.6	238.8
铁岭	598.8	346.0	679.0	396.7	405.8	397.1

资料来源：2015~2017年阜新统计年鉴、朝阳统计年鉴、铁岭统计年鉴。

辽西北三市位于辽宁省的西北部，属于温带大陆性季风气候，常年降水偏少且时空分布不均，遇到旱灾年份会造成粮食大幅减产甚至某些经济作物绝收，因此需要对于作物种植种类进行调整以及提高农业防灾减灾的能力。

2014年全市的工业企业（主营业务收入2000万元及以上工业企业规模以上）实现主营业务收入811.2亿元，比2013年下降了3.8%。2015年阜新市规模以上工业产值全年下降11.9%。轻工业下降9.4%、重工业下降了12.7%。从行业看，该市的投资主体行业为工业、房地产开发以及基础设施，共占全部投资的90.0%。工业的投资一共完成的金额为28.6亿元，与上一年相比较，下降了63.4%，投资主体行业的大幅下降，是阜新市当年生产总值下降的主要原因。2016年，阜新市的规模以上工业产值66.3亿元，降幅20.0%（见表7-14）。[1]

---

[1] 资料来源：《阜新市2015年国民经济和社会发展统计公报》，中国统计信息网，www.tjcn.org。

表 7-14　　　　2014~2016 年辽西北三市规模以上工业
增长比值和工业企业主营业务收入

城市	2014 年 增长比值（%）	2014 年 主营收入（亿元）	2015 年 增长比值（%）	2015 年 主营收入（亿元）	2016 年 增长比值（%）	2016 年 主营收入（亿元）
阜新	4.6	811.2	-11.9	523.5	-20.0	264.5
朝阳	1.4	1277.1	-17.5	780.5	-18.0	389.4
铁岭	2.0	1578.3	-18.0	921.3	0.2	1026.3

资料来源：2015~2017 年阜新统计年鉴、朝阳统计年鉴、铁岭统计年鉴。

朝阳市 2016 年全年，规模以上工业的增加值下降了 18%。其中第一产业 17.5 亿元，占了固定资产投资总额的 7.2%；第二产业投资 96.6 亿元，占 39.6%；第三产业投资 129.8 亿元，占 53.2%。2015 年第一产业 34.0 亿元，占 6.8%；第二产业投资 249.2 亿元，占 49.8%；第三产业投资 217.0 亿元，占 43.4%。第一产业和第二产业的投资比重降低，投资主要开始向第三产业倾斜[①]。

2016 年，铁岭市固定资产投资 122.2 亿元，比上年下降 69.2%。第一产业完成投资比上年下降 61.8%；第二产业下降 74.8%，其中，工业比上年下降 74.8%；第三产业比上年下降 65.9%[②]。三次产业投资之比由上年的 0.6∶37.7∶61.7 调整为 0.8∶30.9∶68.3。2015 年完成固定资产投资 397.5 亿元，比上年下降 38.5%。第一产业下降 81.3%；第二产业 149.7 亿元，同上一年相比较，下降了 55.8%，其中，工业下降 55.5%；第三产业下降 16.5%。2014 年，铁岭所完成的固定资产投资额为

[①] 资料来源：《朝阳市 2016 年、2015 年国民经济和社会发展统计公报》，中国统计信息网，www.tjcn.org。
[②] 资料来源：《铁岭市 2016 年国民经济和社会发展统计公报》，中国统计信息网，www.tjcn.org。

646.3亿元，下降比率为38.1%。第一产业完成投资比上年下降12.8%；第二产业下降43.0%，其中，工业下降42.1%；第三产业293.8亿元，下降幅度32.2%。铁岭市固定资产投资连续三年大幅下降，其中三次产业完成投资下降幅度巨大，2015年第一产业下降幅度甚至达81.3%。

从表7-15来看，辽西北三市的人均可支配收入值增长较为缓慢。近两年来，无论是城镇居民可支配收入，还是农村居民可支配收入，与全省和全国平均值的比值来看，辽西北三市的居民可支配收入均出现一定幅度的下滑，尤其是城镇居民可支配收入，远远未达到全省和全国的平均值。

表7-15　　　　2013~2016年辽西北三市城镇和农村居民可支配收入及占比

地区	指标	2013年 城镇	2013年 农村	2014年 城镇	2014年 农村	2015年 城镇	2015年 农村	2016年 城镇	2016年 农村
阜新市	人均可支配收入（元）	19058	9939	21195	10566	22662	11109	23980	11812
朝阳市	人均可支配收入（元）	18891	9949	19634	9754	21211	10514	22381	11193
铁岭市	人均可支配收入（元）	20576	11869	19276	10888	20689	11683	21788	12531
辽宁省	人均可支配收入（元）	25578	10523	29082	11191	31126	12057	32876	12881
全国	人均可支配收入（元）	26955	8896	26635	10489	31195	11422	33616	12363
阜新市	占辽宁省平均值比重	0.75	0.95	0.73	0.94	0.73	0.92	0.73	0.92
阜新市	占全国平均值比重	0.71	1.12	0.80	1.01	0.73	0.97	0.71	0.96

续表

地区	指标	2013年 城镇	2013年 农村	2014年 城镇	2014年 农村	2015年 城镇	2015年 农村	2016年 城镇	2016年 农村
朝阳市	占辽宁省平均值比重	0.74	0.95	0.68	0.87	0.68	0.87	0.68	0.87
	占全国平均值比重	0.70	1.12	0.74	0.93	0.68	0.92	0.67	0.91
铁岭市	占辽宁省平均值比重	0.80	1.13	0.66	0.97	0.67	0.97	0.66	0.97
	占全国平均值比重	0.76	1.33	0.72	1.04	0.66	1.02	0.65	1.01

资料来源：2014~2017年中国统计年鉴、辽宁统计年鉴。

阜新市2016年的常住人口为177.5万人，城镇人口数量为103.64万人，占58.39%；农村人口数量为73.86万人，占41.61%，人口自然增长率-0.89‰[1]。朝阳市年末全市总人口341.1万人。城镇人口占28.9%、农村人口占71.1%[2]。铁岭市总人口达299.8万人，城镇人口占42.3%，农村人口占56.7%[3]。辽宁省常住人口4377.8万人。其中，城镇常住人口2949.3万人，占67.37%；农村常住人口1428.5万人，占32.63%。与辽宁省的数值相比而言，辽西北三市的农村人口占比过大，尤其是朝阳市，达71.1%，城镇化覆盖率过小，结合人均可支配收入的相关数据可知，辽西北三市的城镇人口占比较小，且收入过低，贫困率较高。

2. 辽西北地区贫困人口和精准扶贫概况

由表7-16可知，辽西北三市与辽宁省近三年享受最低生活保障的人数逐年下降，以2016年为例，阜新市共有城镇居民7.4

---

[1] 资料来源：《阜新市2016年国民经济和社会发展统计公报》，www.tjcn.org。
[2] 资料来源：《朝阳市2016年国民经济和社会发展统计公报》，www.tjcn.org。
[3] 资料来源：《铁岭市2016年国民经济和社会发展统计公报》，www.tjcn.org。

万人和农村居民 3.3 万人享受政府的最低生活保障,比例占全市人口总数的 6.03%,朝阳市低保人口占 3.99%,铁岭市低保人口占比 3.60%,均高于辽宁省 3.20% 的贫困平均值。2016 年全国的农村贫困人口比上年减少 1240 万人,贫困发生率为 4.5%。2017 年,全国的农村贫困人口比上年减少了 1289 万人;贫困发生率比上年减少 1.4 个百分点,仅为 3.1%[①]。

表 7-16　　　2014~2016 年辽西北三市全市低保人数　　单位:万人

地区	2014 年	2015 年	2016 年
阜新市	13.8	13.5	10.7
朝阳市	15.7	14.4	13.6
铁岭市	17.0	11.1	10.8
辽宁省	160.4	150.7	139.9

资料来源:2015~2017 年辽宁统计年鉴。

从贫困群体自身角度进行分析,影响精准扶贫效果的因素主要包括:

(1) 贫困户的精准识别。要使精准扶贫有效,就需要准确地找到需要扶贫的贫困人群,这是精准扶贫顺利实施的核心。我国对于贫困人口的判断是通过基层民主评议和建档立卡,而统计部门和扶贫相关部门在识别贫困时使用的方法和指标不一致会导致识别出现偏差,以及可能存在一些农户在接受调查时没有如实填写或没有被纳入贫困调查范围的问题。导致贫困的因素复杂多样,又存在着明显的区域差异,因此不能一概而论,这也是导致识别贫困的精准度下降的原因之一。

(2) 政府的扶贫模式和实施。贫困是一个多维的概念,它

---

①　资料来源:《中华人民共和国 2016 年国民经济和社会发展统计公报》,国家统计局网站,www.stats.gov.cn。

不仅是指单一的物质贫困,还包括基础设施贫困、教育资本、医疗卫生、社会保障、劳动力素质等方面的贫困。政府对贫困的帮扶模式关系到精准扶贫的效果。帮扶不等同于救济,从传统的扶贫模式中可以看出,政府制定目标、规划实施、暂时的发放物品和资金补贴,不能从根本上解决贫困的问题,甚至会降低贫困人口的抗风险能力。因此,对于贫困群体来说,最重要的是引导他们形成自身的生计策略和生计能力,找出限制贫困农户生计发展的因素,注重贫困群体的可持续发展能力,制定精确帮扶的措施。除此之外,政府对资金的使用也要精准,确保扶贫资金公平分配,增加外来监督力量,提高扶贫的效率。

(3)自然地理条件。贫困人口大多分布在自然灾害频发、生态环境恶劣、缺水少土、地势险峻之地,特别是山区。这些地区自我发展的能力较弱,扶贫的难度大、成本高,因此自然地理条件也是制约精准扶贫效果的重要因素之一。辽宁省位于我国东北部,这里的冬季漫长而寒冷,夏季炎热短促,常年干旱少雨,导致种植结构单一,以玉米为主,且耕地面积不足,利用率较低。此外,冬季漫长寒冷导致农村取暖过冬的成本较高,使贫困群体保障问题相对困难。因此,扶贫需要考虑到自然地理环境,进行体制机制创新,实现精准扶贫。

(4)城镇化。目前我国贫困地区城镇化进程缓慢,发展能力滞后,这会阻碍经济的发展,影响扶贫的效果。首先,城镇化进程缓慢,会影响贫困人口的流动和就业,大量农村剩余劳动力涌向城市,不利于农村农业的生产,造成农民收入低的恶性循环。其次,还会造成基础设施完善缓慢,工业等产业很难达到规模化,给精准扶贫加大了难度。

(5)文化因素的制约。贫困地区的文化建设水平相对于其他地区来说较为落后,文化素质有待提高,是影响我国精准扶贫的因素之一。我国的贫困地区群众由于教育水平不足和较为封闭等原因,造成封建思想根深蒂固,观念落后、思想保守僵化,缺乏发展和脱贫的动力，缺乏进取意识和学习意识，这也是造成贫困的因素之一。我国传统的扶贫模式主要重视提高农民的经济收入和补贴，而忽略了对贫困人口的思想道德建设，这不利于提高贫困群体的自身素质和发展能力，更会制约精准扶贫的成效。

(二) 教育精准扶贫的性质和理论依据

首先应对于贫困的本质有正确的认知，它是一个较为复杂的概念，不同的人对其理解也不同，主要可以分为收入贫困、相对收入贫困、能力贫困。收入贫困从人们生存所必需的物质条件层面来衡量贫困，认为贫困即是收入水平不能满足基本生活的物质条件。伴随着社会发展，人们逐渐发现用最低生活标准去衡量贫困是不够准确的。即使在一些发达的福利国家，很多家庭拥有基本生活保障，而其国内依旧存在着贫困人口，由此部分学者提出了相对贫困的概念，将贫困定义为不能达到人均消费水平的状态。相对贫困的概念仍然是有很大的局限性，因为它依旧以收入和消费水平的差距来衡量贫困水平。但是阿玛提亚相信贫困是对基本的可行能力的剥夺，而不仅仅是低水平的收入。即贫困不仅指低质量的生活水平，其实质是贫困人口缺乏对于创造收入和社会财富的能力，生活质量和消费水平较低只是贫困的表现形式。因此，只有提升贫困人口创造社会财富的能力。例如，通过教育扶贫，才能有效地根治贫困问题。

其次是基于扶贫战略的思考。我国自新中国成立以来关于扶贫开发包括专项计划推动扶贫、两轮驱动扶贫、体制改革推动扶贫等阶段，在扶贫领域取得了重大进展。我国扶贫事业成功经验的核心即是坚持走开发式扶贫的道路。开发式扶贫需要贫困人口参与的热情及积极性，由于在具体的实践过程中存在过分重视政府主导作用，忽略了贫困人口主体性的重要性，在扶贫项目设计和实施过程中，贫困人口的参与度较为缺乏，很多人口无法分享扶贫战略的成果。为了更好地推进参与式开发扶贫战略，需要通过教育达到精准扶贫，提升贫困人口的参与能力和意识。

最后是对于国家教育政策实现精准扶贫的理解。教育价值取向包括实现精准扶贫，既有一定的理论依据，也有坚实的政策依据。国务院在《现代职业教育体系建设规划（2014—2020年）》中明确指出："发挥职业教育在引导贫困地区人民脱贫致富中的重要作用，围绕贫困地区产业发展以及基本公共服务需求，提高职业教育扶贫的精准度。"国务院扶贫开发领导小组办公室以及国家发展改革委组织编写了11个连片特困地区区域发展和扶贫攻坚规划指出要注重发展教育，支持教育资源的整合和发展，促进教育与就业问题、劳动力流动、产业发展等紧密结合。因此，脱贫过程较为艰难的东北地区应当将教育精准扶贫作为重要的战略任务。

在教育与精准扶贫这一关系中，教育是精准扶贫的手段、精准扶贫是职教脱贫的重要目标之一、行业企业是助推教育精准扶贫的重要力量、人才培养质量是教育精准扶贫的关键环节，通过教育来实现扶贫目标也有利于遏制贫困人口的返贫问题。我国以往的教育扶贫方式不乏对精准帮扶的重视，但是总体上看教育扶贫主要是针对广泛的贫困人口而采取大水漫灌的方式，精准度较低，现阶段来说坚持精准扶贫、增大扶贫成效是打赢扶贫攻坚战的战略指导思想。教育具有促进经济发展、实现反贫困的功能，但若教育的发展不能适应经济的发展，则会影响反贫困功能的成效。因此东北地区如果想通过教育实现精准扶贫，就需要提高教育的教学质量并加强自身建设等。东北地区教育实现脱贫致富的过程中可以选择以下途径来实现精准扶贫。

1. 国家加大对东北地区教育的支持力度

随着我国经济社会的建设和教育事业的发展，国家充分认识到教育在推动经济发展方面的作用，党中央也保持着对教育工作的高度重视，期望以教育质量的提升带动贫困地区脱贫致富，促使我国经济社会建设取得更好的发展。习近平总书记关于教育问题曾强调过，教育是我国国民教育体系工作的重要力量，教育的开展承担着培育实用型多样化人才、缓解社会就业困难、创业困难现状的关键历史任务，因此教育的发展状况应当受到高度重视。现阶段，教育在精准扶贫方面的作用并没有充分发挥，因此采取切实行动推动教育精准扶贫工作是非常有必要的。

具体来说：首先政府可以加大教育宣传力度，在我国教育体系中，教育发展的时间较为短暂，大众对其了解相对匮乏，我国相关政府机构对教育的重视程度较低，在一定程度上限制了教育活动的开展。要想实现教育的精准扶贫，地方政府部门应当加大教育的宣传力度，促使社会大众正确认识教育的重要性，为教育的开展提供一定的支持。在开展教育精准扶贫工作的过程中，政府应当制定一定的教育优惠政策，鼓励教育院校深入贫困地区开展教育工作，并且为贫困地区职业院校中的学生提供相应补贴，提升贫困地区大众对于教育的认可度，奠定好开展教育精准扶贫工作的群众基础。

其次，要对农村地区教育进行一定的改革。精准扶贫工作的开展应该将培养农民综合素质、改善农民家庭条件作为重点，在推进教育改革的过程中，针对大众需求制定相应改革措施，为培养新型技术农民和改善农民家庭条件贡献力量，其中针对农民大众开展教育改革可以分为两个方面内容，一方面，开设相应的农业技术课程，针对不同区域的实际情况培养新型农民的种植技术、养殖技术，促使农民提高农业生产效率，实现增产丰收，提升贫困农村地区整体经济条件。而针对农民外出打工的实际情况，结合农民群众的职业需求进行相应的培训，促使农民群众适应外部工作状况从而更好地就业。因此，通过农村教育活动能够培养新型农民集体，不仅能够有效改善农民家庭经济状况，教育精准扶贫的作用也能得到相应凸显，对贫困地区经济水平整体性提升具有积极的促进作用。

此外，政府应鼓励针对贫困残疾人群开设专门的教育。残疾人群是贫困群体中的重要组成部分,也是扶贫攻坚工作的重点和难点,因此在开展教育精准扶贫工作的过程中,教育机构应该针对特殊人群制定相应的教育策略,促使特殊人群享受到相应的教育服务,解决其就业难题,促使教育精准扶贫工作的效果全面凸显,教育精准扶贫工作的效果才能充分发挥,在改善贫困地区经济条件基础上,我国社会整体经济建设水平便能得到逐步地提升。

近些年东北地区教育虽然从整体上看取得了长足的发展,但是办学环境简陋,难以发挥有效精准扶贫的作用。根据我国建档立卡数据的相关统计,贫困人口的致贫原因主要是资金缺乏、技术缺乏、劳动力缺乏和重大疾病四个方面。当前精准扶贫面对的是2000多万户贫困家庭,7000多万贫困人口,接近500万贫困农户急切需要学习和掌握相关技术技能来脱贫致富。扶贫目标仅仅依靠地方政府是难以实现的,需要中央财政的大力支持,提升办学条件、环境,增强自我发展能力,满足精准扶贫的需要。

改变社会对教育的偏见,引入社会力量参与教育助推精准扶贫行动,对教育的偏见首先是来源于毕业生的工作性质,职业院校毕业生主要从事基础性技术工作,受传统观念的影响其会在一定程度上受到社会的偏见,这就需要地方政府的观念引导,结合社会主义核心价值观,充分肯定劳动的价值,引导社会大众尊重劳动,尊重技术,充分肯定基础性技术劳动者的社会地位。其次基于教育直面就业的特质,教育就需要与劳动力市场实现无缝对接,这就需要行业、企业加入教育。目前我国教育以国家举办为主,行业企业主办的教育在数量上相对较少,虽然政府举办教育能够确保教育的办学方向,但是在与劳动力市场对接方面的能力较弱,因此毕业生无法达到就业的最优化。行业、企业举办教育能够最大限度地实现人才培养与劳动力市场的对接,但目前行业、企业普遍缺乏办学条件。因此需要引导职业院校与行业、企业开展广泛的合作,搭建学校与企业合作平台,发挥校企双方的优势，共同提升教育质量。

2. 通过"精准培训"培养贫困家庭的主要劳动力拥有一定的实用技术

发挥涉农高校的优势和作用，对外出务工、在家务农、回乡创业人员开展菜单式培训。具体而言可通过晒师资、晒专业、晒设备等活动，向社会公开职业学校培养方向，创建优先面向扶贫村全体村民的教育培训包，供村民按需选择，另外，可以从涉农部门挑选出实践能力强的技术力量，开设流动课堂，专家现场讲授、现场答疑，使农民朋友能够解决实际中遇到的各种问题。

3. 培养学生良好的职业精神和职业技能，重视创新创业教育

切断贫困家庭经济困境传递链条的根本方法就是让贫困家庭的孩子实现稳定就业，融入当代社会的城镇化进程。教育管理部门要开设创新创业教育必修课，并相应推出一批资源共享的公开课来普及创新课程；实施好"大学生创业引领计划"，建设一批实践育人创新创业基地。职业院校应当完善顶岗实习管理和实践教学体系，将职业技能鉴定和实训教学有机结合起来，增强学生就业竞争力，切实加强学校与企业合作的订单式培养，增加学生就业机会。高职院校需要加强与教育集团理事单位密切合作，工学结合，搭建高职学生职业精神培养的平台：第一，采取多种实践活动方式，为高职学生拓展职业精神培养途径。第二，校企双方需要共同制订在实践教学中培养高职学生职业精神的教学计划，统筹安排注重其针对性和时效性。第三，学校与企业共同制定学生顶岗实习管理方案，规范学生实践行为。通过以上措施，确保所有贫困家庭大学毕业生就业或创业达到一人长期就业、全家稳定脱贫的扶贫目标。

4. 提升人才培养质量促进精准扶贫

职业教育的根本任务就是培养高素质技术技能型人才，只有在高质量地完成这一任务前提下，才能将教育扶贫功能充分有效地发挥出来。为培养更高水平的、适应劳动力市场需要的技术型

人才，就需要发挥好政府举办的职业院校和行业、企业的优势，深入推进校企双元的双主体办学模式改革，明确行业、企业在教育中的主体地位，实现职业教育的专业与行业对接、课程与岗位的对接，保证人才培养质量是实现教育助推精准扶贫的基础。总之，职业教育是直接服务于青年就业创业的人才培养形式，相对于一般本科教育，职业教育培养学生职业素养的针对性更加明确，这种独特优势本身就决定其对精准扶贫工程的有效价值，要实现贫困地区青年的广泛就业，实现脱贫致富，培养其职业能力、提升人才培养质量是十分必要的。

（三）辽西北地区教育精准扶贫面临的主要问题

辽西北地区教育精准扶贫所面临的问题是多方面、多层次性的，需要从多角度来进行分析，主要包括辽西北地区当前自然区位因素与产业结构矛盾对教育精准扶贫的滞后、辽西北地区目前进行实际教育精准扶贫的一些执行难题、辽西北地区的教育精准扶贫的统筹机制和相关政策不统一、教育资源的创新与优化等。

从供给角度来看，存在教育精准扶贫投入不足、教育资源匮乏等问题，如铁岭市教育师生比仅为全省平均水平的70%。从需求角度来看，存在贫困家庭对教育的重要性认识不足，忽视教育和技术培训。此外还存在教育精准扶贫的统筹机制和相关政策尚需完善以及教育精准扶贫的投入过于单一等问题需要解决。

在精确识别教育扶贫对象方面，辽西北地区政府应当采用正确的方法和程序，按照申请评议、公示公告、抽检核查、信息录入等步骤将贫困人口有效识别出来，在做好建档立卡等工作的同时根据乡村贫困人口特点实施有针对性的技能培训，并制定相关政策来保证特定贫困人员及子女能够得到经济资助，享有教育与精准扶贫的权利。但是在具体识别遴选过程中，出现了诸多问题。

首先，在教育精准扶贫的"一刀切"式机械挑选上，在调研过程中，辽西北地区主要以"收入"作为教育精准扶贫的主要落实依据，然而各乡县的贫困程度不同，这样极易将部分贫困人口排斥出去。例如，在辽西北地区的省级贫困县中大部分贫困村都享有接受教育的权利，而在个别富裕地区的贫困村则被游离在外。其次，由于扶贫对象模糊问题，使得"精英俘获"现象时有发生，而个别政府官员更是由此获取私利，在调查分析中显示贫困户、中等户、富裕户三者收益比重分别为18%、49%和33%，贫困户所应收益比重最低，这就导致许多真正贫困农民与子女无法接受技能培训或教育，无法阻断贫困的隔代遗传。另外，辽西北地区各级政府在进行教育精准扶贫时，对于执行过程存在误区，这主要表现在：对于教育精准扶贫宣传不到位，使得贫困人员理解出现偏差，对教育的重要性认识不足；由于管理体制的分离，教育的扶贫资助缓慢等。更有甚者，辽西北地区部分政府官员在进行教育精准扶贫的政策执行过程中采取形式主义、只做表面功夫等问题。最后，在辽西北地区政府实施教育精准扶贫的过程中，由于思想认识不到位，一些可行的合作措施也难以落实。

（1）教育办学和相关招生体制的问题。辽西北地区当前的教育办学体系中，教育院校、培训机构数量不足以满足职业技能学习与培训的普及化需求，而高等院校对于高等人才培养能力也有不足。以高等院校数量、在校学生数量、专任教师数量等数据做对比，辽西北地区与沈阳、大连等地区有着明显的差距，经统计数据可以看出，全省70%的高校集中与沈阳和大连两市，而辽西北地区高校数量仅有16所，不及沈阳市的一半，且分布不均。从在校学生数量上来看，沈阳、大连两市在校生有60余万人，而辽西北地区仅14万余人。同时，辽西北地区人才流失的困境也愈发明显。而在辽西北地区，受到考试招生制度以及社会偏见的影响，职业教育往往不受人们的重视，被认为是"低端的、没有前途的教育"，导致职业教育整体吸引力的偏弱化、生源较少，无法实现对于贫困个体的深度聚焦。辽西北地区没有纳入精准扶贫教育对象的农村贫困人口中大多初中、小学毕业就外出打工，前往一二线城市，对于教育的关注度不高。

（2）教育人才培养机制的问题。首先，辽西北地区教育的基础能力偏弱，特别在师资队伍条件、教学和实训设备等有助于学生发展的教育需求方面矛盾更加突出。辽西北地区较差的教育教学质量和人才培养质量直接限制了职业院校学生的就业与发展，影响了脱贫进程。其次，辽西北地区的职业院校的专业设置与市场需求、区域需求存在脱节现象。辽西北地区矿产资源、水电、土地资源及农产品丰富，同时又处在产业结构转型升级的关键阶段，因此专业设置的盲目对接影响了教育的有效作用。此外，我国各地区教育普遍存在职业院校课程与教学内容层次较低，对于学生收入与扶贫效用不大。这具体表现在职业院校学生所学专业内容驳杂而不深，学生课堂兴趣不高，课堂反响度差，入职专业不匹配等。根据《全国中等职业教育满意度调查报告》显示，单位雇主对中等职业教育质量"不太满意"。最后，在辽西北地区"学历主义"思想直接影响着教育资格证书的认可性。对于职场而言，职业资格证含金量较低，职业教育所带来的收益微乎其微。

（3）教育管理机制与协调机制。辽西北地区对于教育长期保障的重视程度较低。首先，辽西北地区教育领导与管理机制的不协调限制了教育精准扶贫的治理现代化。我国中等职业教育可分为普通中等专业学校、职业高级中学、成人中等专业学校、技工学校等类型，其中，技工学校由劳动部门管理，前三者由教育部门管理。然而，对于教育的扶贫资金却是由地方扶贫办公室管理。辽西北地区的地方政府在经过一系列党风建设后，办事效率有所提高，但还存在很多问题没有解决。有关教育的管理机制与精准扶贫的管理机制由于呈现分立状态，因此政策的协同较大的迟滞。其次，政府、培训机构、职业院校、企业之间的协同问题较为严重。一方面，辽西北地区政府因为精准扶贫实践的主导地位会出现或多或少的问题；另一方面，职业院校和培训机构间的竞争关系，以及企业的"待价而沽"都使得协同性不强。最后，辽西北地区城乡教育、区域教育之间缺乏必要的协同合作。例如，辽西北地区部分城市的职业院校曾采用过"订单式"人才培养模式解决了部分就业问题、提升了就业质量。但培养的人才更多输送和流失到了沈阳和大连等发达城市，并没有解决本地区自身人才匮乏的问题，忽略了本土定向培养模式和城乡教育、区域教育之间精准扶贫的有效合作。

（4）辽西北地区教育资源的创新与优化问题。在教育资源建设方面，辽西北地区对于发展教育信息化、实现优质资源共建共享、促进教育均衡发展、创新人才培养模式方面还有着诸多不足。

第一，教育精准扶贫信息化。在互联网时代、大数据分析和人工智能卓越发展的今天，信息化扶贫已经成为一种有效的扶贫方式。辽西北地区教育精准扶贫对于教育制度的创新、教育的网络化新模式和公共服务供给方式的探索等诸多领域相较于沈阳经济区、沿海经济带等区域还有着明显的差距。

首先，由于辽西北地区应用互联网技术与大数据、借助遥感遥测等数字技术来建立网络平台了解贫困人口的信息的反应程度较慢，对于提升农村教育精准扶贫精确度的帮助有限。其次，辽西北地区对于教育网络培训课程开发不足，尚未构建出有系统针对性的数字化的网络平台和学习平台。因此，辽西北地区的教育网络课程灵活性不足，对于现实和潜在的受教育者而言，可通达性有待提高。另外，辽西北地区教育信息化的体制机制管理问题尚未明确。现有管理体制的分离影响了教育精准扶贫信息化下的资源共享，不能实现大数据的价值，造成了扶贫信息的封闭性和项目资源的浪费。此外，对于开展教育网络课程而言，辽西北地区各级政府部门为网络学习提供保障的专业人员明显不足，其中包括线上授课答疑老师不足、线下技术指导老师不足等。因此，网络课程的培训质量也有待提高。最后，辽西北地区教育精准扶贫信息化的成效评价机制不健全，主要体现在农村相关教育精准扶贫成效信息、数据等主要通过人工进行，政府对于农村贫困家庭的脱贫实地调查不准确且考核指标单一。

第二，教育基础设施及师资力量有待提高。辽西北地区对于中职学校办学、专业设施建设、师资力量的财政投入相较于沈阳经济区、沿海经济带而言过低。首先，辽西北地区的职业学校专业实训基地建设较少，导致学生实践教学条件相对落后，影响了辽西北地区技术人才的培训和劳动力转移，对于开展校企合作、集团化办学也产生了不利影响。其次，辽西北地区"双师型"教师开展规模目前较小，职业院校教师的素质能力不足，大多数职业学校教师缺乏企业实践训练，专业实践教学水平低。最后，辽西北地区的教育发展不完善还体现在该地区乡镇与城市教育基础设施、教育资源投入以及师资力量的差距。

（四）突破辽西北战略下的教育精准扶贫研究政策建议

自改革开放以来，我国的扶贫工作经历了以制度改革推动减贫，到1986年施行有组织、大规模、结构性扶贫开发战略，再到党的十八大以来实施精准扶贫脱贫战略，我国始终坚持走中国特色的扶贫开发道路。坚持从实际出发，根据国家经济社会发展的不同阶段、贫困人口分布以及特征的变化及时调整扶贫战略和政策。从党的十八大以来，我国的脱贫攻坚战略取得很大的进展。但截至2017年底，我国贫困人口数量依然有3046万人。要在2020年实现全面脱贫的目标，需要平均每年减少贫困人口1000多万人，脱贫攻坚的形势依然十分严峻。截至目前，全国300多个深度贫困县中的贫困人口数量超过千万，贫困发生率在10%以上，在3万个深度贫困村中，贫困发生率超过20%的比重占53%。辽宁省委、省政府积极响应国家号召，贯彻落实脱贫攻坚战的一系列政策措施。目前辽宁省大多数深度贫困县主要是来自辽西北地区，因此突破辽西北战略，是辽宁省脱贫攻坚，全面振兴发展的关键步骤。

当前辽西北地区经济发展水平滞后，生产总值近年来持续下滑，同比增长出现负数。人均生产总值近年来也逐渐减少，2016年辽西北三市人均生产总值未达全省平均值和全国平均值的一半。城镇居民的可支配收入也远远低于全省和全国平均。从产业结构来看，辽西北地区第一产业所占比重较高，第二、第三产业所占比例明显偏低，传统、低端的产业比重较大，高端产业较少，服务业发展缓慢，特别是金融、保险、现代物流等新兴产业发展滞后。同时辽西北地区基础设施落后、对外开放水平较低。

因此突破辽西北战略，是带动辽西北地区作为后发地区的经济发展和社会进步以及赶上全省发展脚步计划的重要所在。扶贫先扶教，发展贫困地区的农村教育是打赢扶贫攻坚战的关键步骤。

1. 有效识别贫困人口，优化人才培养机制

发挥教育对精准扶贫的作用，首先，应精准识别贫困人口，政府工作人员可以通过多种渠道，做好调查摸底，深入全县各乡村，掌握贫困人口的第一手资料，再与贫困人口识别模型相结合从而达到精准识别贫困人口。其次，在识别贫困人口时不应简单以贫困户收入作为唯一标准，应综合考虑其他有效指标，如已受教育程度、受教育的能力等影响因素，将得出的拟入选贫困户的名单进行公示、民主评议审核确定最终需要帮扶的贫困人口。最后，为贫困户子女建档立卡，建立贫困学生资助管理系统，对扶贫对象实行动态管理，受助过程进行全程监控。同时还应及时更新贫困人口数据库，保证"建档立卡"的信息准确无误。

辽西北地区的职业院校专业设置要与当地市场需求相挂钩，以促进贫困学生就业为导向。因此必须要因地制宜，依据各地方实际经济结构和产业结构作出有针对性的安排和规划。同时注重专业内涵发展，避免专业设置雷同，布局不合理的现象，结合当地企业和特色产业发展，打造地区特色优势专业，促进相关产业

发展，进而提升职业院校的办学水平。转变专业课程时，要做好充分的社会调研，定期对专业课程成果进行评估，建立专业变更的动态机制。

提升人才培养质量，将人才培养目标以"核心职业技能"和"道德修养"为导向，进而培养高素质技能型人才。只有在高质量地完成这一任务前提下，才能将教育扶贫功能充分有效地发挥出来。在学科专业课程设置上，职业院校要结合自身优势，科学准确定位，以实践为导向的体系建设，突出教育的实践性和职业性，促进学以致用、用以促学、学用相长，同时打破教育和普通教育的藩篱，开创其他升学路径。优化教学资源配置、提升师资质量，推进产教深度融合，注重培养人才的差异化。

2. 动员社会力量参与教育助推精准扶贫行动

传统观念认为职业教育学生从事一些基础性的技术劳动，与普通教育的学生水平差距较大，并且不同的学历水平导致一定程度上的收入差距会造成"低人一等"的社会心理，为了打破社会偏见。地方政府需要加大对职业教育的宣传力度，扩大职业教育的社会影响力，消除职业教育和普通教育的壁垒，打通从中职、高职、到应用本科的培养通道，进而为职业教育事业发展营造良好社会环境，缩小辽西北地区技术人才与其他较发达地区的收入差距，减少人才外流。同时全社会应加强思想道德建设，结合社会主义核心价值观，充分肯定劳动的价值，引导社会大众尊重劳动、尊重技术、尊重人才的良好风尚。树立职业平等的观念和多元化的就业观念，培育职业精神和职业素养，充分肯定基础性技术劳动者的社会地位，提高教育资格证书的社会的认可度。

鼓励职业院校与企业搭建校企合作、工学结合的办学机制，加大贫困地区教育院校与省内外企业的合作力度，提高教学水平，扩大招生规模。职业院校与企业通过合作订单式培养、学徒制等方式，采取合作优先录用建档立卡的贫困学生，使得职业院校的贫困学生与市场企业无缝对接，从而为他们增加就业和创业机会，从根本上解决收入问题，更好实现精准脱贫。同时政府要支持各类企业通过投资创办职业院校，设立奖助学金，"秉持入学即入职，毕业即就业"的态度帮助贫困和弱势群体摆脱困境。

开展广泛的公益性线上和线下职业培训，加快公共实训基地建设，招募志愿者为贫困户讲解生活中实用知识和技能，提供免费书籍。社会福利机构为贫困户提供资金和物资帮助，让贫困学生可以安心走进校园学习。还可以定期举办教育技能大赛，设立奖励机制，充分调动教育学生的积极性和参与度。

3. 政府应加大对教育的扶持力度，构建现代教育管理体制

脱贫攻坚的实践表明，教育扶贫是见效最快、效果最显著的脱贫方式。这就需要政府增加对教育的财政投入，提高教育经费支出占国家教育经费的比例，对农村贫困的"建档立卡"学生实行免除学费政策，落实一系列的奖励补助政策，扩大奖励的覆盖面，激发贫困学生学习的主动性。完善贫困职业教育毕业生就业创业帮扶政策，建立贫困毕业生信息库，加强就业、创业指导培训，优先推送贫困毕业生就业上岗。加大对职业教育基础设施建设的力度，完善职业院校的数字教学设施，提升师资力量水平，鼓励高校毕业生人才到贫困地区发展教育事业，精准培训贫困地区的师资人才，倡导职业院校老师到企业进行实践培训，提高专业教学能力。提高乡村教师的福利待遇，设置津贴和岗位补助，将他们纳入保障性住房建设计划，解决其住房问题。

辽西北地区应建立集中的教育管理模式和平衡机制，打破教育和精准扶贫二者之间分立不协调的状态，准确划分行政部门、劳动部门、教育部门对教育职责管理的权限，建立避免各自为政的现象。成立辽西北地区教育集团，加强区域之间培训机构、职业院校、企业三者之间的协同作用，推动城乡之间教育资源均衡发展，完善院校之间的跨区域的帮扶合作，杜绝闭门造车问题，引进行业培训专家团队和校外企业，拓宽学生知识结构，为贫困学生创造就业和创业的机会以及渠道。

4. 促进教育与产业结构升级相互耦合

当前辽西北地区的产业结构正在不断优化升级，从低附加值的产业不断向高附加值产业演变，坚持走外向型经济的产业模式，同时接收来自辽宁省发达地区的产业转移。因此产业结构的转型和升级代表着教育重点专业将会发生变化和改革。辽西北地区承接的产业主要是装备制造业、电子信息产业、新兴特色产业等，高新产业的集群和转移对技术人才的需求将会发生变化，随着生产技术日趋复杂化，岗位分工细化，那么原职业院校培养的人才可能无法胜任新兴技术岗位，从劳动力市场看，会出现低技术技能劳动者过剩，高技术技能人才的缺乏，因此职业院校要提高办学层次，提升专业课程设置与劳动力市场岗位的契合度。

教育培养人才以地区产业为导向，迅速普及新技术和新工艺，同时注重实践能力的培养，学生通过掌握较高的操作技能，能够提高就业能力，也助于企业内部生产率提高，在不断的技术实践、试验、改进过程中，传播新技术和新工艺，有利于当地产业结构优化调整，进一步促进当地经济发展水平，助力贫困地区脱贫致富。

5. 推动信息技术在教育精准扶贫中的应用

依托互联网和大数据云计算等技术，对教育进行宣传。树立资源共享理念，通过网络信息平台，向贫困地区输送优质的教育资源，办好贫困地区的远程教育，可以弥补教师资源不足，实现教育信息化建设的均衡发展。推进职业院校数字化建设，加强数字媒体教室等硬件基础设施建设，优化职业院校信息教学环境。用信息技术改变传统的教学方式，自觉将教学改革活动与信息技术相融合，全程跟踪贫困学生的职业技能的培训情况。同时建立互联网信息技术交流平台，定期举办教育信息化创新发展交流、研讨以及培训。

建立大数据精准扶贫信息系统，解决脱贫攻坚中数据传递不及时、数据不准确的问题，通过大数据信息平台对贫困者的贫困信息进行整合分析，实时动态监测数据变化，将物质资源分配与贫困人口需求程度相匹配，还可针对不同的贫困原因实施精准帮扶，了解帮扶的阶段性成效，对帮扶项目实施效果进行动态监控，并根据贫困学生的需求变化改变资源流向和专业设置方向。监测贫困户致贫、返贫状况，切实掌握帮扶进程。

6. 健全教育考评制度，完善精准扶贫监督机制

完善教育培养质量评价指标体系建设，评价内容应以学生实践能力培养状况为重点，加强学生对理论知识掌握程度的测评，从评价方法上，采用数据定量分析为主，定性分析为辅。同时还应建立评价信息反馈制度。不仅如此，职业院校还应坚持和完善教育听课和巡课制度，严格执行教学纪律和课堂纪律制度，对职业院校教师的教学质量进行考量。

贯彻落实各级政府的政治责任，脱贫攻坚是一项极其重大、极为严肃的政治任务。将全面从严治党的要求贯彻落实到脱贫攻坚整个过程，真正落实脱贫攻坚的各项资金管理、督查问责制度。首先需要加强信息公开，将制定和申报的扶贫资金分配方案结果以及对贫困人口的监测和统计工作、扶贫资金的使用情况、项目实施情况通过本级政府门户网站公开或者固定的信息公开栏、告示栏等方式进行公示，随时可以查阅，保障扶贫资金运行公开透明。举报受理方式和办理结果应及时公开，同时还应动员和组织市直机关和社会力量参与扶贫开发的监督。若发现存在徇私舞弊、贪污贿赂等现象，一定要追究法律责任，严惩不贷。

第三节 毗邻城市群的环境治理政策

在城市群成为我国区域经济发展引擎的同时，雾霾、流域治理、污染物排放等区域环境问题不断出现。与单一城市的污染治理不同，城市群由于各城市距离较近，经济发展基础趋同，存在

"毗邻效应"。通过制度类区域公共品供给可以实现城市群环境政策整合,效果将远大于单一城市环境政策效果的加总。制度类区域公共品的有效供给作为长效机制,将促进各城市根据自身的要素禀赋条件差异实现分工和合作,实现各城市协调发展,有利于解决城市群长期污染问题。

近年来,随着经济全球化和区域一体化趋势日益显著,在区域间竞争加剧的同时,区域间相互依赖、相互合作的程度也不断加深。流域治理、传染病防治、跨区域的公路建设、污染物排放等区域公共问题大量出现,使传统的地区间的"内部"公共问题变得更加"外溢化"和无界化,成为区域公共问题。为解决这些问题、促进区域相互合作,区域公共品的研究成为热点。相关研究表明,区域公共品的有效供给是解决区域公共问题的重要手段,也是提高区域可持续发展水平的一种新的路径选择。因此,从区域公共品有效供给的研究视角出发,探索建立城市群资源环境整合机制就成为亟待解决的问题。

一、毗邻效应与区域公共品供给

以韦伯的工业区位论为标志,经济学家探讨工业布局与区位条件的关系。劳动力、市场共享和服务、技术、知识外溢成为重要的影响因素。与重工业时期工业布局需接近主要能源原材料基地及主要消费市场不同,在新经济条件下,信息通信技术、便捷的交通系统和商业环境的改善推动工业生产在相邻城市群的集聚,由此产生了城市群间的毗邻效应。毗邻效应主要描述由于城市功能和结构的变化,工业布局集聚状态下形成的区域间相互影响的关系及其主要特征。"毗邻效应"的存在需要满足两个条件:一是城市间的地理位置相邻。二是各城市的经济发展水平和产业结构相近。

玛丽昂(Marion,2014)认为由城市群形成的集聚经济带来生产效率提高的同时,也会由于毗邻效应而增加环境风险。凯瑞

(Currie, 2009) 的研究显示由城市群形成的毗邻效应造成污染恶化将给居民的健康带来极大危害，并降低劳动供给和劳动生产率。瓦格纳 (Wagner, 2004) 认为城市群毗邻效应造成的环境风险主要与城市间竞争而放松环境管制有关。实证研究显示在放松环境管制和吸引高污染产业投资之间存在显著的正相关关系 (Timmins, 2004)。

从国内外研究来看，区域公共品的有效供给有利于解决由毗邻效应带来的城市群污染恶化问题 (Easterly and Levine, 1997)。区域公共品理论源于 20 世纪 50 年代萨缪尔森等学者关于公共品属性的理论研究，20 世纪 90 年代以来，由于全球化趋势加剧，国内外学者拓宽了研究领域，开始探讨全球和区域公共品的理论范畴和政策含义。斯泰尔格林 (Stalgren, 2012) 根据公共品的外溢范围大小，将其分为两大类。一是一个国家主权范围内的区域公共品，存在于两个及以上相同或不同管理层级或部门之间。如在省与省之间、地市之间、城乡之间的区域公共品等，该范畴还包括跨越不同管理层级的自然地理区域和经济区域的公共品。二是全球范畴上的公共品，利害关系和利益冲突涉及的范围在两个以上的主权国家或地区。桑德勒 (Sandler, 2013) 的研究发现，不同行政区域由于毗邻的地理位置，容易出现对相邻双方都产生影响的带有共同利益的诸多问题，即"毗邻效应"，从而导致相应的区域公共品供给，如表 7-17 所示。

表 7-17　　　　　　　区域公共品类型与空间范围

空间范围	公共品类型			
	公共资源	纯公共产品	俱乐部产品	混合产品
第一类	跨国水资源共享	跨国传染病防治	跨国共同市场	跨国水污染治理
第二类	省际水资源共享	共同制度安排	区内交通共享	教育资源共享

资料来源：根据斯泰尔格林：《区域公共产品与国际发展合作展望》环境数据治理倡议组织 (EDGI) 2012 年整理得到。

城市群的性质符合区域公共品的研究范畴。国内外学者认为，城市群的形成是一个区域城市化水平发展到一定阶段的产物，城市群具有共同性质，如依托一定的自然环境条件由不同性质、类型和等级规模的城市组成；城市群之间存在跨越边界具有外溢性的公共问题；需要借助综合运输网和现代交通工具的通达性，以及高度发达的信息网络；"毗邻效应"明显等。从区域公共品的空间范围看，城市群区域公共品属于第二类区域公共品。

国内外的研究表明，区域公共品对城市群的内部合作和协调发展具有重要作用。在城市群发展过程中，不但其经济发展融为一体，其资源环境利用和保护也有融为一体的趋势（Ferroni and Mody, 2002）。区域内的公共问题成为城市群作为整体所要解决的问题，如果各城市出于对自身独立经济利益的考虑，各自出台维护本地区利益的政策和规定，地方政府间的竞争必定出现愈演愈烈之势，经济发展中形形色色的地方主义、山头主义等恶性竞争也必定严重破坏整个城市群在环境治理方面合作的基础。因此，城市群污染治理离不开区域性公共品支撑。

二、案例研究：沈阳经济区毗邻效应与污染治理

1. 沈阳经济区资源环境特征

作为东北地区范围最大，一体化程度最高的经济区，沈阳经济区以沈阳市为中心，辐射7个周边主要城市（鞍山、辽阳、本溪、抚顺、营口、阜新、铁岭），在辽宁省经济发展中处于重要地位。辽宁省中部8城市具有距离近、城市规模大、城镇化水平高的特点。8城市中沈阳、抚顺、鞍山是人口在百万以上的特大城市，3城市位距沈阳百公里半径内；辽阳、营口、本溪3市为人口超50万的大城市；铁岭、阜新2市也达中等城市水平。在这一城市群内，还有县级市7座，小城镇441个，城镇化水平超过54.2%，在全国居于前列。中部8城市地区生产总值占辽宁省全省地区生产总值的 61.2%（见表 7-18），其发展状况决定着全省的经济发展速度，决定着振兴辽宁老工业基地的目标能否实现。经过历史的沉淀，其经济发展呈现出以下特点：

表 7-18　沈阳经济区 8 城市 2014 年地区生产总值

指标	沈阳市	鞍山市	抚顺市	营口市	辽阳市	本溪市	铁岭市	阜新市	合计
地区生产总值（亿元）	7159	2623	1340	1513	1080	1194	1031	615	16555
占全省比重（%）	26.4	9.7	4.9	5.6	4.0	4.4	3.8	2.3	61.2

资料来源：2015 年辽宁统计年鉴。

首先，辽宁中部 8 城市大都是我国典型的资源型城市，发展主要依赖对资源的消耗。这种发展方式导致了许多问题，如城市群发展的可持续性差、生态环境破坏严重等。具体而言，辽宁省中部城市群的资源大多以煤和钢铁为主，高耗能和高污染的产业相对集中。在经济发展过程中，各种资源存在过度开采情况，部分地区如本溪市、营口市等，铁矿、煤矿、菱镁矿乱开滥采，采富弃贫现象严重，现存资源已近枯竭，环境整治和经济转型任务艰巨。不但如此，由于过去经济发展基本依赖于对资源的粗放使用，经过一段时期后，还出现了各城市功能不健全，城市基础设施落后等问题，整个城市群也由此发展后劲不足，崛起乏力。

其次，高耗能产业在对资源粗放使用过程中，排放出大量废水、固定废物、废气等有害物质，对生态环境造成了极大的破坏。2014 年辽宁中部 8 城市废物排放量中（见表 7-19），工业固体废物产生量占全省的 79.13%，工业废气排放总量占全省的 71.39%，这两种有害物质是高耗能产业的主要排放物。除此之外，工业二氧化硫、工业烟尘以及工业粉尘的排放量也都超过全省排放量的50%[①]，工业废水排放量也接近全省排放量的半数。

表7-19 沈阳经济区各城市2014年主要污染物排放量

地区	工业废水排放总量（万吨）	工业固体废物产生量（万吨）	工业废气排放总量（万标立方米）	工业二氧化硫排放量（吨）	工业烟粉尘排放量（吨）
沈阳市	8533.05	791.00	2064.54	130672.00	60425.00
鞍山市	6322.30	5178.00	4748.33	116009.00	89518.00
抚顺市	2089.74	2913.00	2469.62	51430.00	48170.00
本溪市	2952.85	6464.00	4660.68	70002.00	61697.00
辽阳市	6807.74	3519.00	1489.84	44581.00	34575.00
铁岭市	1667.35	717.00	1106.12	33064.00	40855.00
营口市	2789.93	661.00	3506.67	52069.00	37292.00
阜新市	3614.82	931.00	975.27	102913.00	24785.00
8市合计	34777.78	21174.00	21021.07	600740.00	397317.00
全省	78285.60	26759.00	29443.47	947330.00	572774.00
占全省比重	44.42%	79.13%	71.39%	63.41%	69.37%

资料来源：2015年辽宁统计年鉴。

最后，大量工业污染物的排放引发一系列矛盾，这些矛盾又进一步破坏城市群的可持续发展，使整个城市群的发展陷入恶性循环。辽宁中部城市群在发展过程中遇到了以下问题：资源性缺水严重、水质重度污染，已导致城乡环境和群众健康受到严重影响，工业用水不足；大气污染十分严重，辽宁中部城市群是典型的北方燃煤地区，燃煤集中度高，存在局部区域爆发酸雨，甚至"烟雾事件"的可能性。辽宁中部城市群内的重化工业比重偏大，造成污染物排放总量偏高和结构性污染较严

[①] 辽宁省总共有地级市14个，沈阳经济区包括7个城市，在数量上占一半。

重等问题，超过了规定的环境容量，所有这些污染物排放造成的影响需要投入大量的资金进行治理。由此，经济发展与资源、资金短缺之间的矛盾进一步加剧，并带来企业对资源的争夺和粗放使用。在资源供不应求的情况下，成本提高。企业为了追求利益最大化就会选择在生产过程中降低成本，包括不使用环保设备，或不对排放的污染物进行处理等，这样最终严重破坏了城市群发展的可持续性。

除此之外，在经济发展过程中，随着城市的扩张，资源环境问题蔓延到农村。由于城市扩张需要土地等资源，导致农村失地问题严重，土地资源的承载不堪重负，耕地资源已经饱和。另外，农村生态环境也受到严重威胁，除了由农业生产方式带来的农药化肥、畜禽养殖和污水灌溉等造成农村生态环境破坏和污染问题外，城市排放的污染也逐渐向农村转移，已经由局部的问题演变为全面的具有普遍性的问题。

2. "毗邻效应"对区域公共品供给的引致作用

沈阳经济区若干地区改革开放以来发展后劲不足，许多城市面临着转型，造成了经济发展几乎停滞、大量职工失业等一系列问题。在国家重视振兴东北老工业基地的机遇下，辽宁省的发展需要高瞻远瞩，将可持续发展放到发展的首要位置上。由于区位、经济和历史等原因，沈阳经济区存在严重的资源环境问题，而且城市群资源环境问题具有跨越边界外溢性公共问题引致的典型的"毗邻效应"。

辽宁中部8城市间距离较近，各市与沈阳市的距离在两小时车程以内。而且存储资源种类相似，各城市的产业结构也极其相似。从三次产业分类来讲，由沈阳经济区三次产业比重（见表7-20）可以看出，城市群内8城市地区生产总值中，第二产业比重都远远大于第一、第三产业的比重。第二产业大都是一些高耗能、高污染行业，必然导致对自然资源和环境的双重压力。

表7-20　　　　2014年沈阳经济区各城市三次产业比重

地区	生产总值（亿元）	第一产业比重（%）	第二产业比重（%）	第三产业比重（%）
全省	27077.7	8.6	52.7	38.7
沈阳市	7158.57	4.7	51.8	43.5
鞍山市	2623.25	5.0	53.1	41.9
抚顺市	1340.45	7.1	59.3	33.6
本溪市	1193.66	5.3	59.7	35.0
营口市	1513.11	7.2	52.7	40.1
辽阳市	1079.99	6.3	62.9	30.8
铁岭市	1031.27	20.0	50.6	29.4
阜新市	615.12	21.7	46.3	32.0

资料来源：2015年中国城市统计年鉴。

具体而言，鞍山、沈阳、本溪、抚顺市是我国重要的钢铁生产、原料采掘和机械加工基地，有为数众多的高能耗的大型产业。由于几个城市同时发展高能耗产业导致资源很少被有规模、有效率地开采和利用，资源的深加工度不够，技术含量较低，资源被低价值使用。如辽宁中部8城市原富含煤、铁等资源，但对其开采没有实现规模经济，小煤矿、小铁矿处处存在，浪费了资源，一些城市经过去一段时期的发展面临着资源枯竭。沈阳经济区各城市部分产业的区位熵值可以反映这一点。

区位熵即是专门化率，所谓熵就是比率的比率。区位熵是衡量某一区域要素的空间分布情况的重要指标，反映某一产业部门的专业化程度，以及某一区域在高层次区域的地位和作用。在产业结构研究中，运用区位熵指标可以分析区域主导专业化部门的状况。一个区域的某一产业区位熵大于1表示该产业的产品多于本区域的需求量，即存在剩余，反之亦然，且该数值大小还决定这一产业是否能成为主导产业。如表7-21所示，首先，阜新、抚顺、本溪、铁岭4市的采矿业区位熵值分别为5.5、3.79、2.77、3.51，都远远大于1。说明4城市都是资源型城市，且都以此为主导产业。4城市对资源的同时采掘极易造成资源的枯竭，使这些城市面临艰难转型，影响整个城市群的发展后劲。其次，沈阳、鞍山、辽阳、抚顺、本溪5市制造业区位熵值分别为1.04、1.35、1.21、1.47、2.28，说明沈阳经济区大多数城市都在发展制造业，城市群产业互补性差，同构性极强。最后，沈阳、鞍山、辽阳、营口、抚顺、本溪、铁岭、阜新8城市的水利、环境和公共设施管理业的区位熵值都大于1，说明包括制造业相对较少的营口市和铁岭市在内的辽宁中部各城市对于水利供应、污染治理等方面都投入了较大的成本，除了营口港口业发展较快之外，这在一定程度上可反映出城市群环境的治理效率较低。

表7-21　　　　2014年沈阳经济区各城市相关部门区位熵值

部门	沈阳市	鞍山市	辽阳市	营口市	抚顺市	本溪市	铁岭市	阜新市
矿业	0.51	0.62	0.09	0.10	3.79	2.77	3.51	5.57
制造业	1.04	1.35	1.21	0.78	1.47	2.28	0.30	0.44
水利、环境和公共设施管理	1.80	1.61	2.88	1.67	2.12	1.76	1.22	1.81

资料来源：根据《中国城市统计年鉴2015》计算。

国内外研究指出这些问题的解决需要依赖于区域公共品的有效供给，而辽宁中部城市群的区域公共品存在供给不足，具体表现为：一是基础设施类区域性公共品供给不足。基础设施类区域性公共品属于物质形态的公共产品，包括大型的服务于全区域的，对区域经济发展有着重要作用的基础设施，如交通、通信、各种专业用途的公共项目等，是整个区域统一、协调的硬件。沈阳经济区的基础设施类区域公共品的供给存在不足，表现在建成

第七章 东北老工业基地区域政策创新

交通公路总里程不到全省的50%、区域统一信息调度缺乏、环境治理及监督类的区域公共设施不足等方面。这些给整个区域经济的协调发展、资源利用和环境治理的统一带来了不便，使之难以从整体上发展清洁生产，整个城市群环境基础设施难以整合，各地市行政部门更难以统筹治理环境，资源持续浪费，可持续发展机制受到破坏。二是制度类区域性公共品供给不足。基础设施类区域公共品的供给不足是影响沈阳经济区可持续发展的硬环境，而制度类区域性公共品供给不足则是更深层次的软环境因素，也是影响整个城市群可持续发展的根本原因。

首先，制度类公共品供给不足使整个城市群缺乏区域范围内统一的资源利用、环境成本补偿及城市群整体发展制度。在这种情况下，各城市产业结构安排各自为政，城市群内与资源节约、环境保护关系密切的产业同构性较强，即区域产业结构不合理，这成为城市群资源与环境问题产生的重要原因。

辽宁中部地区城市分布相对密集，但由于行政壁垒导致各地区在安排产业结构和选择主导产业时仅限于本市范围，不能形成统一的规划。因此在市场经济利益驱动下，各地对区域内容易开发又有市场的自然资源争相利用。

其次，制度类区域性公共品供给的不足也极易造成治理资金投入不足，缺乏统筹使用。由于高耗能产业也常常是高污染产业，在消耗大量资源的同时排放出大量的污染物，如废气、废水、废渣等。由于沈阳经济区各城市间距离较近，各城市在发展高消耗、高污染产业过程中，污染物的排放极易影响其他城市，造成本城市的环境保护成本外部化。由于环境统一防治、治理制度的缺乏，各城市污染物排放与其成本极不匹配，相邻城市环境治理成本难以补偿，每个城市都在选择最大的污染物排放量和最少的污染治理成本，由此环境保护的压力主要由省里承担，导致环境治理资金相对于环境的污染远远不足。资金投入不足降低了资源开采利用和环境保护的产业化程度降低，技术水平滞后，部分在建工程不能按时交付使用，资源环境需要的部分基础设施项目建设无法取得明显进展。

最后，在治理污染时，各地各自安排自己有限的资金。由于缺乏统筹使用，资金的使用缺少规模效益，由此导致资金的利用效率较低。例如，主要城市均存在污水处理费收缴率偏低的问题，污水处理费收缴率低于50%。究其原因就是在缺乏统一的城市群环境治理制度下，各地方不重视污水处理问题，过于重视招商引资和财政收入。

总之，制度类区域性公共品的不足，使沈阳经济区在经济发展中缺乏一套完善的区域资源与环境利益共享的协调机制，在各城市自身利益最大化的理性选择下，城市群可持续发展这一整体长远利益必然成为牺牲品。

三、城市群资源环境有效整合的对策建议

由于涉及复杂的空间结构，就每个城市来说，解决这些问题是非常困难的，需要从区域整体角度去思考城市群可持续发展问题。因为诸如水流域污染治理、主要废弃物的排放和有效利用等问题需要城市群制定统一解决方案，因此可以通过以下原则和措施有效整合城市群资源环境问题。

第一，区域公共品供给机制设计上必须符合区域协调和公平发展原则，坚持区域整体利益最大化。因为如果不是按照区域整体利益最大化原则提供公共品，存在两个潜在问题。一是一些方案可以通过成功运用策略获得通过，即使这些方案会不公平剥夺弱势一方的利益或者会导致区域整体利益损失。二是很多区域公共品供给方案，虽然有损局部利益，会导致部分参与方损失，但通过合理的利益补偿机制可以满足帕累托效率条件，从而有助于实现区域整体利益最大化。在实践中，根据公共投票机制的规则，这类方案往往很难获得通过。所以，在城市群区域公共品供给机制设计上，需要引入区域协调和公平发展原则，以实现区域

整体利益最大化。

第二，区域公共产品服务机构应协同制订相关政策和编制资源环境发展规划。这些制度或规划构成城市群可持续发展需要的制度类区域性公共产品的主体。从规划内容来看，包括更高效的环境评价体系的建立、管理机构的设置和资金的统一协调和使用。城市群环境规划的制订应先确定基本战略和发展定位，再确定经济发展的速度、结构、重点和布局，在确定规划的同时，必须充分考虑和依据城市群环境承载量，包括城市群发展需要的水资源供给量、土地资源供给量和以主要污染物排放指标衡量的环境容量，为使经济与资源环境协调发展，可以推行发展战略的资源环境影响评估，促进城市群的经济社会与资源环境协调发展。区域公共产品服务机构可以增强对资源环境重大问题的研究以及新技术新方法的采纳和应用，在监督和管理过程中，引进先进的评估设备和建立科学的资源环境监督评价指标体系，以提高评估质量。上述制度类区域公共品有利于资金的统一调配和资金使用的规模效用，克服解决资源环境问题的资金投入不足的问题，提高管理水平和资金的使用效率。

第三，扩大城市群内各城市选择主导产业的边界，选择范围不应仅局限于该城市，而应将选择范围扩大到整个城市群。在选择主导产业时，需要论证主导产业是否对资源环境有害，如果损害如何补偿等问题。作为主体的各城市政府应保持适度竞争与合作，选择同一产业时，从可持续发展出发，比较哪个城市更具有竞争优势。毗邻城市间可以建立合作机制，增强产业协作关系。如在以特种钢材制造为主的城市的周边城市发展特种钢材的加工产业和物流配送产业。

第四，在组织形式上，赋予区域性公共产品服务机构独立于地方政府的职权，作为独立机构，区域性公共产品服务机构可以直接受省区市领导，由该独立机构审核各市提出的发展规划。公共产品服务机构的一个主要目的是促进城市群内各城市产业结构的协调,如果多于两个城市提供关于同一产业的发展规划时,需根据该产业发展的必要性和整体可持续发展原则,详细论证,优先批准节能环保较好的地区的规划。研究显示,城市群中工业城市的经济增长中高耗能、高污染产业比重较高,也存在相同产业间的竞争加剧的问题。造成环境污染和资源的开采和利用效率低下。实行产业结构的协调,需要改变各个城市各自为政的状态,打破城市间的行政壁垒。因此,公共产品服务机构必须具有足够的权威性和独立性,各城市的产业发展规划要符合其有关制度的约束。

第四节 多重治理结构下的区域创新政策

在经济全球化和知识经济发展的背景下,知识的生产特别是隐性知识的生产已经成为重要的地区资产。而作为知识创造和政策实施的载体,与国家经济相比,地区经济正发挥日益重要的作用。地区经济发展的主要动力来源于创新和实现创新技术化和产业化的相关制度,这些制度主要体现在区域创新体系的构建和完善等方面。多重治理结构下的区域创新体系由区域、国家和跨国的技术创新体系和制度等构成。从国家层面上整体建立了技术创新的组织框架,而区域的创新主体包括地方政府组织、公共管理机构和大学等教育组织和企业等,与国家确定的技术先导区和国家科技创新规划共同组成了次国家层次的技术创新体系和框架,即区域创新政策的主体。该创新体系不仅有助于通过区域企业的集聚战略提高地区创新能力,而且有助于完善知识产出的地区管理机制。

次国家层次的技术创新体系和框架体现了在治理结构上由第二次世界大战后以国家为主向区域、国家多重治理结构的转化,需要考察国家创新体系、研企创新体系和区域创新体系三者之间关系。国家创新体系在构建中综合考虑企业的研究机构、国家研究机构和研究型大学以及创新政策管理机构之间的联系、人力资源的合理流动、产业集聚以及企业的创新行为等经济和制度因素，同时社会、政治与法律因素也会影响知识的创造和技术的传播。研企合作创新体系强调从组织结构上解析企业的技术创新战略，其目标是推动新的知识研究和技术创新，并采用新的知识和技术来生产成功的产品。在研企合作创新体系中，知识被分作两类，一类是显性知识，包含在产品说明和产品生产流程中；另一类是隐性知识，仅能通过经验、与导师交流或类比分析来学习，与传统管理者更关注显性知识相比，区域创新体系中管理者更关注隐性知识，而研发创新体系的优势体现在能够将隐性知识转变为显性知识，并由此形成完善的商业创新行为和创新机制。与国家创新体系或研企合作创新体系相比，区域创新体系在技术创新中发挥日益突出的作用，区域创新体系在技术创新过程中发挥的作用主要表现为能够更有效地组织和动员研发创新机构和个人的力量形成更有竞争力的动态知识创新体系。

传统技术创新政策具有技术保护主义政策的典型特点，近年来技术创新政策出现由国家职能部门向区域职能部门转移的趋势，政策规划的制订逐渐由区域职能部门来承担，同时创新园区成为区域创新政策的主要载体，以此为基础的政策手段不断出现。区域创新体系在实践中由于区域的结构差异而形成多种模式，在区域发展中发挥不同的作用。而对区域创新政策的考察需要将国家和跨国的技术创新问题考虑进来。尽管在区域层面，创新政策并没有正式的组织机构来负责制定和实施，次区域的集聚模式被认为是区域创新政策实施的载体。从不同区域的产学研关系的演进来考察其与技术创新管理结构的关系是非常重要的，其中包含了多层次的地理空间概念。区域创新政策的目标是构建和完善区域创新体系，通过提升区域技术创新能力和建立新的产学研的合作关系来增强其在全球知识经济发展中的竞争力。区域创新政策的实施有利于培育激励知识生产和技术创新的发展环境,例如,通过集聚战略,区域层面上的企业以及组织间的复杂合作关系与合作模式可以得到提升。

一、区域创新政策的理论根源

英国经济学家菲利普·库克认为与其他经济政策相比,区域创新政策的政策工具更灵活,需要根据区域的特点选择不同的政策工具。区域创新政策选择与区域创新体系的构建主要依据三个方面的理论:一是系统理论,特别是该理论在系统规划方面的应用。二是在创新政策和实践基础上发展形成的系统创新理论。三是区域网络理论,该理论与产业区位论是密切联系的。格拉伯赫和巴特尔特认为区域创新系统植根于国家创新系统,是适应产业发展由福特制经济模式向后福特制弹性生产模式转变的产物。其理论基础包括演化经济学、制度经济学、产业集聚理论、新地理经济学、创新经济学以及网络理论等。马库森提出区域创新政策是构建区域创新体系的工具,强调创新过程的区域维度以及技术创新如何与区域经济竞争优势紧密联系,并由于地理的相邻性质使创新要素构成网络,即研究创新主体和机构在空间上的相互联系以及如何从组织上和制度上构建区域创新体系框架。

(一)区域网络的整合和区域创新政策

区域网络的研究源于在区域和市场的合作能力显著下降的背景下,对尖端科技研究的需求增加和创新的不断产生。如果中央政府认为其在研究和开发的大量投入并没有带来足够的科技创新产出,就会更依赖地方政府,由此地方政府在技术创新中所发挥的作用就会上升。区域创新体系的概念来源于区域创新政策,与区域创新网络有关,是以系统的观点来规划区域的创新活动。创新被看作是一个互动过程,创新政策的维度包括各辅助子系统,涉及技术创新所需要的知识和资源,可以通过创新企业网络来提供,由此形成了一个辅助体系的上层结构以类似市场化的运作方式处理技术创新活动。创新主体通过开展网络化的工作不仅建立联盟或合作关系,有时会形成区域垂直一体化的供应链模式,而且通过创新政策和知识创新子系统建立联系。因此在政府的创新辅助体系中也会体现子系统的特点。每一个子系统与全球、国家或其他区域的创新主体实现动态互动,或通过技术和部门创新体系来实现。区域创新体系的框架适用于不同的创新活动,并与区域、网络和创新体系的管理权力结构密切联系,如图7-4所示。

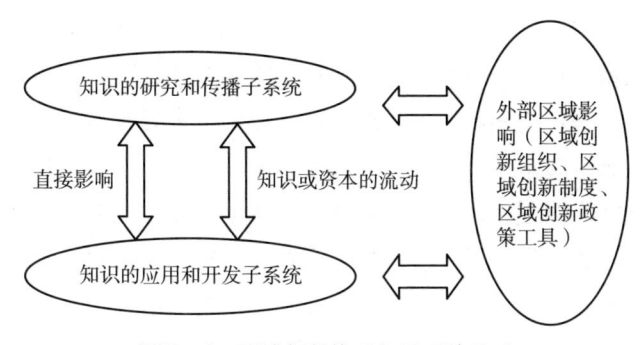

图7-4 区域创新体系各子系统关系

尽管企业子系统的研发活动主要由大企业或寡头企业占据主要地位,也有一些地区形成大企业和中小企业混合的创新模式。但在一些地区创新体系构建中,小企业和创业企业占据支配地位,特别集中在新兴技术产业集聚区域。在这些地区,更多的是鼓励创业企业和小微企业建立技术创新的体系,如与风险投资、大学及公共研究机构加强联系等。创业企业和小微企业的创新体系被区分为创业体系、创业型区域创新体系、市场导向型创新体系和制度导向型区域创新体系,其中制度导向型区域创新体系中政府的支持作用更为重要。

(二) 区域创新网络的维度构成

区域创新网络强调区域内创新行为的维度构成、创新主体之间地理上的相邻以及与区域的竞争优势相结合构成的创新优势。区域创新网络由相互作用的创新主体和子系统构成，从理论上看，区域创新体系中包括知识的应用和开发子系统以及知识的生产和传播子系统，其中前者主要由企业和消费者构成，而后者主要由政府组织、公共管理机构和教育组织构成。其中，知识应用和开发子系统是区域创新体系中商业创新活动的主要源动力，也是体系的核心。知识的生产和传播子系统为商业部门提供支持活动并从事知识和技术的生产和传播。除此之外，区域创新体系中的公共管理机构和政府通过激励产生影响，来提升与技术创新相关的基础设施水平、开发可替代性技术、促进新兴技术体系建设以及支持协同创新活动等。由此，技术创新体系被描述为互动的知识产生和开发的子系统，并与全球、国内和其他地区的创新体系相互联系。在这一过程中，企业和其他组织通过网络嵌入性制度环境系统地参与技术创新互动和交流。在区域知识生产体系中，区域创新体系在技术、制度和组织上具有发挥支撑作用的制度类基础设施的作用。

区域创新体系各创新主体相互联系所构成的创新网络由于产生不同种类的相互影响而存在差异，这种相互依存的关系体现在创新主体和子系统以及在形成系统基础的区域和外部环境之间。上述联系具体体现在互动的学习过程、合作过程以及知识的交流活动以实现外部的专业支持、效率的提升以及降低风险和不确定性。从制度环境来看，包括区域的规制政策、标准以及价值取向等共同影响上述联系的强度以及持续性。由于制度环境及其效果具有区域性的特征，因此区域创新体系难以被完全复制。有利的制度环境将会使与知识相关的互动合作行为和联合方案更容易实现，因此维护并扩展区域创新主体的联系，反过来有利于促进内部组织间的知识外溢。这些知识外溢会促进区域知识的创造和扩散,并最终提高区域创新体系的创新绩效。区域创新网络及其相互关系以及不同种类创新主体的关联关系共同影响区域创新体系的绩效,这种关联关系突出体现在创新主体和子系统之间的直接联系上。从研究维度来看,区域创新体系在研究框架上与政府创新体系及商业创新体系的区别主要体现在,商业创新体系特别强调创新主体的结构和主要特征以及创新主体之间的集聚空间组织形式。而政府创新体系更多关注如何管理和控制创新进程。区域创新体系主要体现了一种相互关联且相互依存的复杂的组织体系,包括直接的联系和间接的联系以及该复杂体系体现的结构特征。在知识网络中,非直接联系对于知识的创造和扩散同样发挥着重要作用,其中区域创新体系中各组织都会从区域知识外溢中获益。即地理上以及社会制度上的临近构成外部区域网络形成的主要因素。因此,区域创新体系的绩效会受到创新主体的间接联系、创新网络的结构特征以及不同网络的嵌入性影响。

在早期的区域经济研究中,创新网络被认为是与创新活动有关,但不是与特定的区域创新活动有关。即早期的研究中的创新网络被认为是产业创新网络,而不是区域创新网络。也就是创新活动所需要的环境和媒介共同作用维持技术创新活动。从经济地理学的角度考虑,工业区位的选择是与其劳动分工相关的,即受企业家和雇员的网络关系影响,知识和信息得以传播是因为其成为关于技术、专业化、劳动生产过程和相关的技能及价格在限定区域和产业社区中的交流内容。科学研究和技术创新逐渐网络化和在产业园区内区域化。技术创新网络另一个主要特征可以描述为培育网络中创新者的关系是创新政策的主要目标,而区域对于网络来说处于次要地位。从此意义来看,区域创新体系是建立支持创新网络的政策体系。创新者在网络中的互动关系凸显了区域或产业集聚区对创新的重要性,即经济的地理或区位因素为创新网络的形成和建立紧密联系创造了条件,这些区域成为新兴领域的知识发展的前沿。在区域产业集聚区，小的企业或创业企业而不是大企业成为研究和开发的主体，并承担具有世界前沿水平的科技研究。由此可见，区域创新网络的维度构成还包括经济网络中的社会维度，即新古典经济学家在创新理论中提出的社交性可能对技术创新活动产生的负效用。尽管一些学者认为经济全球化正在损害区域创新网络，但企业之间的创新合作形成的区域创新网络仍发挥重要的作用，科技企业正不断寻求与大企业建立合作，通过外包科技创新活动的形式进入大企业的供应链，而这些接受外包科技活动的企业经常是在区域创新体系中，并得到区域创新政策的支持。

二、区域创新政策的目标与影响

在经济发展中，通过构建区域创新体系能够更有效地组织和动员研发创新机构和个人的力量，形成更有竞争力的动态知识创新体系，有利于培育激励知识生产和技术创新的发展环境，成为东北老工业基地实现创新发展的重要途径。区域创新体系的框架适用于不同的创新活动，并与区域、网络和创新体系的管理权力结构密切联系，其核心是提升区域技术创新能力和建立新的产学研合作关系，具体来看：一是通过集聚战略，使区域层面上的企业以及组织间的复杂合作关系与合作模式得到提升。创新主体通过开展网络化的工作，建立联盟或合作关系，形成区域垂直一体化的供应链模式，并通过创新政策和知识创新子系统建立联系。通过促进产业、大学和公共研究机构之间创新网络的建立和发展来推动产业集聚的形成，同时支持新的商业模式和新产业的孕育和发展。其最终的目标是促进形成新的商业企业，并与区域的优势因素相互结合。二是在学校、产业和政府之间建立三螺旋结构，在区域产业集聚区，建立产业孵化器，在大学建立地区协同研究中心，以支持区域产业和大学在科技上的合作。强化大学与企业之间在区域层面上的联系，并由大学的科研成果孕育高科技的风险投资企业，大学凭借研究成果在企业中占有合理的股份，加速推动高科技创业公司的产生和发展。三是促进科技园区、大学以及研究机构之间的技术交流和联系，加大对技术转移行为的支持力度，建立大学、产业和政府之间有效的合作机制，消除大学教师和科研机构的研究人员面临的制度结构上的约束，使其能够与私人企业之间在法律地位上形成正式的合作契约关系。

（一）区域创新政策的目标

创新政策源于对企业的创新能力是其竞争力的关键源泉的认识，而创新能力是具有溢出效应的，从某种意义来说是具有公共性的，并能够通过国家的创新政策来推动创新能力的提升。例如，国家技术创新政策在推动技术的推广和扩散方面对经济增长的影响甚至超过了增加研发支出所产生的影响。从创新政策的作用来看，科学研究与技术创新是与区域经济发展需要密切联系的。区域产业政策的有效实施，可以促进区域产业集聚的形成，进而提升产业的竞争力。同时，国家为促进经济发展以追求执政目标，积极调整区域投资结构，将公共资金主要投入基础设施建设，从而有力推动区域科技集聚先导区建设等区域技术创新政策的有效实施。

区域创新政策的一个重要目标是加强与大学相联系的科技孵化器的发展，以促进每个区域的技术研究和科技创新活动。在这些地区的基础知识的研究开发和技术创新方面，区域内的大学在推动科技城市的发展和夯实基础上，发挥了重要的作用。而科技城市基金会作为促进合作和提供支持的组织，有助于推动大学、产业以及公共机构之间的交流和联系。上述组织共同作用，构成技术创新所需要的制度类基础设施。在多数的科技先导区内，产业孵化器被建立，大多数国家大学建立地区协同研究中心，来支持区域产业和大学在科技上的合作。一些与技术城市项目相关的新的科技大学被建立，并在区域科技创新中发挥了显著的作用。

尽管科技城市项目得到大学和政府的积极支持，但从实际效果来看，相关政策并没有取得较好的效果，主要原因在于学校、产业和政府之间建立的三螺旋结构并没有实现科技城市项目和其他早期科技先导区的科技创新的目标，在很多情况下，这种合作对区域创新能力和竞争力的影响受到限制。因为在科学城市所在的地区，区域内的联系并不是很紧密，源于大多数的分公司或子公司与其总部保持了更紧密的垂直联系，而不会为当地企业开辟新的生产空间。

由于大学、产业和政府之间缺乏有效的合作机制，而且大学教师和科研机构的研究人员面临制度结构上的约束，表现为与私人企业之间在法律地位上难以形成正式的合作契约关系。而且从整体上来看，大学的研究体系并不向社会开放。上述研发合作中的问题成为限制以科技城市项目为依托的区域创新体系顺利发展的重要因素，并导致在有潜质的新企业、大学以及区域公共研究机构之间难以形成有效的区域合作网络。

区域创新政策所发挥的作用表现为改善了传统的科技城市项目实施中存在的限制政策效果发挥的区域地理因素，意味着每个区域政府都有机会来发展区域技术平台，通过该平台区域资源和优势能够得到充分发挥。伴随产业发展和科技创新政策的推动，新的政策工具不断出现，极大促进了创新和加强了大学和产业之间的联系。从集聚政策实施的具体内容来看，政策主要关注加强企业之间科学研究和技术创新的联系。同时，波特的经济集聚理论的核心是建立更广泛的企业内部联系，包括商品的交易和供应链的联系等，商业化导向的企业内部联系被作为发展集聚经济的重要特征。而以集聚为特征的技术创新先导区的发展重点在于技术层面上的产业集聚。集聚项目的主要目标是振兴区域经济和通过促进产业、大学和公共研究机构创新网络的建立和发展来推动产业集聚的形成。同时，支持新的商业模式和新产业的孕育和发展。其最终的目标是促进形成新的商业企业，并与区域的优势因素相互结合。产业集聚项目的财政资助主要体现为各类政府补贴和财政拨款，在实施产业集聚项目时，财政资助范围是受到限制的。

区域创新政策的另一个主要目标是维系制造业中小企业的创新网络。这些主体包括中小企业、大企业、大学和其他研究机构。区域经济部门所发挥的作用主要是培育不同经济主体之间的合作网络，而这些合作网络已成为区域集聚经济成功发展的主要源泉。区域科技创新政策涉及的主要产业包括生物科技、信息和通信技术、电子工业、高端制造业、新能源产业以及绿色环保产业等。各种集聚项目着眼于促进科技专利、大学的衍生公司、科技孵化活动以及风险投资的发展。建立科技创新的区域体系，可以促进区域的科学研究和技术创新，并以产业、大学和政府合作的三螺旋结构为基础，形成区域的优选创新中心网络。

制度改革的核心更加关注从基础上建立大学和产业之间的联系，用以推动区域和国家创新能力的发展。政府通过放松规制以及为研究和开发活动提供补贴的方式，支持由大学科技创新项目入股建立新企业。但是在涉及由大学科技创新项目入股建立新企业的持续性发展问题上，需要考虑这些企业对区域经济发展的长期影响。经济政策对大学和产业之间在技术创新领域合作的影响程度是与大学的发展战略及相关政策密切联系的，需要从区域维度来深入研究大学内部关于技术创新和技术合作的制度，重点给予合格的企业以经营权利并推动大学中衍生的初创企业的发展。大学在产业技术创新体系中发挥重要作用的另一个表现是大学培养的毕业生。工人和学生的流动是知识和经验转化的一个主要途径，尽管从更广泛意义上看，劳动力市场在知识和经验的动态变化进程中所起到的作用以及大学在这一过程中的重要性还需要深入研究，即大学在为区域劳动力市场培养熟练劳动者过程中所发挥的重要作用。次一级区域政府通过制定满足个人发展目标的项目来培育与产业发展相适应的劳动者来满足区域经济发展需要。

(二) 区域创新政策的影响

在实施区域创新政策过程中，需要考虑技术创新政策所带来的影响。

第一，产业的分散发展或改变产业过分集中产生的影响需要被认真研究。中央政府在将权力下放给地方政府的同时，非常重视通过立法的手段建立相应的制度安排。在实践中，区域技术创新政策的实施过程中，面临不同层面的财务、组织以及人力资源的约束。很多区域政府面对非常严峻的问题，例如缺少足够的专业人士被聘用来制定和实施区域创新政策，因而会阻碍区域创新网络的组织构建和发展等。从长期人力资源发展战略来看，在产业政策领域和大学与商业构建创新网络方面，区域负责研发与创新的机构与其他机构之间存在日益扩大的差距。

第二，区域政府和各区域经济机构在工作人员及责任上的分工及存在的合作关系是构建区域科学研究和技术创新方案时需要考虑的重要因素。

第三，区域创新体系的建立需要区域政府提供良好的合作环境，包括构建大企业、大学研究机构和专业的小微企业之间的联系密切且交流活跃的内部集聚的创新网络。政府的支持主要是推动区域经济的复兴以及提高其在特定先进技术领域的全球竞争力。在技术创新中发挥重要作用的经济主体还包括技术型的以研发为主的中小企业，这些企业更容易参与大学与产业的技术合作，建立研究和开发的外部联盟，而不像大企业更多依靠内部的技术研发活动，从而形成知识由生产、产品开发到应用各环节间的纽带。同时也是研究开发的支持体系和技术转移的载体。并作为科学研究和产业之间在战略上联系的节点，有利于更好地培育由知识研究探索到知识技术应用于产业化的完整体系。

第四，另一个关键问题是长期存在的区域差异情况，区域经济发展政策主要关注为产业集聚的形成和发展创造有利条件，同时根据劳动力市场和产业结构情况，培养拥有适应未来产业发展需要的技能的劳动者。政策制定者，特别是区域层面的管理者，需要了解每一个区域发展的优势和实际需要，而不是仅仅追求形式上的产业集聚。传统政策体制中，更多被关注的是扩大集聚政策的目标范围，主要是扩大集聚行为的范畴，例如供应链的发展以及交易的联系等。这些行为通过国家和区域的中小企业政策和区域的重建政策得以实施。同时生产体系、供给者的内部联系和产业集聚等依存的社会文化环境需要不断得到改善。因此，需要政策制定者和地方政府之间增加互信与合作来共同制定和实施中小企业政策、劳动力市场发展规划以及教育政策等。

第五，相关部门在制定技术创新政策时需要重视政策的评估，要认真考虑政策的影响以及政策的持续性。中央政府可以通过建立集聚先导区给予集聚先导区各种财政支持和优惠政策，来推动区域经济的发展。如增加了公共租金的分配来鼓励区域集聚经济的发展，地方政府则着力解决区域集聚经济效果产生后的可持续发展问题。

区域创新政策的重点已经由企业在地区间的区位选择转变为在城市的外围区域构建大学、研究机构和企业相互联系的网络，是创新体系内在性质的体现。对于政策制定者和政策评估的机构来说，需要面临由区域创新体系的复杂性带来的艰巨挑战。首先需要确定每个区域的经济发展水平和优势条件，企业和创新机构的发展战略应该与公共科技先导区紧密结合，以能够实现全球和区域内知识的流动。其次，创新的支持体系和技术转移组织需要调整以增强科学研究和产业发展之间的联系，同时要培育知识研究和开发体系，为技术创新的扩展提供更广泛的空间。最后，考虑到现阶段的技术创新已经超出国家的框架，对于一些区域，需要从战略层面来规划区域的技术创新问题，在构建创新合作体系时应考虑同其他国家和地区的合作或是从全球视角进行规划，而不是仅仅局限于本地区。技术创新政策的区域化同时需要建立同世界经济的战略联系，并需要考虑地缘政治的影响。创新体系的区域化，如科学研究、产业发展和技术转移等，以及集聚政策等空间经济政策的实施，可以实现不同创新主体之间的互动与合作，从而实现区域层面上的不同目标。同时政策实施的过程，也是对创新体系重新构建的过程，可以实现以下目标：一是弥合大学、企业和公共研究机构在研究开发和创新方面的差异。二是缩小全球知识经济发展水平和区域知识经济发展水平的差距。三是使传统的区域产业优势与新兴产业技术轨迹相结合。四是促进全球化的跨国企业与区域的中小企业之间的合作。

参考文献

1. 曹树青：《论区域环境治理及其体制机制构建》，载于《西部论坛》2014年第6期。

2. 陈恩、于绯：《空间俱乐部收敛：理论溯源与经验分析》，载于《广西社会科学》2013年第9期。

3. 陈志国、张娟、陈国绪：《地区财政支出对区域经济增长俱乐部收敛性的影响分析》，载于《财政研究》2008年第12期。

4. 董锁成等：《宁蒙陕甘沿黄生态经济带建设构想》，载于《地理研究》2010年第2期。

5. 董直庆、宋伟、赵景：《技术差距与经济增长收敛性：来自省际面板数据的实证检验》，载于《华东师范大学学报》（哲学社会科学版）2015年第6期。

6. 冯岩等：《铁岭市土地开发利用对生态环境的影响研究》，载于《现代农业》2017年第2期。

7. 盖美等：《新一轮东北振兴背景下的辽宁省水资源利用效率及其空间关联格局研究》，载于《资源科学》2016年第7期。

8. 高帆：《论二元经济结构的转化趋向》，载于《经济研究》2005年第9期。

9. 郭朝先：《我国三大地带俱乐部收敛了吗?》，载于《经济管理》2006年第12期。

10. 何代欣：《结构性改革下的财税政策选择——大国转型中的供给与需求两端发力》，载于《经济学家》2016年第5期。

11. 李涛、徐翔、孙硕：《普惠金融与经济增长》，载于《金融研究》2016 年第 4 期。

12. 李莺莉等：《新型城镇化下我国乡村旅游的生态化转型探讨》，载于《农业经济问题》2015 年第 6 期。

13. 李政、薛莒：《新常态下东北老工业基地创新与创业经济发展》，载于《经济学动态》2015 年第 6 期。

14. 林木西：《探索东北特色的老工业基地全面振兴道路》，载于《辽宁大学学报》（哲学社会科学版）2012 年第 5 期。

15. 刘伟、张辉：《中国经济增长中的产业结构变迁和技术进步》，载于《经济研究》2008 年第 11 期。

16. 刘晓峰、刘祖云：《区域公共品供给中的地方政府合作：角色定位与制度安排》，载于《贵州社会科学》2011 年第 1 期。

17. 陆铭、陈钊：《空间的力量：地理、政治与城市发展》，上海人民出版社 2013 年版。

18. 米运生、石晓敏、廖祥乐：《农地确权、信贷配给释缓与农村金融的深度发展》，载于《经济理论与经济管理》2018 年第 7 期。

19. 倪红日：《经济新常态下调整和优化产业结构的财税政策》，载于《税务研究》2015 年第 4 期。

20. 沈扬扬、詹鹏、李实：《扶贫政策演进下的中国农村多维贫困》，载于《经济学动态》2018 年第 7 期。

21. 苏基溶、廖进中：《中国金融发展与收入分配、贫困关系的经验分析——基于动态面板数据的研究》，载于《财经科学》2009 年第 12 期。

22. 孙立、刘穷志：《财政购买性支出激励与经济持续增长》，载于《数量经济技术经济研究》2008 年第 9 期。

23. 温涛、朱炯、王小华：《中国农贷的"精英俘获"机制：贫困县与非贫困县的分层比较》，载于《经济研究》2016 年第 12 期。

24. 徐强、陶侃：《中国金融包容指数的测度及其与贫困减缓的关系——基于省级数据的分析》，载于《华中师范大学学报》（人文社会科学版）2017年第6期。

25. 许强：《激励企业技术创新的财税政策：国际经验及启示》，载于《国际税收》2014年第7期。

26. 许庆、刘进、杨青：《农村民间借贷的减贫效应研究——基于健康冲击视角的分析》，载于《中国人口科学》2016年第6期。

27. 杨骞、张义凤：《中国地方财政支出无效率的来源》，载于《统计研究》2015年第4期。

28. 姚耀军、李明珠：《中国金融发展的反贫困效应：非经济增长视角下的实证检验》，载于《上海财经大学学报》2014年第1期。

29. 叶立生：《淮河生态经济带发展战略思路》，载于《宏观经济管理》2014年第12期。

30. 湛泳、徐乐：《"互联网+"下的包容性金融与家庭创业决策》，载于《财经研究》2017年第9期。

31. 张华新：《日本多重治理结构下的区域创新政策研究》，载于《日本学刊》2018年第2期。

32. 张华新、刘海莺：《俱乐部收敛、产业升级与财政策略选择——对东北老工业基地振兴的新思考》，载于《经济问题探索》2017年第8期。

33. 张华新、刘海莺：《毗邻效应、区域公共品供给与城市群污染治理——基于沈阳经济区资源环境状况的思考》，载于《西部论坛》2015年第3期。

34. 张欢：《收入增长的俱乐部效应——论跨越中等收入陷阱的有效途径》，载于《经济与管理研究》2016年第5期。

35. 张彤进、任碧云：《包容性金融发展与城乡居民收入差距——基于中国内地省级面板数据的实证研究》，载于《经济理论与经济管理》2017年第5期。

36. 张馨艺：《新常态下的产业结构特征与财税政策选择》，

载于《税务研究》2015 年第 7 期。

37. 赵贺、张华新：《金融包容发展的减贫效应研究——基于产业结构升级的视角》，载于《武汉金融》2018 年第 8 期。

38. 赵武、王姣玥：《新常态下"精准扶贫"的包容性创新机制研究》，载于《中国人口·资源与环境》2015 年第 12 期。

39. Abbott, A. and G. Vita. , Testing for Long-run Convergence Across Regional House Prices in the UK: A Pairwise Approach, Applied Economics, 2013, 45 (10): 1227 – 1238.

40. Asogu, S. Reinventing Foreign Aid for Inclusive and Sustainable Development: Kuznets, Piketty and the Great Policy Reversal, Journal of Economic Surveys, 2016, 30 (4): 736 – 755.

41. Baumol, J. , Productivity Growth, Convergence, and Welfare: What the Long-run Data Show, The American Economic Review, 1986, 76 (5): 1072 – 1085.

42. Bernard, A. and S. Durlauf, Interpreting Tests of the Convergence Hypothesis, Journal of Econometrics, 1996, 71 (1): 161 – 173.

43. Fosu, A. , Growth, Inequality and Poverty in Sub – Saharan Africa: Recent Progress in a Global Context, Oxford Development Studies, 2015, 43 (1): 44 – 59.

44. Honohan P. , Household Financial Assets in the Process of Development Policy Research, World Bank Working Paper, 2006, No. 3965.

45. Jalilian, H. , Kirkpatrick, C. , Does Financial Development Contribute to Poverty Reduction? Journal of Development Studies, 2005, 41 (4): 636 – 656.

46. Jeanneney, S. , Kpodar, K. , Financial Development and Poverty Reduction: Can There be a Benefit without a Cost? Journal of Development Studies, 2011, 47 (1): 143 – 163.

47. Marion D. , Correcting agglomeration economies: How air pollution matters, Hal Working Papers, 2014, hal - 01007019: 1 -26.

48. Piketty, T. , Putting Distribution Back at the Center of Economics: Reflections on Capital in the Twenty-first Century, Journal of Economic Perspectives, 2015, 29 (1): 67 -88.

49. Prasad, E. , Rajan, R. A. , Pragmatic Approach to Capital Account Liberalization, Journal of Economic Perspectives, 2008, 22 (3): 149 -172.

50. Sandler T. , Public Goods and Regional Cooperation for Development: A New Look, Integration and Trade, 2013 (36): 13 -24.

51. Townsend, R. , Ueda, K. , Welfare Gains from financial liberation, International Economic Review, 2010, 51 (3): 553 -597.

52. Wagner U. , Agglomeration Effects in Foreign Direct Investment and the Pollution Haven Hypothesis, Environmental and Resource Economics, 2009 (43): 231 -256.